Annika Reich

Durch den Wind

Roman

Carl Hanser Verlag

3 4 5   14 13 12 11 10

ISBN 978-3-446-23513-7

Satz: Gaby Michel, Hamburg
Druck und Bindung: CPI – Ebner & Spiegel, Ulm
Printed in Germany

Zwei Gefahren bedrohen das Leben:
Die Ordnung und die Unordnung.
Paul Valéry

Je mehr Ordnung, desto mehr Unordnung.
Dietmar Kamper

Das Fest klingt langsam aus

Alison lehnte ihren Hinterkopf so an Victors Brust, dass sein Kinn auf ihren langen roten Haaren lag. Ihre Haut schimmerte wie vom Mond beschienen, und ihre Augen waren halb geschlossen. Die grüne Seidenbluse hing an einer Seite aus ihrer Hose heraus, und der Kragen war etwas verrutscht. So sah Alison eigentlich fast immer aus, ein bisschen müde oder als wäre sie gerade erst aufgestanden. Sie schien einen Körper zu haben, der Kleider nie an Ort und Stelle trug, der sich seiner Kleider am liebsten entledigen wollte.

Die Musik war langsamer geworden, das Geklapper der Gläser und der Absätze leiser, und einzelne Worte verschwammen in der weinseligen Atmosphäre. Victor nahm sie in den Arm, und ihre Schulter schmiegte sich in seine Achsel, als hätten sie ein gemeinsames Gelenk.

Auf der Tanzfläche wiegte sich ein einzelner Mann, der Diskjockey schmuste mit seiner Freundin, und die Mädchen, die die Tabletts mit den Getränken herumgetragen hatten, gruppierten sich um eines der Sofas und zogen ihre Schuhe aus.

Victors rechter Arm streckte sich zur Seite, um von einem Stehtisch eine Zigarettenpackung zu greifen, während sein Kinn auf Alisons Kopf ruhen blieb. Ihr Hals und ihr Oberkörper folgten dem Arm, ohne dass sie dabei ins Wanken geriet. Als er das Päckchen erwischt hatte, zog seine linke Hand ihre linke Schulter wieder zurück in die Mitte. Er hob seinen Kopf und steckte sich eine Zigarette in den Mund, während seine linke Hand ihren Arm hinunter am Ellbogen entlang auf ihren Bauch wanderte. Sie löste ihren Arm vom Körper, griff in seine Jackentasche, holte mit immer noch geschlossenen Lidern ein Feuerzeug heraus und streckte es über ihren Kopf vor seine Zigarette. Nachdem er seinen ersten Zug genommen hatte, strich sie ihm über den Nacken und legte ihre halbgeöffnete Faust mit dem Feuerzeug hinter seinen Kopf.

All das geschah in einer einzigen Bewegung. Sie tanzten miteinander, ohne es zu merken, und glichen so weniger einem Tangopaar als einer mehrarmigen indischen Gottheit oder einem Körper, der aus irgendeinem Grund die Fähigkeit hatte, sich zu teilen und getrennte Wege zu gehen.

Hätte sie zu dieser Zeit geahnt, dass kaum ein Monat vergehen würde, bis sie sich verlieren würden, dann hätte sie versucht, sein Handgelenk zu greifen und es nicht mehr loszulassen, dann hätte sie aufgehört zu tanzen, den Tanz geopfert für das, was sie sonst verlieren würde; wenn sie gewusst hätte, dass er einfach verschwinden würde, dann hätte sie ihn vielleicht festgehalten. Aber sie hatte es nicht einmal geahnt, denn sein Verschwinden war genau wie der Tanz, den sie miteinander tanzten. Victor verschwand mit einer großen Geschmeidigkeit, die keinerlei Verkantungen vorausschickte, keinerlei Irritationen. Ihr Zusammensein endete mit der gleichen Leichtigkeit, mit der es angefangen hatte – nur dass es sich anders anfühlte, ganz anders.

Alison und Victor schauten in den Raum, der sich langsam leerte, und beobachteten die verbliebenen Gäste. Siri stand allein an einem Tisch – die blonden Haare aus dem Gesicht gekämmt, schön und nervös wie immer; sie klappte ihre Zigarettenpackung auf und zu und nestelte an dem Silberpapier herum. Alison hatte heute Abend noch keine Zeit gehabt, sich mit ihr zu unterhalten, aber irgendetwas stimmte nicht, denn die Nervosität verwackelte das ansonsten scharf gestochene Bild ihrer Schönheit. Gleich würde sie hinübergehen und fragen, was los sei, noch genoss sie den Moment mit Victor zu sehr, um sich lösen zu können; außerdem kam langsam die Erschöpfung bei ihr an, die das ausklingende Fest begleitete.

Eines der Mädchen, das den Abend über bedient hatte, stand vom Sofa auf und näherte sich dem Mann, der sich immer noch alleine auf der Tanzfläche wiegte. Das Mädchen fing an, sich zu drehen und die Arme über den Kopf zu heben. Der Mann blinzelte zwischen den Strähnen, die ihm ins Gesicht hingen, und Alison sah ihm an, dass er das Angebot nur zu gerne angenommen hätte. Stattdessen hob er lächelnd die Schultern, machte eine unsichere, charmante Verbeugung und legte die Hände vor seiner Brust zusammen. Das Mädchen lächelte zurück, formte ihre Lippen zu dem Wort ›schade‹, drehte sich noch eine Weile und ging dann wieder zurück zu den anderen.

Siri stand immer noch allein am Rand der Tanzfläche. Sie trug ein enges silbernes Kleid und hohe silberne Schuhe, was das Gereizte ihrer Stimmung noch unterstrich.

»Mit wem sprichst du eigentlich?« fragte Yoko, als sie auf Siri zukam. »Mit dem heiligen Geist? Oder betest du deine Zigaretten an?«

»Heiliger Geist? Schön wär's«, antwortete Siri und zog an ihrer Zigarette.

»Was ist mit dir?« fragte Yoko, und ihr Mund bewegte sich dabei kaum. »Du rauchst schon den ganzen Abend, als gäbe es kein Morgen mehr.«

Siri schaute auf den Filter ihrer Zigarette, den ein tiefschwarzer Fleck zierte. Sie hatte es auch mit Trinken versucht, aber der Alkohol hatte das Unwohlsein in ihrem Inneren eher zementiert als verflüchtigt: »Meine Großmutter hat meinen Großvater verlassen.«

Yoko stockte kurz, dann sagte sie mit ihrer tiefen Stimme: »Das ist ja wunderbar«, und lächelte dem Mann am anderen Ende des Raumes, der sie schon die ganze Zeit unverhohlen beobachtete, dabei kaum merklich zu, »sie lebt noch.«

Siri folgte ihrem Blick quer durch den Raum. Wunderbar? Sie nahm Yoko das Glas Wodka aus der Hand. Ein letzter Versuch. Die Flüssigkeit kam kalt an dem Ort an, an dem mal ihr Magen gewesen war, und vermischte sich mit dem inhalierten Rauch: »Sie waren glücklich miteinander. Wenn ich an irgendwas nie gezweifelt habe, dann …«

»Glück«, Yoko wippte mit ihren hohen Absätzen auf und ab. »Mein Vater hat immer gesagt: Glück ist wie das Gift des Kugelfischs – eine kleine Dosis davon berauscht das Leben und heizt den Hunger an, aber ein Hauch zu viel und …«

Siri schaute Yoko an. Was hatte sie da gerade gesagt? Sie blickte an ihr hinab, als könnte sie so noch einmal rekonstruieren, was sie gerade gesagt hatte. Yoko hatte wie immer etwas Schwarzes und etwas Weißes an, sie schien überhaupt nur schwarze und weiße Kleider zu besitzen. Der Rock war asymmetrisch geschnitten und die Bluse an den Seiten gerafft. Eine schwarze Strähne hing ihr in die blasse Stirn, und ihre Lippen glänzten dunkelrot, als wären sie versiegelt. Sie erinnerte sie an die dunkelhaarige Frau in dem Film *Being John Malkovich*, obwohl die Schauspielerin keine Japanerin war. Hatte sie gerade etwas von einem Kugelfisch gesagt? Yokos Satz blieb im Raum hängen wie eine in sich abgeschlossene, glänzende Kapsel.

»Ein Kugelfisch?« fragte Siri und drückte ihre halbgerauchte Zigarette aus, »diese Nachricht bringt mein ganzes Leben durcheinander.«

Yoko schaute sie kurz von der Seite an, dann lenkte sie ihren Blick wieder zurück zu ihrem Beobachter, der ihr jede Silbe von den Lippen abzulesen schien: »Dein Leben ist sowieso …«

»Mein Leben?« fragte Siri und fasste sich an die Ohren. »Wovon redest du?«

Yoko setzte erneut an: »Davon, dass es auch dann durcheinander ist, wenn du deine Zigaretten nur zur Hälfte rauchst, und auch dann, wenn Eduard denkt, dass es das Gegenteil beweist.«

Siri schaute zu Eduard hinüber, der mit einem Fremden auf einem Fensterbrett saß und sich unterhielt: »*Ich* denke das.«

Seit sie Eduards Heiratsantrag angenommen hatte, hatte sie keine einzige Zigarette mehr zu Ende geraucht. Außerdem hatte sie aufgehört, während des Rauchens zu reden und die qualmenden Zigaretten überall herumliegen zu lassen, und hatte so tatsächlich ein gewisses Gefühl von Kontrolle bekommen.

»Ich denke das«, wiederholte Siri, diesmal etwas leiser.

»Und ich denke«, sagte Yoko, »dass dein Leben nicht durcheinander ist, weil deine Großmutter eine lebenshungrige Frau ist, sondern …«, dann setzte sie beide Füße geräuschvoll auf, »du bist es auch – trotz allem.«

Siri schluckte und schaute Yoko von der Seite an. Dann sagte sie: »Zwei Angriffe in einem Satz, eine Bedrohung und eine Beleidigung.«

Yoko öffnete die linke Manschette ihrer Bluse. Der Mann am anderen Ende des Raums zuckte mit den Augenbrauen und griff sich an seinen Krawattenknoten. Ihre schwarzglänzende Strähne deutete nun wie ein Pfeil auf ihren Mund und verlieh ihren Worten noch mehr Schärfe: »Eduards Schnittmenge mit dir ist klein. Sie hat die Schwerkraft, um dich bei ihm zu halten, aber ein Großteil von dir schwebt angebissen und allein durchs Weltall. Ein einsamer, verglühender Stern.«

Siri summte vor sich hin.

»Das müsste nicht so sein«, sagte Yoko leiser, wie zu sich selbst, »das müsste wirklich nicht so sein.«

Yoko zog die Spitzen ihrer Schuhe nach oben und öffnete die andere Manschette. Der Mann löste den Knoten seiner Krawatte.

»Du brauchst nur eine Affäre, um wieder ins Leben zu kommen. Die Dinge klären sich dann. Du hast Eduards Schwerkraft, du hast deinen Sohn, und dann hast du auch wieder Sex. Das hilft, glaub mir«, sagte sie.

Siri schüttelte kaum merklich den Kopf.

»Und wenn du dich einmal umschaust, scheint es hier mehrere Exemplare zu geben, die dir nur zu gerne dabei behilflich sein würden.«

Siri schüttelte noch einmal den Kopf, diesmal etwas deutlicher, und blickte dem grauen Rauch nach, den sie gegen die Decke blies. Zum Glück standen sie nicht unter freiem Himmel, zum Glück fand das Fest in einem geschlossenen Raum statt. So konnte sie den Rauch gegen eine Decke blasen und nicht ins Weltall. Den Gedanken an die Unendlichkeit des Universums ertrug sie sowieso nicht.

Sie drückte ihre Zigarette aus, zeigte Yoko die leere Schachtel und ging an die Bar. Dort würde sie bleiben, bis der letzte Gast gegangen war, dann würde sie zu Eduard ins Auto steigen und mit ihm nach Hause fahren. Eduard war doch so ein Exemplar gewesen, das ihr nur allzu gern behilflich gewesen war – und was hatte es gebracht? Aber das war ihr jetzt gleichgültig, jetzt wollte sie nur noch nach Hause, neben ihm liegen und sich von ihm in den Arm nehmen lassen auf seine Art, gegen die sie doch eigentlich nichts hatte. Sie würde einschlafen, und am nächsten Morgen würde sie ihrem Sohn seine Milch warm machen und ein Honigbrötchen schmieren.

»Haben Sie Zigaretten?« fragte Siri den Barkeeper.

»Für Sie?« fragte der Barkeeper.

Siri schaute ihn an.

»Sie rauchen zu viel«, sagte der Barkeeper, »oder wollen Sie sterben? Sie wären die schönste Leiche, die ich je gesehen habe.«

Was hatte der Mann sie gerade gefragt?

»Wirklich eine spektakulär schöne Leiche«, sagte er. »Ich rauche immer so viel, wenn ich sterben will«, fuhr er fort, als erzählte er von einem Ausflug ins Grüne, »ich hab dann das Gefühl, das Leben etwas schneller zu drehen.« Er machte eine Pause, dann: »Aber das muss ja für Sie nicht gelten.«

»Ich will leben«, sagte Siri, und dann fügte sie hinzu: »und rauchen.« Sie lächelte ihn an: »Haben Sie welche?«

»Hier«, sagte der Barkeeper und schob ihr eine angebrochene Packung über den Tresen, »behalten Sie's. Heute muss ich nicht. Meine Schwester hat ein Kind bekommen.«

Siri lehnte sich über den Tresen, gab dem Barkeeper einen langen Kuss auf die Wange: »Für das Kompliment mit der Leiche«, und drehte sich der Tanzfläche zu.

In den Sofas im linken Teil des Raums drängten sich die letzten Gäste. Aus den Lautsprechern klang noch einmal David Bowies Lied von *Major Tom*, das vorhin schon einmal gelaufen war. Sie mochte dieses Lied, auch wenn sie das Weltall nicht ertragen konnte. Wieso sie auch noch ein silbernes Kleid angezogen hatte?

Auch Friederike schien die Stimmung des Lieds zu gefallen, denn sie hatte sich gerade auf die Tanzfläche bewegt und tanzte nun in der Nähe des Ausgangs mit geschlossenen Augen. Sie trug einen Rock mit bunten Schmetterlingen und einen kurzen Pullover und fuhr sich mit den Fingern mehrmals durch die dunklen Locken.

Friederike tanzte mit kleinen, angedeuteten Bewegungen, so als skizzierte sie den Tanz, den sie eigentlich tanzen wollte. Sie drehte sich ein paar Mal um die eigene Achse, aber fast ohne Schwung, bedacht. Siri hatte Friederike schon ganz anders tanzen sehen, normalerweise tanzte Friederike, als vollzöge ihr Körper die Drehungen und Windungen ihrer Haare nach, und nach zwei dieser Tänze waren ihre Wangen rot, und sie musste eine Pause einlegen und Wasser trinken und dann weitermachen, weil ihr Tanz, wenn er einmal angefangen hatte, eine Art Eigenrotation entwickelte, die sich ausdrehen musste, egal wie erschöpft sie war. Siri liebte es, Friederike beim Tanzen zu beobachten, weil sie den Rhythmus in sich spürte wie den eigenen Pulsschlag und dabei nichts Aufdringliches hatte, nichts, was die Zuschauer mit einer schwülen Sinnlichkeit bedrohte. Siri mochte es, weil das Kreiseln so gut zu Friederike und ihrem herrlich drallen Körper passte und sie sich von nichts und niemandem darin beirren ließ.

Aber heute sah ihr Tanzen anders aus. Tom war nicht gekommen; und wenn Friederike etwas noch nie gekonnt hatte, dann ihre Enttäuschung verbergen. Und so kreiselte sie auf der Tanzfläche herum, als würde sie gleich zur Seite kippen und dort liegen bleiben, bis jemand kam, der ihr neuen Schwung geben konnte. Und dieser jemand hätte nur ein bestimmter sein können, nur ein einziger, jeder andere würde sie nicht von der Stelle bekommen.

Siri wendete den Kopf ab. Diese Zustände, die Friederike in solchen Momenten befielen, waren unter Friederikes Würde und passten nicht zu ihr. Sie hielt inne: Ob es überhaupt so etwas geben konnte – dass etwas nicht zu einem passte, obwohl es ein ständiger Begleiter war? So etwas wie Eduard vielleicht, dachte sie dann und musste lachen über diesen Gedanken, weil er so gemein und so treffend war. Zu Friederike passte es jedenfalls nicht, dass sie der Enttäuschung immer wieder die Hoheit über ihr Erleben zuschrieb, dafür war ihr Leben zu reich.

Alison und Victor standen immer noch aneinandergelehnt oder vielleicht besser: ineinandergelehnt da, und Alisons Gesichtszüge waren so entspannt, als schliefe sie. Victors Hand war inzwischen auf ihrem verrutschten Kragen angekommen, sein Blick wanderte von einem Ende des Raumes zum anderen, er winkte einem befreundeten Paar zu und schien die Situation zu genießen. Je entspannter Alison an seiner Seite war, desto größer wurde der Radius, den er überstrahlte. Er war ein König, dachte Siri, der mit einem Handzeichen über alles Mögliche entscheiden konnte, wenn er wollte, und der sich seiner Macht so bewusst war, dass er niemals davon Gebrauch machen würde. Sie konnte ihn nie lange ansehen, sein Blick machte sie verlegen; er machte sie verlegen, weil er so viel von seinem Gegenüber erwartete und sie diesen Erwartungen nicht standhalten konnte.

Zwischen Yoko und ihrem Flirt war die Stimmung inzwischen bis zum Zerreißen gespannt.

Ganz hinten am Fenster saß Eduard mit einem Fremden auf einem Fensterbrett. Er balancierte einen Aschenbecher auf dem Rücken seines Schuhs und beugte sich zu dem Mann hinunter, um ihn besser zu hören. Er konnte in betrunkenem Zustand einen Aschenbecher auf dem Fuß balancieren, ohne dabei in seinem Gespräch gestört zu werden. Und er konnte, nicht nur wenn er betrunken war, jedem Menschen etwas abgewinnen – auch diesem Unbekannten, der alles andere als spannend aussah. Auf dem Heimweg würde er ihr etwas über dessen Leben erzählen, das außergewöhnlich und anrührend war.

Eduard schmunzelte. Sie mochte ihn doch, warum konnte sie das nicht einfach so stehen lassen? Warum brauchte es immer nur eine Kleinigkeit, um dieses Gefühl in Verachtung umzukippen? Warum musste sie ihn jetzt schon wieder blass finden, nur weil sie den Mann an seiner Seite blass fand? Eduard hielt inne und schaute zu ihr hinüber – zuerst mit unverhohlenem Wohlgefallen auf ihre Beine, ihr silbernes Kleid, dann mit einem langen, zögerlichen Blick in ihre Augen. Sie schaute auf den Boden. Dann sagte sie in den Raum hinein: »Es ist anders, als du denkst.«

Als die Gruppe von Gästen von den Sofas aufbrach, ging Yoko auf den Mann am anderen Ende des Raumes zu. Der Mann hatte sich inzwischen einen Barhocker geholt und saß nun an der Stelle, an der er vorher gestanden hatte. Er hielt ihrem Blick stand, während Yoko eine lange Diagonale durch den Raum schnitt. Sie lehnte sich neben ihn an die Wand und schaute in dem gleichen Winkel in den Raum, in dem er sie beobachtet hatte. Sie wippte auf ihren Absätzen und schwieg. Nach ein, zwei Minuten fragte sie: »Wie ist sie?«

Er schaute in den leeren Raum und sagte: »Scharf.«

»Und?« Sie schaute auf die Uhr.

»Geschliffen.«

»Und?«

»Sie wird mir das Ausmaß zeigen.«

Yoko schwieg wieder eine Weile, dann sagte sie: »Gehen wir.«

1 Sonntags allein

Der Morgen nach dem Fest. Friederike saß an dem runden Tisch in ihrer Küche, die wie ein kleines Gewächshaus aussah. Auf ihrem Fensterbrett wucherten die Pflanzen, neben der Spüle standen büschelweise Kräuter, in einer Vase auf dem Boden steckte ein großer Blumenstrauß, der langsam zu welken begann. Friederike stand auf, zupfte ein paar braune Blätter von den Zweigen, goss Wasser in die Tontöpfe auf dem Fensterbrett, zog ein paar schlaffe Stengel aus der Vase und warf sie weg. Sie trug ein altes grünes T-Shirt von Tom, das er bei ihr vergessen hatte – zu einer Zeit, als er sich noch nicht Mühe gab, alle seine Sachen mitzunehmen, wenn er morgens aufbrach.

Es war nicht einmal neun, und es war sonntags. Wieso sie schon wieder so früh aufwachte, wusste sie nicht: sie hatte auf dem Fest lange getanzt und einiges getrunken – sie hatte also allen Grund, länger zu schlafen.

Sonntagmorgens alleine aufzuwachen war etwas ganz anderes, als samstagmorgens alleine aufzuwachen. Sonntagmorgens war sie mit dem ersten Augenaufschlag wach – und alleine. Nur die Geräusche der Kaffeemaschine auf dem Herd waren zu hören. Vielleicht sollte sie die Milch überkochen lassen, damit der Sonntagmorgen irgendeine andere Qualität bekam als die des Dauerns.

Sie schaute auf den verbliebenen Strauß, der nun armselig aussah, armselig und gerupft. Sie nahm die restlichen Stengel und steckte sie in den Mülleimer, dann strich sie sich den Blütenstaub von den nackten Armen, die aus Toms T-Shirt herausschauten, als gehörten sie ihr nicht. Was half ihr die weiche Haut, wenn Tom sie nicht berührte? Was half ihr der Blütenstaub auf den nackten Armen? Es war wirklich zum Weinen. Dabei wollte sie gar nicht weinen, weil weinen nicht zu ihr passte und sie es satthatte. Sie wollte Tom, sie wollte ein Kind und sie wollte arbeiten. Sie wollte nicht weinen.

Es hatte doch alles so wunderbar angefangen, damals, an jenem Samstag im Dezember, als sie Tom getroffen hatte. Es hatte nach Schnee gerochen – genau wie jetzt, nur dass seitdem zwei Jahre vergangen waren. Damals hatte sie morgens nach dem Aufwachen auch in der Küche gesessen, aber es war ein Samstag gewesen und kein Sonntag, und sie war nach dem ersten Kaffee in die Buchhandlung aufgebrochen und hatte dort Tom getroffen. Vielleicht war der Samstag vor zwei Jahren sogar so etwas wie der schönste Tag ihres Lebens gewesen. An jedes Detail erinnerte sie sich, an jedes einzelne Detail.

Samstagmorgen. Noch hatte sie den Tag nicht ziehen lassen, zu sehr genoss sie die Reglosigkeit der Zeit, die vielleicht daher rührte, dass sie den Atem anhielt und sich nicht bewegte; es fühlte sich an, als stünde sie neben der Welt und könnte sie für einen Moment beobachten – und genau das liebte sie an dem kurzen Moment des Aufwachens. Es erinnerte sie an eine unberührte Schneedecke.

Das Licht drang matt durch die orangefarbenen Vorhänge, und von draußen waren ein paar fahrende Autos, ein weinendes Kind und das Bellen eines Hundes zu hören. Um diese Zeit waren in Berlin-Mitte noch alle Läden geschlossen, die Frühstückscafés leer und das Grau der Straße nur von Eltern mit ihren buntbemützten Kindern gesprenkelt. Um diese Zeit erschien dieser Stadtteil wie ein zu groß geratenes Dorf; und die paar wenigen, die jetzt schon auf den Beinen waren, grüßten sich oder dachten, grüßen passe nicht in eine Großstadt.

Gleich würde sie wieder atmen müssen, und dann wäre es vorbei mit der Reglosigkeit, dann würde der Tag sie sofort einnehmen mit seinem unermüdlich schlagenden Takt. Sie war nicht wie Alison, sie konnte sich nicht entziehen und auf diese beneidenswerte Plankton-Wahrnehmung umschalten, die es Alison erlaubte, ihre Umgebung in einer Art Dämmerzustand zu betrachten; Friederike stand immer unter Strom und befand sich in einem ständigen Austausch mit der Welt um sich herum. Und schon war es wieder soweit: Irgendein Geräusch auf der Straße hatte sie einen Luftzug nehmen lassen. Sie stand also auf, öffnete beide Fensterflügel und schlüpfte zurück in ihr Bett. Dann schaltete sie das Radio an, das neben ihr auf einem Stapel von Büchern und losen Blättern stand. Der Dielenboden unter ihren nackten Füßen hatte sich kalt und glatt angefühlt, als wäre er mit einer dünnen Eisschicht überzogen. Das Radio spielte einen Song aus den Achtzigern, den sie schon hundertmal gehört hatte und von dem sie immer noch nicht wusste, wie er hieß. Die Schneeluft nahm den Raum in klaren Zügen für sich ein. Die Geräusche, die sie gerade noch gedämpft vernommen hatte, wurden durch die geöffneten Fenster deutlicher, ein Kind schrie nach einem Kakao, ein Vater rief etwas zurück, die Autos fuhren langsam.

Friederike atmete tief ein und schloss die Augen. Den Wortlaut der eindringlichen Männerstimme, die nun im Radio sprach, nahm sie kaum wahr. Doch als wieder Musik erklang, merkte sie, dass sie die letzten Sätze sehr wohl wahrgenommen hatte, und zwar Wort für Wort. Und jetzt, wo die Stimme verstummt war, kam es ihr vor, als wären die Worte genau in diesem Raum, diesem Bett, diesen Ohren gelandet. Typische Allgemeinplätze einer Astrologiesendung: *Menschen dieses Zeichens haben jetzt endlich die Chance, ihre Scheuklappen abzulegen und das Leben zu entdecken, das sich jenseits ihres Weges befindet. Fassen Sie den Mut und lassen Sie sich in fremde Gärten entführen, Ihr Leben wird dadurch vielleicht nicht einfacher, aber reicher.*

Sie setzte sich im Bett auf und schaltete das Radio aus. Die Decke glitt auf ihren Schoß, das Kopfkissen behielt seine Form, die Fenster standen sperrangelweit offen. Das Leben jenseits der eigenen Wege entdecken? Sie war fünfunddreißig, wieso konnte dieser Satz sie treffen? Hatte sie nicht die letzten fünfzehn Jahre das Leben entdeckt? Sollte sich die Richtung in ihrem Alter nicht eher umkehren, sollte man da nicht eher das Leben auf dem eigenen Weg voranbringen?

Sie stand auf, schloss das Fenster und setzte sich auf die Bettkante in die kalte Luft. Wenn es überhaupt ein Problem gab, dann doch, dass ihr eigener Weg an einigen Stellen noch nicht mit dem Leben angefüllt war, das sie sich wünschte. Dass ihr Laden zwar gut lief, sie aber noch keine Kinder hatte. Dass der Laden sie zwar erfüllte, aber nicht genug Zeit ließ, um ihre Promotion zu Ende zu schreiben. Wenn es also Probleme gab, dann diese, und sie hielten sich in Grenzen. Irgendwann würde der Richtige kommen und mit ihm die Kinder, und irgendwann auch das Ende der Promotion. Warum sollte sie sich jetzt also um das Leben sorgen, das sich jenseits dieser Baustellen befand? Sie schüttelte die Bettdecke mehrmals über dem Laken aus. Frau Holle, dachte sie, Schneeflocken, Schnee von gestern, die Sätze des Astrologen mit der schlüpfrigen Stimme waren Schnee von gestern, für Zwanzigjährige gesprochen, aber nicht für sie, sie hatte fremde Gärten gesehen, sie hatte sich vom Weg abbringen lassen, Mut war noch nie ihr Problem gewesen. Schnee von gestern. Sie warf die weiße Überdecke über ihr Bett und ging ins Bad.

Unter der Dusche fiel ihr Blick auf das geometrische Muster der weißen Kacheln. Geraden, lauter Geraden, die Kreuzungen vorhersehbar, immer dasselbe Muster, mit Silikon abgedichtet. Sie nahm etwas Seife in die Hände und schäumte sie zwischen ihren Handflächen auf. Sie brauchte sich nichts vorzumachen – sie hatte sich nicht entführen lassen, noch nie, sie hatte das Steuer immer in der Hand behalten, auch wenn es nicht so ausgesehen hatte. Sie hatte sich selbst und alle anderen täuschen können, weil sie auf ihrem eigenen Weg Vollgas geben konnte, ohne Rücksicht auf Verluste. Doch tatsächlich war sie nie abgebogen, ins Unbekannte, sie hatte auch nie jemanden ihren Wagen fahren lassen. Sie, ihr Steuer und das Gaspedal. Getankt wurde im Schlaf.

Sie wusch sich die Haare und massierte eine Kur in die dunkelbraunen Locken. Wenn sie so weitermachte, würde irgendwann einfach der Motor versagen und sie würde auf dem Standstreifen stehen bleiben – auf dem Standstreifen ihres Lebens. *Lassen Sie sich entführen!* Wie viele Menschen wurden im Schlaf entführt oder auf dem Standstreifen?

Sie spülte die Kur aus, ihre Haare fühlten sich geschmeidig an, dick und nass. Dieses Wochenende würde sie sich vom Weg abbringen lassen. Sie wusste zwar nicht, wie das gehen sollte, aber sie würde es versuchen, sie würde sich bei Vollgas ins Steuer greifen lassen, sie würde die erstbeste Ausfahrt nehmen und sich entführen lassen – wenn das irgendjemand zufällig gerade vorhaben sollte.

Sie trocknete sich ab, wickelte sich in ein hellblaues Handtuch und setzte in der Küche einen Kaffee auf. Aus ihren nassen Locken tropfte es auf ihren Hals und den Herd. Während die heiße Luft in der Kanne nach oben stieg und der Kaffee in den Hohlraum sprudelte, legte sie ihr Gesicht in die Handflächen – sie musste sich vergewissern, dass sie es mit diesem Entschluss nicht verloren hatte. Sie drückte mit beiden Handflächen fest gegen die Wangen, die Nase, die Augenhöhle und setzte sich so ihr Gesicht etwas fester auf. Heute würden sich ihre Augen dem Leben einmal wirklich öffnen und nicht nur offen aussehen. Fremde Gärten – allein schon die Gießkannen und die Gartenschläuche, die Gräser, Büsche und Blumen zum Leben brauchten, waren doch Bilder des Glücks.

Der Kaffee zischte, sie goss sich eine Tasse ein, zuckerte ihn mit drei Löffeln und trank ihn schnell und in kleinen Schlucken. Selbst wenn ihr Gesicht schon eine Maske geworden war – es gab Öffnungen, und die waren offen. Sie würde die Luft nicht anhalten. Sie würde weiteratmen und das Leben entdecken. Dieses Wochenende. Dieses eine Wochenende.

Sie föhnte und schminkte sich mit einem neuen, brombeerfarbenen Lippenstift, zog ihr dunkelgrünes Lieblingskleid an, die grauen, hohen Stiefel, den schmalen Mantel und einen Schal, der zu ihren Lippen passte.

Als sie aus dem Haus auf die Straße trat, war ihr Schritt so federnd, als könnte er sie in jedem Moment um die eigene Achse in alle nur erdenklichen Richtungen drehen. Sie war bereit. Bald würde es schneien. Sie würde zuerst einen Spaziergang in die Buchhandlung machen, um für Alisons Geburtstag Yasushi Inoues Buch *Das Jagdgewehr* zu kaufen. Warum sie gerade Alison dieses Buch schenken wollte, die doch so glücklich war mit Victor, wusste sie nicht. Es sollte nicht wie eine Unterstellung aussehen, es sollte keinesfalls so aussehen, als glaubte sie ihr den paradiesischen Einklang nicht, es war nur einfach ein wunderbares Buch, das Alison kennen sollte. Außerdem lag die Buchhandlung ungefähr zwanzig Minuten Fußweg von ihr entfernt, und das war doch genau die richtige Entfernung für einen ersten Spaziergang durch die neue Welt.

Dort traf sie Tom.

An diesem Samstag im Dezember trat Tom in einer Buchhandlung in ihr Leben, *Das Jagdgewehr* in den Händen. Die Buchhändlerin, die sie zu dem Regal geführt hatte, in dem Inoues Buch nicht mehr stand, weil Tom es in den Händen hielt, lächelte und sagte: »Einigen Sie sich, lesen Sie es gemeinsam, oder ich bestelle Ihnen noch eins.«

Tom schaute die Buchhändlerin mit seinen hellgrauen Augen und einem tiefliegenden Lächeln eine Weile schweigend an, dann antwortete er: »In diesem Buch geht es um Lebenslügen, die Liebe und den Tod – und wir sollen uns einigen?«

Die Buchhändlerin lachte, hob die Schultern und schaute Friederike an.

Dann sagte Tom, immer noch mit Blick auf die Buchhändlerin: »Versprechen Sie mir, keine Bestellungen für dieses Buch entgegenzunehmen?«

Endlich schaute er Friederike an. Friederike blieb stehen und sagte nichts. Sie, die solche Situationen so häufig mit einem Spruch auflöste, sagte nichts. Gar nichts. Sie blieb einfach nur stehen. Vielleicht ging es nicht nur darum, sich vom Weg abbringen zu lassen, sondern auch darum, den Fuß vom Gaspedal zu nehmen und hier, genau hier stehenzubleiben und keinen Spruch zwischen sich und den dunkelhaarigen Mann mit den hellgrauen Augen zu stellen, sondern einfach nur zu bleiben und seinen Blick zu erwidern.

Tom drehte das Buch um und schaute auf die Rückseite.

»Wie geht es Dir?« fragte Friederike leise. Der erste Satz des Zitats auf der Rückseite.

Tom schaute wieder auf und antwortete: *»Ob, wenn ich näherträte, die hohe Stille um Dich plötzlich zusammenbricht?«* Der zweite Satz auf dem Buchrücken.

Und die Frage klang so dringend und zart zugleich, dass sie sich mit der Hand am Regal festhielt. Und als Toms Blick der Bewegung ihrer Hand folgte, ließ sie das Regal wieder los und das Steuer, und ihr Fuß drückte nicht aufs Gaspedal, sondern blieb genau dort stehen, wo er war. Und dann gab Tom ihr seine Hand, und so gingen sie zur Kasse, kauften das Buch (die Buchhändlerin war vom Himmel geschickt und ließ sich nichts anmerken), und als sie auf die Straße traten, schneite es. Und Tom ging ganz dicht neben ihr, so dass dieselben Schneeflocken sie berührten und zwischen ihnen hin- und herschwebten, bis sie durch die Schneeflockenwege in aller Leichtigkeit aneinandergenäht waren. Und sie unterhielten sich über die anderen Bücher von Inoue, den neuen Schokoladenladen, an dem sie vorbeikamen, und über tropische Pflanzen. Und wenn nicht irgendwann das Leben dazwischengekommen wäre, dann hätten sie sich einfach weiter unterhalten – bis sie alt und runzelig geworden wären. Nur die zentrale Frage des *Jagdgewehrs*, das an Toms Handgelenk in einer kleinen Tüte baumelte, stellten sie einander nicht: *Lieben oder geliebt werden?*

Sie gingen durch den Schnee, tranken einen heißen Kakao und aßen Maronen. Und als es dunkel wurde, gingen sie nach Hause und liebten sich, bis der Schnee auf den Dächern der Autos liegen blieb und der Hausmeister mit einer schweren Schaufel einen Weg durch den Hof freilegte.

Als Friederike irgendwann aufstand, um etwas zu trinken zu holen, sagte er leise vor sich hin: »Wenn jemals wieder, dann jetzt.« Und sie drehte sich nicht um, sondern folgte diesem Satz, bis er dorthin gesunken war, wo sie ihn nie wieder würde heben können.

Jetzt, dachte sie in der Küche und stützte ihr Gesicht in ihre Hände, jetzt.

Als sie zurück ins Schlafzimmer kam, hielt Tom ihren Blick. Sie gab ihm ein Glas Wasser, und er trank es langsam, Schluck für Schluck, und schaute sie dabei an, und als er den letzten Tropfen getrunken hatte, stellte er es zur Seite, zog sie zu sich heran, und sie liebten sich noch einmal. Dann stand er auf, nahm sie an der Hand und wusch sie im Bad, bis einzelne Tropfen kleine Straßen über den Spiegel zogen. Sie sagten kein Wort, das Prasseln des Wassers zeugte von der Geschwindigkeit, mit der sich ihre Leben ineinander verschlangen. Und kein Gaspedal weit und breit, sie hatte sich nicht ins Steuer fassen lassen, sie fuhr nicht, sie flog. Sie flog so weit oben, dass sie ihre Wege nicht unter sich liegen sah. Es gab sie also doch, die große, ewige, uralte Liebe, und es war ihr im Moment vollkommen egal, dass sie eine nicht allzu alte Erfindung war; es war eine wundervolle Erfindung, und sie war nie mehr Realität als jetzt, als Tom neben ihr stand und ihr ein Handtuch um die Hüften wickelte. Diesmal irrte sie sich nicht, diesmal nicht. Sie würden sich lieben, sie würden ein Kind miteinander haben, sie würden ihr Leben zusammen verbringen.

Tom ging aus dem Bad in ihr Schlafzimmer, öffnete ihren Schrank und legte ihr Unterwäsche, Strümpfe, eine Jeans und ihren weichsten Pulli heraus, dann zog er sich seine Sachen über. Draußen schneite es wieder. Sie schauten sich an und verließen die Wohnung.

Tom ging neben ihr durch den Schnee, und wieder fing dieses Gespräch zwischen ihnen an – über Pflanzen, die Berliner Tanztheater, Exzentriker in den Naturwissenschaften, darüber, wo es das beste Schnitzel gab und dass beide immer mindestens einmal Preiselbeeren nachbestellten. Als sie an der Buchhandlung vorbeikamen, schauten sie durch die geschlossene Glastür, und die Schneeflocken tanzten zwischen ihnen hin und her. Ihr Gang war immer noch federnd, seine Hand lag in ihrer Manteltasche, und die Frage aus dem *Jagdgewehr* wurde so bedeutungslos wie nie zuvor.

Am Morgen nach dem Fest stand Siri in der Küche in der Wohnung ihrer Großeltern. Die Sonne fiel schräg auf den Küchentisch und tat so, als wäre nichts gewesen. Ihr Großvater duschte noch, sang vielleicht eines seiner alten Lieder, wusste von nichts: nicht, dass Siri schon so frühmorgens in seiner Wohnung war, nicht, dass hier ein Abschiedsbrief auf dem Küchentisch lag, der für ihn bestimmt war, und auch nicht, dass seine Frau ihn bereits verlassen hatte – nach siebenundvierzig Jahren Ehe.

Siri hatte sich heute Morgen ganz in Schwarz angezogen: schwarze Stiefel, schwarze Hose, schwarzer Pulli, sogar schwarze Ohrringe, als hätte sie das Ende schon akzeptiert. Aber so war es nicht, sie würde nicht auf die Beerdigung dieser Ehe gehen, sie würde sich weigern, diese Ehe zu beerdigen, sie würde den lebenden Beweis, dass Liebe funktionierte, ihr Vorbild, ihren Sehnsuchtsort nicht zu Grabe tragen, niemals. Ihre Großeltern hatten immer etwas dafür getan, die Liebe nicht als Zeitbombe zu entlarven, die früher oder später alles in Schutt und Asche legte. Sie hätte sich bunt anziehen sollen, in allen Farben des Regenbogens oder wenigstens in Rot. Aber dafür war es jetzt zu spät. Dann war Schwarz eben ihr Kampfanzug.

Das Papier, auf dem der Brief ihrer Großmutter geschrieben war, war liniert und aus einem Schreibblock gerissen, es fehlte eine Ecke, und die linke Seite war ausgefranst: der erstbeste Zettel, den Großmutter hatte finden können, die Schrift so rund und schwungvoll wie immer. Sie hätte gleich hierher kommen müssen und Großvater beistehen, gleich gestern Abend, als Großmutter ihr ihren Entschluss mitgeteilt hatte, und nicht erst jetzt, wo Großvater schon eine Nacht hinter sich hatte, deren Schlaf er sich nie verzeihen würde.

Großvater dachte wahrscheinlich, Großmutter wäre beim Bäcker und würde gleich kommen mit seinen Mohnbrötchen und frischen Hörnchen. Aber sie würde nicht kommen, sie hatte diesen Brief hinterlassen und war gegangen, für immer, gestern Abend, als er schon im Bett gelegen hatte. Und Siri hatte sie die Rolle des Boten zugespielt, die undankbarste Rolle, die es in diesem Theater zu besetzen gab. Sie würde jetzt den Brief lesen müssen, sie würde wenigstens wissen müssen, was da stand auf dem ausgerissenen, linierten Papier. Die Duschgeräusche hatten aufgehört. Gleich würde er kommen. Wie konnte Großmutter ihm nur so etwas antun, ihm und ihr?

Neben dem Brief auf dem Küchentisch stand der silberne Brotkorb mit den Rosinenschnecken. Sie sah die schmalen, fleckigen Hände ihrer Großmutter jede einzelne Schnecke rollen und mit einem sauberen Pinsel bestreichen. Sie sah den Blick ihrer Großmutter, mit dem sie ihr die erste Schnecke anbot und Großvater das Endstück einer dampfenden Schnecke in den Mund schob. Fast konnte sie die Süße noch riechen, die gestern die Küche erfüllt haben musste. Hatte sie die Schnecken als Henkersmahlzeit gebacken? Konnte sie so geschmacklos sein?

Siri setzte sich auf den Küchenstuhl und starrte auf die blauen Zeilen. Wäre ihre Großmutter doch gestorben, dann hätte sie ihr die Schnecken aufs Grab gelegt, sie hätte die Rosen gedüngt, die sie ihr gepflanzt hätte. (Das Schriftbild, tiefblaue Tinte auf blauliniertem Papier.) Dann hätte sie sie in Erinnerung behalten als die Frau, die all das konnte, was man im

Leben können musste. (Die Buchstaben waren langgezogen, zwischen den Wörtern klafften große Lücken, die den einzelnen Worten noch mehr Bedeutung gaben.) Dann hätte sie das alles weiter aufrechterhalten können. (Die Linien unterstrichen die Wörter, die Lücken, das Blau.) Dann wäre jetzt nicht der einzige Orientierungspunkt ihres Lebens zusammengebrochen.

Sie stützte ihre Ellbogen auf, links und rechts von dem Brief, und legte ihren Kopf in die Handflächen. Tränen tropften auf das Papier, die Linien begannen zu verschwimmen. Das erste Wort verzog sich, dann das zweite. Aus der Tiefe kam nun die vertraute Stimme ihrer Großmutter, die Stimme sprach vom Glück. Sie hielt sich die Ohren zu. Sie wollte es nicht mehr hören, wollte keine einzige Beschwörungsformel mehr hören.

Sie pfiff ganz leicht vor sich hin, so wie Großmutter es immer getan hatte, wenn sie Großvater nicht zuhören wollte. Dann biss sie sich auf die Knöchel, stützte die Stirn in die gefalteten Hände und weinte still. *Man darf dem Glück nicht im Wege stehen*, stand in dem Brief. Als ob Großvater irgendeine Stellung in ihrem Leben gehabt hätte. Sie richtete sich wieder etwas auf. Was blieb ihr nun? Eduard? Felix? Dass sie ihn auch noch Felix genannt hatte …

Sie drückte sich mit den Zeigefingern in die Augenwinkel. Ihre Zeigefinger wurden nass. Sie hörte die Stimme ihrer Großmutter wieder. *Du wirst glücklich mit ihm werden*, sagte sie in ihrer eindringlichen Melodie. Hatte sie das je geglaubt? Sie legte die nassen Zeigefinger an die Lippen, es schmeckte salzig. Sie wischte sich die Tränen ab, an ihren Handrücken zeigten sich die schwarzen Schlieren der verlaufenen Wimperntusche.

Sie starrte vor sich hin. Unter ihr auf dem Tisch lag nun ein durchnässter, linierter Zettel mit einer fast unleserlichen, bläulichen Schrift darauf. Nur ein paar Worte waren noch deutlich zu erkennen. Genau genommen waren über den ganzen Zettel verteilt nur noch zwei Worte zu lesen, die jetzt, als sie sie entdeckt hatte, ganz deutlich aus der blauen Fläche herausragten. Die Worte lauteten: ›*Du*‹ und ›*nichts*‹.

Sie kniff die Augen zusammen und schaute zu Boden.

»Siri?« Großvater stand frisch rasiert in einem Morgenrock im Türrahmen.

Jetzt hatte sie den Schreck bekommen, nicht er.

»Ist alles in Ordnung? Du weinst ja.«

Sie wischte sich die restlichen Tränen aus dem Gesicht und legte schnell ihren Unterarm über den durchnässten Zettel: »Nichts ist, nichts.«

Er blieb im Türrahmen stehen und schaute sie ungläubig, liebevoll an.

Sie versuchte seinem Blick zu entgehen, schaute auf den Boden: »Eduard …«

Die Sorgenfalten im Gesicht ihres Großvaters lichteten sich etwas, und aus dem Augenwinkel konnte sie sehen, wie er auf sie zukam. Als er neben ihr stand und ihr über die Haare strich, merkte sie, dass er gar nicht so alt und großväterlich roch, wie sie vermutet hatte. Eigentlich roch er sogar gut, nach einem teuren Parfum und der zimtigen Seife, die er immer benutzte.

»Ist Charlotte schon Einkaufen?«

Und bevor sie nachdenken konnte, kam ein »Ja« über ihre Lippen. Sie schluckte und holte sich ein Taschentuch, um Zeit zu gewinnen.

»Du bist ja ganz in Schwarz heute«, sagte er, »hat das was zu bedeuten?«

»Ich …«

»Steht dir. Etwas düster, aber steht dir.«

»Ich …«

»Nein, wirklich, siehst aus wie ein Filmstar. Wie ein echter Filmstar. Ich frage mich sowieso immer, wie ich zu einer Enkeltochter komme, die aussieht wie ein Filmstar. Und woher du diese blonden Haare hast. Charlotte …«

»Großmutter ist Einkaufen«, sagte sie.

»Sollen wir uns solange einen Tee machen?« fragte er.

»Tee«, sagte sie und steckte den Zettel in ihre Manteltasche.

Er ging zum Wasserkocher, füllte ihn und holte die alte Teekanne, das Milchkännchen, Kandisstangen und kleine silberne Löffel aus dem Schrank. Ihr war noch nie aufgefallen, wie sicher die Bewegungen ihres Großvaters waren, es lag eine große Entschlossenheit in jedem seiner Handgriffe, nichts Kraftloses, Zögerliches.

Sie schwiegen eine Weile, dann fragte er, ohne sie dabei anzusehen: »Und was ist mit Eduard? Willst du …?«

Sie atmete durch und wischte sich noch einmal über die Augen: »Eigentlich nichts, ich weiß auch nicht, manchmal kann ich ihn einfach nicht sehen.«

Ihr Großvater stockte, kam zu ihr an den Küchentisch und sagte plötzlich mit einer ganz anderen, eindringlichen Stimme: »Dann schau ihn an! Wenn du ihn genau anschaust, dann kannst du ihn auch sehen.«

Ihre Hand wanderte in ihre Manteltasche und presste den Zettel mit der Faust zusammen. Ihn anschauen. Hatte er denn Großmutter je angeschaut? Wäre sie gegangen, wenn er sie genau angeschaut hätte? Würde sie jetzt hier stehen und weinen, wenn er Großmutter genau angeschaut hätte? Sie drehte sich weg, stand auf und ging ans Fenster. Außer dem langsam vor sich hin siedenden Wasser war eine Weile nichts zu hören.

»Ich weiß es«, sagte Großvater plötzlich wieder mit seiner alten Stimme. »Ich habe seit dem ersten Morgen darauf gewartet. Nicht einen Tag habe ich daran gezweifelt, dass sie mich irgendwann verlassen wird. Sie hat mich nie gesehen, sie hat sich immer durch mich hindurch gewünscht – so wie du dich durch Eduard … und so wie Eduard weiß, dass du …«

Sie erstarrte. Draußen lief eine Katze durch den Innenhof, eine junge Frau trug Müllsäcke zu den Tonnen und warf Flaschen in den Container. Das Geräusch von zerberstendem Glas blieb aus. Sie schüttelte abrupt den Kopf, wendete sich um, zog ihre Hand aus der Manteltasche und schüttelte den Kopf erneut: »Was redest du da?« Sie fasste ihn am Oberarm: »Großmutter ist beim Bäcker.«

Er erwiderte ihren Blick, drehte sich dann wieder dem Wasserkocher zu und sagte sanft: »Gut, dann warten wir eben.«

Sie warteten eine Weile und sprachen nicht mehr. Irgendwann stand Siri auf und sagte, sie müsse nun nach Hause. Er brachte sie an die Tür, versuchte noch einmal, ihr in die Augen zu schauen, schaffte es aber nur bis auf Nasenhöhe. Der letzte Rest des zimtigen Dufts wehte durch die Tür ins Treppenhaus. Nun waren sie beide allein, das hatte ihre Großmutter geschafft.

Als Yoko frühmorgens aufwachte, schlief der Mann, den sie auf Alisons Fest kennengelernt hatte, noch neben ihr – den Kopf abgewandt mit tiefen, ruhigen Atemzügen. Sie betrachtete seinen Hinterkopf und die Silhouette seines Körpers unter der Decke, dann zog sie sich an und verließ ihre Wohnung. Wenn ein Mann ihr besonders gut gefiel, dann verschwand sie, bevor er aufwachte. Wie Jean-Paul Belmondo in *Außer Atem*.

Im Aufzug hielt sie kurz inne, ging wieder zu ihrer Wohnungstür zurück und überlegte kurz, ob sie ihn einschließen sollte.

Nun ging sie durch die leeren Straßen von Berlin-Mitte. In Tokio waren frühmorgens die Alten unterwegs, sie waren auf dem Weg in den Park zu ihrer Morgengymnastik oder machten einfach so einen kleinen Spaziergang; in Mitte nicht, hier schienen sich die Alten zu verstecken, als schämten sie sich; in Mitte wohnten Leute zwischen dreißig und vierzig, und die schliefen zu dieser Zeit noch. Der Mann, den sie auf Alisons Party kennengelernt hatte, hatte ihr von seinem Großvater erzählt, der wie sie Architekt gewesen war und wunderbare Kirchen gebaut hatte. Es gefiel ihr, dass er seinen Großvater ehrte.

Sie würde jetzt einen Kaffee trinken und dann ins Büro gehen. Nichts klärte sie so wie die Ordnung des Millimeterpapiers, das Zeichnen von Plänen, das Lösen eines überschaubaren Problems in einem Raum, in dem sie nicht leben musste. Ein kurzes Klicken mit der Maustaste, und alles war gelöscht.

Das Café war ganz in Weiß und Schwarz eingerichtet und zu dieser Zeit noch ziemlich leer. Die *Milchhalle* war einer der wenigen Orte, die sie nach einer langen Nacht aufsuchen konnte. Sie riss sie nicht aus ihrer Stimmung, war weder farbig noch laut. So gerne sie Berlin mochte, farblich war die Stadt unerträglich unentschlossen: kein weißes Stockholm, kein rotes Bologna und nirgendwo schneebedeckte Berggipfel. Dass das großartige, schneeweiße Mount Fuji-Dach des Sony Centers am Potsdamer Platz abends bunt angestrahlt wurde, brachte die Unentschiedenheit Berlins auf den Punkt. Eigentlich hätte sie längst die Häuser bauen müssen, die vielleicht doch so etwas wie japanische Ruhe ins Berliner Stadtbild gebracht hätten. Ihr Chef hatte sie schon mehrmals gefragt, ob sie nicht Partnerin im Büro werden wollte, aber das hatte sie noch nie wirklich gereizt, auch wenn sie gerne arbeitete und ihr das Büro gefiel: die großen, aufgeräumten Tische, die weißen Computer, das ausgewählte Geschirr in der Teeküche. Dass sie Architektin geworden war, hätte ihrem Vater nicht gefallen. Und die Bücher, hätte er gefragt.

Und wie sollte man sich auch fühlen als Tochter eines japanischen Goethe-Experten, die seit ihrer Ankunft noch kein einziges Buch vom Weimarer Großmeister in der Hand gehalten hatte? Wie sollte man mit Überzeugung in Berlin Häuser ohne Versmaß und Reimform bauen, wenn man seine ganze Kindheit mit deutscher Dichtung verbringen musste, wenn man als einzige Japanerin in einer deutschen Schule gewesen war und eine Mutter hatte, die dachte, Goethe sei ein Füllwort, das man im Deutschen in jedem dritten Satz verwendete? Das Häuserbauen hatte keine Werther'sche Dringlichkeit, keine Faustische Kraft und schon gar nicht die Zartheit von Gretchen; nur das Arbeiten selbst war etwas wert, der Fleiß, die Zielstrebig- und Pünktlichkeit, das schätzte sie, daran hielt sie sich. Und die Männer natürlich, aber das war etwas anderes.

Sie trank einen Schluck Kaffee, setzte sich auf die freie Fensterbank und schaute hinaus. Sie hatte sogar ein Semester Germanistik studiert gleich nach ihrer Ankunft, aber es hatte ihr nicht gefallen. Das Institut war verstaubt, die Diskussionen langweilig, und in den Vorlesungen saßen viel zu wenig Männer. Gelohnt hatte es sich trotzdem, denn dort hatte sie ihre erste Freundin in Berlin kennengelernt: Friederike. Friederike war ihr gleich aufgefallen, weil sie mehr Locken und Elan hatte als alle anderen und in einer der ersten Seminarsitzungen in die Runde geworfen hatte, dass Fontane ein bisschen mehr Haiku nicht geschadet hätte. Friederike nannte sich Fritz und war auch ansonsten so sprudelig, dass Yoko immer gute Laune bekam, wenn sie sie sah.

Nach einem Semester mit Fritz, aber ansonsten ohne Lust und vor allem ohne Goethe, brach sie ihr Studium ab und wechselte zu den Architekten an die Universität der Künste. Dort traf sie nach einer Weile und unzähligen gutaussehenden Mitstudenten, Dozenten und Professoren Siri, die schon morgens auf hohen Schuhen durch die Gänge stelzte, an jedem erdenklichen Ort rauchte, von den Scharen der Verehrer seltsam unberührt blieb und ihre zweite Freundin wurde. Das Architekturstudium gefiel ihr, sie jobbte nachts in Bars und begann während der langen U-Bahn-Fahrten zur Uni, japanische Meister zu lesen. Tagsüber zeichnete sie Pläne, baute filigrane Modelle und nahm an dutzenden Wettbewerben teil. Gleich nach dem Studium bekam sie ihren ersten Job in dem Büro, in dem sie jetzt immer noch arbeitete, und bald stellte sich heraus, dass sie es wie keine andere verstand, mit Licht und Schatten umzugehen.

Der Mann von Alisons Fest hatte über das Weiß ihrer Haut gesprochen. Er meinte, er habe solche Schattierungen auf einem so leuchtenden Weiß noch nie gesehen. Weiße Dunkelheit hatte er es genannt und gesagt, dass sich die weiße Dunkelheit in jedem kleinsten Tal ihres Körpers verfangen hätte – zwischen ihren Fingern und Zehen, in ihrem Nacken, in den Rundungen ihrer Ohren, ihrem Schoß. Das war eine sehr japanische Sichtweise. Ob er nach ihr rufen würde, wenn er aufgewacht war? Ob er sich noch einen Kaffee machen würde, weil er davon ausging, dass sie gleich wiederkäme? Er hatte sich alles ganz genau angeschaut, so als hätte er alle Zeit der Welt oder als hätte die Ruhe keine Schluchten. Jetzt würde er sich Zeit nehmen, ihre Wohnung zu erforschen, und auf sie warten; und die Räume wären nach diesem Tag andere. Sein Blick hatte Spuren auf ihrer Haut hinterlassen, die sie jetzt noch spürte.

Auf dem Weg ins Büro merkte sie, dass sie wie eine Frau aus dem Westen ging, dass sie ihre Füße hob und die Fußflächen gerade aufsetzte. Klaus, ihr Chef, war auch da, obwohl Sonntag war. Er schaute ihr lange in die Augen. Er schien ihr anzusehen, dass sie die Nacht nicht mit Schlafen verbracht hatte, und fragte lächelnd: »Was hast du denn hier zu suchen?«

»Und du?« fragte sie zurück und schloss die Tür hinter sich.

»Ich brauche Ruhe«, antwortete er.

»Ich auch.«

»Du siehst müde und glücklich aus«, sagte er leise, »das macht mich eifersüchtig«, und wandte sich wieder seinen Entwürfen zu.

Sie wollte etwas antworten.

»Ich weiß, ich weiß«, kam er ihr zuvor.

»Mich freut das«, sagte sie und klappte ihren Computer auf, »dass du eifersüchtig bist.«

An Tagen wie diesen arbeitete sie in einem Tempo, dass Klaus der Atem stockte, an Tagen wie diesen verstand sie, was er damit meinte: sie verschwende ihr Talent. Mittags überredete Klaus sie, ihn zum Essen mit einem Londoner Architekten zu begleiten, und als sie das Büro verließen, sagte er: »Wenn du endlich mal eine Affäre mit deinem Beruf anfangen würdest! Deine Karriere würde durch die Decke gehen.«

Sie antwortete: »Wenn man seinen Beruf so einfach wieder loswerden könnte wie einen Mann, dann vielleicht.«

Klaus schüttelte den Kopf und stellte ihr den Londoner Architekten vor, der am Tisch bereits auf sie wartete. Der Engländer hatte schöne Hände, mochte ihre Stiefel und war auch sonst jemand, dem sie gerne ihre Nummer gegeben hätte, würde nicht noch ein anderer Mann in ihrer Wohnung auf sie warten.

Als sie nach Hause kam, dämmerte es schon. Sie blieb vor der Wohnungstür stehen. Kein Geräusch. Sie schaute auf die Uhr, setzte ihre Einkaufstüten nicht ab, lauschte. Ihr Puls ging schneller. Sie steckte den Schlüssel leise in das obere Schloss, drehte ihn und zog ihn wieder hinaus. Ein Geräusch, kaum wahrnehmbare Schritte vielleicht, sie hielt den Atem an und öffnete die Tür.

Chīzu, ihr Kater, stand direkt vor ihr, schaute sie kurz an und ging dann unbeteiligt davon. Außer seinem Tapsen nichts. Sie ging in die Küche, packte ihre Sachen in den Kühlschrank, schenkte sich einen Wodka ein, presste zwei Eiswürfel ins Glas und ging dann zum Schlafzimmer. Sie schaute Chīzu kurz hinterher und öffnete dann mit Schwung die Tür. Sie knallte gegen die Wand. Natürlich war er nicht mehr da, wie konnte sie nur denken, dass er so lange auf sie warten würde? Kein Mensch tat so etwas.

Ihr Schlafzimmer sah aus, als wäre er nie hier gewesen. Die Bettwäsche war glatt gestrichen, die Gläser auf dem Nachttisch verschwunden, ihre Unterwäsche, ihr Hemd nirgends zu sehen. Er hatte den Ball genau dorthin zurückgespielt, wo sie nicht hinkam.

Ihr Blick fiel auf einen weißen Zettel auf dem Fensterbrett. Auf dem Zettel lag ein weißer Stift. Vielleicht hatte er dort etwas für sie hingeschrieben. Sie steckte sich den Stift in den Ausschnitt, nahm den Zettel und ging durch den Flur ins Wohnzimmer. Alles war wie immer. Das Parkett weiß gebeizt, so dass nur noch die Holzstruktur zu sehen war und die Form der Nägel. Das weiße Bett, der weiße Schreibtisch, die vier schwarzen Stühle, das weiße Sofa und die großformatigen Photographien von schwarz-silbernen Galaxien an den Wänden. Sie schaute sich um, als sähe sie ihre Wohnung in einem Spiegel. Dann hörte sie ihren Anrufbeantworter ab. Nichts. Nur ihre eigene Ansage und dass sie keine neuen Nachrichten habe. Das hatte sie schon an der roten ›0‹ im Display gesehen.

Sie drückte sich den Zettel ans Gesicht. Und plötzlich stieg ihr der Geruch des Krankenhauses in die Nase, in dem ihr Vater gestorben war. Sie ließ das Papier sinken und hörte die Stimme ihres Vaters, wie er ihr Gedichte einflüsterte, abends vor dem Einschlafen, mittags, als sie aus der Schule kam, morgens vor dem ersten Tee.

Sie setzte sich aufs Sofa. Sie hörte Chīzu in der Küche sein Futter knacken. Sie rief ihn, er unterbrach kurz sein Fressen, dann kaute er in aller Seelenruhe weiter. Sie streckte sich auf dem Sofa aus und ließ ihre hohen Stiefel über die Seitenlehnen baumeln. Sie nahm einen halbgeschmolzenen Eiswürfel auf die Zunge und zerbiss den Rest. Sie stellte das Glas ab und strich sich über den seidenen Rock. Sie hatte kein Licht gemacht, als sie hereingekommen war. Chīzu war nun satt und kam ins Zimmer, würdigte sie keines Blickes, schmiegte sich aber an sie. Geliebter Kater.

›Chīzu‹ war das japanische Wort für Käse, und man schrieb es in *Katakana*, dem Alphabet für Wörter, die importierte Gegenstände und Gefühlszustände bezeichnen. Sie hatte ihn auf der Straße gefunden, er war offensichtlich von zu Hause weggelaufen und schien lieber zu verhungern, als dorthin zurückzukehren. Seine Bewegungen waren geschmeidig gewesen, man hatte durch den Straßendreck hindurch erkennen können, dass er ein schönes Fell trug, und seine Launen waren schon von Anfang an vielgestaltiger, als dass sie sich nur auf seinen Hunger zurückführen ließen. Anfangs wollte sie ihn ›Miruku‹ nennen (was das *Katakana*-Wort für Milch war), aber dann sah sie schnell ein, dass seine Launenhaftigkeit fester und gereifter war, als ihre es je sein könnte. Deswegen hatte sie ihn ›Chīzu‹ genannt. Als sie ihn das erste Mal so rief, machte er einen besonders grimmigen Eindruck, kam aber sofort an und sprang auf ihren Schoß. Sie hatte also ins Schwarze getroffen.

Sie streckte die Arme mit den weiten Ärmeln über den Kopf. Wie ein Kranich. Ein schnell hingetuschter Kranich auf einem großen Blatt Papier. Sie war eine ›fliegende Frau‹, eine *›tonderu onna‹*, wie die emanzipierten Frauen seit den siebziger Jahren genannt wurden, und sie war stolz darauf. Sie hatte einen weiten Weg zurückgelegt, aber sie war auch auf einem großen, weißen Reispapier gezeichnet – auf traditionelle Art mit schwarzer Tusche und schnellen Strichen hingestellt, ganz allein an den Bildrand; mit so viel weißem Raum um sie herum, dass der Kranich seine Flügel viermal hätte ausbreiten können und immer noch im Bild geblieben wäre. Aber er flog nicht. Sie war eine fliegende Frau, aber sie flog nicht befreit, sie war eine aktiv lebende Frau, aber sie lebte nicht wirklich. Vielleicht war sie zu schnell aus Japan abgereist. In der Zugluft heilen die Wunden nicht, hörte sie ihren Vater sagen.

Dieser Mann hatte es tatsächlich geschafft, keine Spuren in ihrer Wohnung zu hinterlassen – außer einem weißen Zettel, auf dem er vielleicht seine Nummer oder irgendetwas anderes oder gar nichts notiert hatte. Keine Spur von ihrem Leben, dachte sie plötzlich, alles nur eine große, weiße Fläche. Und genau da hatte er hineingerufen, und dann war er verschwunden. Ohne zu warten, ob nicht vielleicht doch ein Echo zurückkam. Er hätte warten können, vielleicht wäre doch etwas zurückgekommen, vielleicht war doch etwas in ihr, das seine Frage zurückwerfen konnte, vielleicht hätte der Kranich seinen Mut zusammengenommen und in das ihn umgebende Weiß hineingerufen. Und es wäre nicht um seine Antwort gegangen, sondern nur darum, dass ihre Antwort von irgendjemandem bezeugt wurde.

Langsam wurde es dunkel im Raum. Die weiße Fläche des Schreibtischs wurde körnig, ihre gegen die Decke gestreckten Stiefel ragten als scharf geschnittene Baumstämme in eine Winternacht. Sie zog sie aus und ließ sie über den Boden in den Raum hineinschlittern wie über eine frisch gefegte Eisfläche; der eine blieb stehen, und zwischen seinem Absatz und der Sohle zeigte sich ein schattiges Dreieck, der andere war umgefallen, über dem Knöchel umgeklappt und nahm so die Form eines einzelnen, ausgebreiteten Flügels an.

Wie lange war ihr Vater schon tot? Sie hatte ihre eigene Lebensmitte vielleicht schon erreicht. In ihrem Alter hatte ihr Vater in voller Blüte gestanden; sie erinnerte sich an seine Blicke, wenn sie morgens in die Schule ging, wenn er ihr Gute Nacht sagte, wenn er ihr glühend von seiner geliebten Literatur erzählte. Und sie? Vielleicht hätte Vater doch nichts dagegen gehabt, dass sie Architektin geworden war, aber dass sie immer noch auf einen Startschuss für ihr Leben wartete, das wäre ihm fremd gewesen, das hätte er nicht verstanden.

Sie senkte langsam die Arme und drehte sie auf Brusthöhe einmal ausgestreckt durch den Raum. Ihr Blick fiel auf die Stiefel, die auf dem Boden lagen. Der Londoner Architekt hatte sie gemocht, und er hatte sie nach ihrer Telefonnummer gefragt. Wenn sie gewusst hätte, dass der Mann aus ihrem Schlafzimmer so ein Spielverderber war, hätte sie ihm die Nummer gegeben. Dann wäre hier heute Abend nicht dieser schwermütige Schwarzweißfilm mit japanischen Untertiteln gelaufen, sondern irgendeine leichtfüßige britische Komödie – und das wäre doch deutlich besser gewesen. Sie hatte nicht Tausende von Kilometern zwischen sich und ihre Heimat gelegt, um Trübsal zu blasen.

Am Abend nach dem Fest lag Alison in ihrem Bett. Im Flur brannte die kleine Lampe, die sie immer brennen ließ, wenn sie alleine war. Sie war nicht gut im Alleinsein, sie war gut im Zuzweitsein. In dem Zwischenraum, der sich zwischen Victor und ihr immer weiter ausbreitete, herrschte eine Schwerelosigkeit, die sie Volten schlagen und zur Ruhe kommen ließ. In diesem Zwischenraum war sie zu Hause, das war ihr Kosmos, ihr Leben. Doch jetzt war sie alleine und schwebte verloren über der weißen Landschaft aus Laken, Kissen und Decken, die ihr viel zu groß vorkam für einen einzigen Menschen.

Victor war gleich nach dem Frühstück aufgebrochen. Verkatert, übermüdet war er mit dem Taxi zum Flughafen Tegel gefahren, um nach Japan zu fliegen. Schon wieder eine Geschäftsreise. Beim Frühstück hatte er darauf bestanden, ihr die Butter aufs Brot zu schmieren, sie mit Ei und Obstsalat zu füttern, ihr einen Saft und noch einen zu pressen – so als müsste sie damit bis zu seiner Rückkehr auskommen. Als die Tür ins Schloss fiel, weinte sie, obwohl sie es gewöhnt war, dass er weg war, denn er war andauernd weg. Nach ein paar Minuten hatte es noch einmal an der Tür geklingelt, und sie hatte mit geröteten Augen geöffnet. Victor war die Treppen hochgestürmt, hatte sie geküsst und gesagt, dass er das noch vergessen hätte. Auch er genoss den sternennahen Raum ihrer Gemeinsamkeit, auch er brauchte ihn, um in die Welt aufbrechen zu können.

Nach seinem letzten Kuss hatte sie sich an ihren Schreibtisch gesetzt und ein paar Sternzeichen-Illustrationen für ein

Magazin gezeichnet, die Mitte nächster Woche fertig sein mussten. Sie war weit gekommen, hatte eine Linie nach der anderen über das weiße Papier gezogen und sich dabei über die melancholischen Gesichter von Wassermann und Schütze gewundert.

Ihre roten Haare bedeckten nun fast Victors ganzes Kopfkissen. Sie strich über seinen Pyjama, den er letzte Nacht nicht getragen hatte, weil sie immer nackt einschliefen, wenn sie sich geliebt hatten. Jetzt trug sie ihn. Das Oberteil war falsch geknöpft, und die Hose rutschte ihr von den Hüften. Sie roch an seinem Ärmel, aber sein Geruch würde bald verflogen sein. Sein Geruch, der ihr die Schwerkraft gab, die sie brauchte, um in den Schlaf zu sinken. Ohne seinen Geruch würde es schwieriger sein, lange dürfte er also nicht fortbleiben.

Sie dachte an Friederike, dachte daran, dass ihre Stimme nicht gut geklungen hatte vorhin am Telefon und dass man einfach nicht verstehen konnte, warum sie sich ihr Leben von einem Mann wie Tom oder irgendeinem anderen so schwer machen ließ. So etwas war ihr nie passiert. Dabei kam ihr Friederikes Leben immer so viel selbstbestimmter vor als ihr eigenes, so viel mutiger.

Alison ließ ihren Blick durchs Schlafzimmer schweifen und blieb an der neuen Kommode hängen, die gegenüberstand. Das war doch ein gutes Beispiel. Denn die Kommode hatte ihr von Anfang an nicht besonders gefallen, eigentlich war eine andere im Laden viel schöner gewesen. Sie hatte trotzdem diese gekauft, weil sie etwas billiger war oder weniger auffällig oder weil sie dachte, dass sie Victor besser gefallen würde. Und so schaute sie jetzt jeden Tag auf eine Kommode, die sie an eine Kommode erinnerte, die zu ihr passte. Und das brachte etwas auf den Punkt: Was für die Kommode galt, galt für alle Räume ihres Lebens, in denen sie ohne Victor agieren musste. Viele Formen, die sie für diesen Teil ihres Lebens wählte, waren kein Abdruck ihres Inneren, sondern eher von fahrigen Bewegungen, die sie machte, von Formen, die sie beiläufig produzierte. Vielleicht verrutschten deswegen ihre Kleider andauernd, vielleicht hing ihre Bluse deswegen meist an einer Seite aus der Hose heraus, vielleicht verlor sie deswegen früher oder später jeden Schal. Schon als Kind hatte ihre Mutter gesagt, sie sehe aus wie eine kleine, schlampige, rothaarige Elfe, und sie hatte es liebevoll gemeint.

Sie schüttelte den Kopf. Ihr Körper schien sich so zu bewegen, dass die Kleider bei ihr keinen Halt fanden, vielleicht fühlte sie sich deswegen nackt am wohlsten, vielleicht fühlte sie sich deswegen in der Öffentlichkeit immer, als hätte man sie gerade bei irgendetwas erwischt. Beim Yoga staunten alle, wohin sie ihre Beine schlingen konnte und wie tief sie ihre Nase zum Boden bekam. Beim Yoga ging es ja auch nicht darum zu wissen, was man wollte. Sie war Mitte dreißig.

In der Liebe wusste sie auch genau, was sie wollte: Sie wollte mit Victor bis an ihr Lebensende solche Feste erleben, sich danach so lieben wie letzte Nacht und dann solche Morgen wie heute verbringen; sie wollte sich so begehrenswert und geborgen fühlen und sich so zeigen können wie mit Victor, sie wollte sich auseinandersetzen und vertragen können wie mit ihm, und sie wollte einen Mann, der so roch wie er und der von ihrem Geruch nicht genug bekommen konnte. In der Liebe wünschte sie sich nichts anderes, keinen anderen Körper, keinen anderen Mann, kein anderes Leben. Nur in ihrem Beruf hatte sie nicht die Kraft, ihre Wünsche umzusetzen: melancholische Wassermänner wollte sie jedenfalls nicht malen, dafür hatte sie nicht Kunst studiert und sich mit Siri zusammen drei Jahre lang jede Ausstellung in der Stadt angesehen. Aber war sie wirklich eine Künstlerin? War die Frage nicht schon beantwortet, wenn man sie sich überhaupt stellte? Sie drückte ihre Stirn in Victors Kopfkissen. Es wurde Zeit, dass er wiederkam.

Friederike würde so etwas nicht passieren. Schon beim ersten Mal, als sie sich kennengelernt hatten, hatte sie das Gefühl, dass Friederike so strahlte, weil sie wusste, was sie wollte, und es umsetzte. Schon das erste Mal, als sie Friederikes Laden betreten hatte, hatte sie sich darüber gewundert, dass sich jemand das Recht nahm, so einen Raum zu schaffen, dass es jemanden gab, der keine Angst davor zu haben schien, seine Träume zu verwirklichen.

Vielleicht sollte sie jetzt ein wenig von Friederikes Laden träumen und darüber einschlafen. Der Tag, an dem sie den Laden entdeckte, an den dachte sie am liebsten.

Friederikes Laden lag in einer Seitenstraße in Berlin-Mitte. Alison mochte diese Läden, sie lagen meist etwas abseits der Touristenachsen und Galerienrundgänge. Sie mochte sie leerstehend, als Projekträume und auch dann noch, wenn sich doch mal eine Idee länger hielt; solche Läden kamen und gingen und schienen auf nichts angelegt zu sein, als flüchtigen Ideen eine kurze Verortung zu bieten.

An dem Tag, an dem sie Friederike kennenlernte, hatte sie mehrere leerstehende Läden gesehen, die ihr besonders gefallen hatten. In einem stand ein Staubsauger auf einem verschmutzten Teppich; in einem anderen hingen dottergelbe Trockenhauben von rosalackierten Haken, und in einem dritten stand ein Hundekorb in einer Ecke unter einer Wand, an die Votivbildchen gepinnt waren. Doch Friederikes Laden stach selbst in dieser Reihe noch heraus. Es war unklar, um welche Sorte Laden es sich hier handelte – ob er eine Installation, ein Büro oder eine Art Café war.

Der Laden war in einem Himbeerton gestrichen, und an die Wände waren Zeichnungen von zarten Tieren und Pflanzen gemalt und geklebt. Im Schaufenster standen Schokoladenkuchen, die mit einer dicken, gespachtelten Schicht Schlagsahne bedeckt und unterschiedlich dekoriert waren. Einer der Kuchen hatte eine Oberfläche aus aufgerollten Lakritzschnüren, so dass er aussah wie eine Langspielplatte. Auf der Tafel, die neben dem Eingang über der kleinen Treppe hing, stand mit Kreide geschrieben:

Weiß
Schokoladenkuchen mit Schlagsahne
Weiße Texte
Louis Trenkers Matterhornbesteigung
Weiße Schätze

Friederike trug ein froschgrünes T-Shirt, eine Haarspange mit Glitzersteinen, und ihre Augen blitzten unter den dunklen Locken hervor, die ihr in die Stirn hingen. Man konnte schon durch das Schaufenster hindurch erkennen, wie sehr sie den Raum bespielte, wie sehr sie ihn erfüllen konnte mit ihrer Präsenz. Alles an Friederike war rund und fest. Friederike, die Kuchen und der Laden sahen sich auf eine eigenartige Art und Weise ähnlich.

Als Friederike im Türrahmen erschien und Alison fragte, ob sie nicht hereinkommen wolle, bekam sie einen Schreck (wie immer, wenn sie jemand ansprach, den sie nicht kannte), aber dann nickte sie und schloss ihr Fahrrad ab. Sie betrat den Laden, ihr Atem ging schneller, und sie erkannte jetzt, dass das der Laden von Yokos Freundin sein musste, dass das der Laden sein musste, von dem Yoko schon so viel erzählt hatte. Sie würde nicht fragen, nicht gleich am Anfang.

Der vordere Raum war ziemlich klein und quadratisch. Der Fußboden war ein schönes altes Kirschholzparkett, das an einigen Stellen schon ziemlich mitgenommen aussah, aber frisch gewachst roch. Die Decken waren hoch und stuckverziert, und eine Glühbirne hing in den Raum. Die Tiere an den Wänden waren alle mit Accessoires versehen: die Rehe trugen Sonnenbrillen und die Frösche Turnschuhe, aber ansonsten sahen sie aus wie diese altmodischen Kinderzeichnungen.

»Meine Hausgeister«, sagte Friederike, »sie vermehren sich, ständig kommt einer dazu, bald haben sie den Laden übernommen.«

In der Mitte des Raums war eine Theke installiert, auf der mit einer weißen Metallspirale gebundene Papierstapel lagen. Das Titelblatt bestand aus einer weißen Lackfolie, die nicht beschriftet war. Daneben war ein kleiner Bildschirm aufgestellt, auf dem der Vorspann des Louis Trenker-Films flimmerte. Die Namen der Schauspieler zitterten in Schreibschrift über das Bild, und Musik drang leise aus dem Lautsprecher. Zwischen Theke und Schaufenster stand eine kleine Küchenzeile mit Espressomaschine und Eisschrank. Mitten im Raum waren vier bunte Sessel verteilt, die nicht nur sehr bequem aussahen, sondern irgendwie auch besonderen Witz ausstrahlten. In zwei Vitrinen links und rechts an den Wänden lagen die weißen Schätze: Schneespray, Bikinis, grobkörniges Salz, ein Cowboyhut, Kugelketten, eine extravagante Vintagetasche und vieles mehr.

Im hinteren Teil des Raums, etwas abseits, stand ein Schreibtisch mit einem geschlossenen Laptop und tragbarem Drucker. Berge von kopierten Texten, Mappen, Büchern und Zeitungsausschnitten stapelten sich auf, neben und unter dem Tisch. Dieser Teil wirkte ganz anders als der vordere, so als würde er von einer anderen Person benutzt werden. Dort gab es kein Fenster und nur einen Stuhl, der an einer Seite von einem Klebeband zusammengehalten wurde. Der Tresen bildete eine Grenze. Was er jedoch (über das Offensichtliche der unterschiedlichen Tätigkeitsbereiche hinaus) voneinander abtrennte, war nicht einsichtig.

»Kaffee?« fragte Friederike jetzt.

Alison nickte erneut, holte eine Haarspange aus der Tasche und band sich ihre roten Haare zu einem langen Pferdeschwanz zusammen; das tat sie immer, wenn sie ein wenig unsichtbarer werden wollte. Als sie ihre Hand aus der Hose zog, merkte sie, dass wieder ein Blusenzipfel heraushing, und sie steckte ihn schnell zurück in den Hosenbund. Friederike schäumte die Milch. Bald würde Alison etwas sagen müssen, um nicht eigenartig oder arrogant zu wirken. Sie schaute sich weiter um, jede Ecke dieses Raumes schien von kleinen und großen Ideen bevölkert zu sein, alles war belebt und strahlte eine große Beweglichkeit aus. Und plötzlich konnte sie die Trägheit in sich greifen, die seit Monaten ihren Körper durchzog, und auf einmal fühlte es sich so an, als könnte sie sie wieder loswerden – hier in diesem Raum. Vor ein paar Tagen hatte Victor sie gefragt, warum sie nur noch ihre Illustrationen mache und ihre Kunst so ins Stocken geraten war, und sie hatte geantwortet, dass sie etwas ausbrüte, über das sie noch nicht sprechen konnte, und dabei gedacht, dass das nur eine Ausrede war. Aber vielleicht war es doch keine Ausrede gewesen.

Friederike stäubte jetzt den Kakao auf den Milchschaum, und Alison steckte ihre Hände in die Manteltaschen. Vielleicht saß sie auch mit gespreizten Federn auf einem Geheimnis, das so geheim war, dass sie es vor sich selbst geheim hielt. Jedenfalls wollte sie wirklich, dass ihr Leben wieder mehr in

Bewegung kam, auch wenn sie den Frieden so genoß. Friederike stellte ihr den Kaffee hin, ging zu den Torten hinüber und schnitt eine an. Alison atmete einmal tief durch, gab sich einen Ruck und fragte dann: »Was machst du sonst noch hier außer den tollsten Torten Berlins?«

Friederike lachte, und dann sagte sie: »Der Laden hat immer ein Thema. Eine Zeitlang gibt es Sachen zu diesem Thema zu kaufen. Im Moment ist alles weiß. Die weißen Schlittschuhe waren gleich weg, die Vasen und die Lampen sind verkauft, die weißen Glaskugeln auch, aber schau dich um: ein paar Schätze sind noch zu haben. Kaffee und Torten gibt es natürlich immer. Kaffee bringt Geld, und die Torten machen mich glücklich.« Dann zeigte sie in den hinteren Teil des Ladens und sagte: »Und dahinten sammle ich Texte. Ich lese eigentlich ständig, mehrere Bücher gleichzeitig, ohne Sinn und Verstand, alles, was ich finden kann. Und das Schlimme ist, ich vergesse nichts. Ich merke mir alles. Manchmal ist das zu viel. Wenn es gut läuft, dann schreibe ich dort auch.«

»Du sammelst Texte und schreibst? Zwischen Schokoladenkuchen, Luis Trenker und einer Espressomaschine?«

Friederike schaute sie lange an, dann ließ sie das Messer sinken: »Jetzt sag mir nicht, dass ich Zuckerbäckerin werden sollte. Ich bin anfällig für solche Ideen.«

»Du solltest Zuckerbäckerin werden«, sagte Alison und ging ein paar Schritte in den Raum hinein. Dass sie mit einem Menschen gleich so reden konnte – das hatte sie lange nicht erlebt. Für Friederike schien das hingegen ganz normal. Jedenfalls zögerte sie nicht.

»Danke.« Friederike fuhr sich mit beiden Händen in die Haare.

Sie schwieg, dann schaute sie Alison von der Seite an: »Und du?«

»Ich?« Sie stockte, dann fuhr sie fort: »Schwierige Frage.«

Was machte sie eigentlich gerade? Ihre Illustrationen? Davon lebte sie schließlich – aber war es das, was sie dieser Frau sagen wollte, die sie gerade erst kennengelernt hatte?

»Entschuldigung, ich wollte nicht …«, sagte Friederike.

»Ach was«, antwortete Alison: »Es ist nur, ich weiß es nicht.«

Bevor sie ging, fragte Friederike sie noch, ob sie ein Photo von ihnen machen dürfte.

Zwei Tage später, als Alison wieder in den Laden kam, begrüßten sie sich mit einer Scheu und einem verhaltenen Leuchten, wie es sonst nur Frischverliebte tun. Friederike gab ihr einen Umschlag, in dem das Photo steckte, auf dem Friederike sie umarmte, als wollte sie sie mitreißen, mit ihr irgendwohin aufbrechen, und sie selbst so durchscheinend aussah, als träumte sie. Wie eine kleine, schlampige, rothaarige Elfe.

»Bin ich wirklich so träge wie auf diesem Bild?« fragte Alison.

»Sagen wir mal so, du wirkst nicht gerade wie jemand, der nur vier Stunden Schlaf braucht. Aber keine Sorge: ich finde, das steht dir.«

Alison lachte. Dass sie so viel schlief, hatte auch mit ihrem Leben mit Victor zu tun. Was sollte man sich schon wünschen, wenn man glücklich war zusammen?

»Ich wollte immer so aussehen wie du: rothaarig, zart, schwebend. Aber, wie man sieht, weit gefehlt«, sagte Friederike lachend, dann betrachtete sie das Photo noch einmal und fuhr fort: »Außerdem sieht man, dass du dich in deinem Körper wohlfühlst. Du hast ein Bluse, einen Schal und eine Jacke an und wirkst dabei so, als kämst du gerade aus dem Bett. Sehr sexy.«

Alison schüttelte den Kopf, lachte und wendete sich ab. Sie schlug einen der Papierstapel, die vor ihr auf dem Tresen lagen, in der Mitte auf. »Eigentlich wollte ich schon gestern wiederkommen. Dieser Stapel … – sind das die weißen Texte?«

Friederike nickte.

Sie blätterte eine Weile, dann las sie die ersten Zeilen einer Kopie aus Stifters Text *Aus dem Bayerischen Walde:*

Es wurde ein Schneesturm, wie ich ihn nie ahnte, und es wurden Wirkungen, die weit über mein Wissen gingen.

Friederike stellte den hohen, mattsilbernen Becher mit der geschäumten Milch zur Seite, es wurde wieder still im Laden.

Sie las weiter, zuerst leise, dann laut:

Es war ein Gemische da von undurchdringlichem Grau und Weiß, von Licht und Dämmerung, von Tag und Nacht, das sich unaufhörlich regte und durcheinandertobte, alles verschlang, unendlich groß zu sein schien, in sich selber bald weiße fliegende Streifen gebar, bald ganze weiße Flächen, bald Balken und andere Gebilde und sogar in der nächsten Nähe nicht die geringste Linie oder Grenze eines festen Körpers erblicken ließ.

Friederike presste den Espresso fest und sagte dann: »Du kennst das Gefühl.« Sie drückte den Knopf der Espressomaschine, der Motor brummte, die dunkle Flüssigkeit rann über zwei kleine Öffnungen in die Gläser.

Alison ging zu einem der Sessel, blätterte weiter und las:

Ich konnte nichts tun, als immer in das Wirrsal zu schauen. Das war kein Schneien wie sonst, kein Flockenwerfen, nicht eine einzige Flocke war zu sehen, sondern wie wenn Mehl von dem

Himmel geleert würde, strömte ein weißer Fall nieder, er strömte aber auch wieder empor, er strömte von links gegen rechts, von allen Seiten gegen alle Seiten, und dieses Flimmern und Flirren und Wirbeln dauerte fort und fort und fort, wie Stunde an Stunde verrann. Und wenn man von dem Fenster wegging, sah man es im Geiste, und man ging lieber wieder zum Fenster.

»Genau das ist es«, sagte sie dann, »Weggehen hilft nicht, man geht lieber wieder hin und schaut es sich an.« Und während sie das sagte, dachte sie, dass sie dieses Stürmen kannte, nur wusste sie nicht, woher.

Friederike goss die Milch in die Gläser und schöpfte einen Berg Milchschaum auf die weiße Oberfläche. Sie stellte die beiden Gläser auf den Tisch in der Mitte des Raums und setzte sich. »Jetzt trinken wir erst einmal den Milchkaffee. Zum ersten lade ich dich ein, ab dann musst du zahlen«, sagte sie lachend, »ich bin nämlich Geschäftsfrau.«

Alison klappte die Texte zu: »Mit viel Zucker – ganz umsonst.«

Sie schauten sich lange an.

»Und einen Kuchen?« fragte Friederike.

Sie nickte. Und wieder überkam sie eine Scheu, die ihr sogar Farbe ins Gesicht trieb. Was war das? »Warum eigentlich Weiß?« fragte sie, um sich abzulenken.

Friederike stieß einen Laut aus, dann schwieg sie, dann antwortete sie: »Komisch, die Frage hab ich mir noch nicht gestellt.«

»Ich weiß auch nicht, warum ich welche Bilder gemalt habe. Das Einzige, was ich weiß, ist, dass es Kraft zehrt«, sagte Alison und blickte unsicher zu Friederike hinüber, aber ihr schien dieser Kommentar nicht zu persönlich gewesen zu sein, denn sie antwortete: »Alle großen Arbeiten hungern. Oder man selbst. Und wenn sie einmal zu Ende sind, ist man selbst entweder zu dick oder zu dünn. Bei mir ist es allerdings eher: zu dick.« Friederike schaute mit einer hochgezogenen Braue auf die Rundungen unter ihrem T-Shirt.

Alison lachte, schüttelte den Kopf und blickte zu Boden. Das kannte sie nicht. Zu- und Abnehmen war nie ihr Thema gewesen. Ihr Körper war von den Schwankungen ihrer Seele immer verschont geblieben.

Friederike fasste sich mit einem Griff um die Taille, dann fuhr sie fort: »Wie in der Liebe. Wenn man sich auf das Wagnis einlässt…, und wenn man sich nicht auf das Wagnis einlässt, dann ist es noch viel schlimmer.«

Alison schwieg. Das kannte sie auch nicht. Sie hatte sich auf Victor eingelassen, ohne sich schützen zu müssen, und es wurde immer schöner, je mehr sie sich ihm hingab. Und schon wieder beschlich sie dieses unangenehme Gefühl, das sie immer beschlich, wenn das Gespräch auf Beziehungsproblematiken kam, weil sie nicht die sein wollte, die anders war, weil sie nicht die mit der heilen Welt sein wollte.

»Deswegen kümmere ich mich lieber um meinen Beruf als um die Liebe, da kommt mehr raus – bei mir jedenfalls«, sagte Friederike. »Jetzt habe ich nur von mir geredet. Willst du mir heute vielleicht verraten, was du machst?«

Alison gab sich einen Ruck: »Ich bin Illustratorin«, sagte sie. »Wenn es gut läuft, dann zeichne ich die Sternbilder für große Magazine. Aber eigentlich wollte ich das nur nebenher machen, neben den Photos und Installationen. Aber jetzt, jetzt mache ich nichts anderes mehr. Alles andere ist mir abhandengekommen. Ob überhaupt noch mal was kommt, weiß ich nicht.«

»Willst du mir mal einen neuen Hausgeist zeichnen?« fragte Friederike, »ich bezahle auch dafür.«

Alison nickte: »Einen mit Locken, Kochmütze und hohen Schuhen.«

Friederike lachte, dann hielt sie inne. »Ich kämpfe jeden Tag dagegen, dass der Laden mich frisst. Er ernährt mich, insofern darf er ruhig auch was von meinem Kuchen abbekommen, aber manchmal ist er ziemlich maßlos. Und nur weil dahinten diese Texte liegen, die selbst gefräßig sind, frisst er mich nicht mit Haut und Haaren.«

»Als ich mit dem Illustrieren angefangen habe«, fuhr Alison fort, »hab ich gedacht, ich mach das nur eine Zeit, aber dann … dann hat sich der Weg von selbst ausgerollt, und ich bin nicht mehr runtergekommen. Es ist nicht einmal Bequemlichkeit, es geht irgendwie nicht.«

»Mitte dreißig«, sagte Friederike mit einem schiefen Lachen, »es geht uns allen gleich.«

»Kann man nur hoffen, dass die Rolle irgendwann ausgeht.«

»Oder auch nicht.«

»Jede Entscheidung macht Räume zu, und wenn man sich nicht entscheidet, dreht man sich im Kreis.«

»Grässlich.«

»Ja, grässlich. Vielleicht doch auswandern. Nach Japan ziehen.«

»Japan?« fragte Friederike, »ausgerechnet.«

»Ich mag Japan, ich mag das Essen, die Mangas, die alten Filme. Ich scheine irgendeine merkwürdige Verbindung zu Japan zu haben, obwohl ich noch nie dort war und auch nicht wirklich viel darüber weiß.«

Friederike nahm die Textsammlung in die Hand und zeigte auf das Haiku, das auf der ersten Seite stand:

Wenn ich denke,
dass es mein Schnee ist auf dem Hut,
wird er mir leichter.

Plötzlich mischte sich ein anderes Geräusch in die Szene, das von außen zu kommen schien, von weit außen. Das Gespräch mit Friederike verstummte, verschwamm.

Alison wachte auf. Sie lag in ihrem Bett. Sie hatte geträumt.

Das Geräusch schien aus dem Treppenhaus zu kommen.

Was war das? Sie schlich in den Flur und lauschte an der Tür. Nichts zu hören. Sie hielt Victors Pyjamahosen an der Taille zusammen und schaute hinaus. Das Treppenhaus war leer. Das erste Tageslicht fiel schwach durch die bunten Fenster und warf eine blasse Art-déco-Zeichnung auf die Stufen. Sie lehnte sich aus der Tür und knipste das Licht an. Die Tüten mit den aussortierten Kleidern, die sie vorhin noch hinausgestellt hatte, waren verschwunden. Auf dem Treppenabsatz lag nur noch ihr grünes, rückenfreies Oberteil. Der Dieb musste es in der Eile verloren haben, jedenfalls lag es da und schillerte wie eine gerade verlassene Schlangenhaut. Da war es wieder – das Rascheln. Sie sprang ans Treppengeländer und beugte sich nach unten, doch von dort wehte ihr nur die kalte Nachtluft entgegen. Wahrscheinlich war gar nichts, wahrscheinlich hatte ein netter Nachbar die Tüten mitgenommen, wahrscheinlich war die ganze Aufregung umsonst. Sie nahm das Oberteil und lief zurück in die Wohnung. Sie schloss dreimal ab, warf das grüne Teil über den Sessel im Flur und ging ins Bett. Doch der Geruch auf Victors Kopfkissen war nun verflogen. Sie drehte das Kopfkissen um, steckte ihre Nase in jede Falte, sogar zwischen den Bezug und die Füllung, aber er war nirgendwo mehr zu finden. Sie versuchte sich auf ihren Atem zu konzentrieren, aber es funktionierte nicht. Niemand nahm einfach Tüten mit zur Altkleidersammlung.

Sie knöpfte das Pyjamaoberteil neu, band sich die roten Haare zusammen, griff nach dem Telefon, das neben ihrem Bett lag, und wählte Victors Nummer. Er nahm ab – mit japanischen Lautsprecheransagen im Hintergrund.

»Victor?«

»Schön, deine Stimme zu hören, ich bin gerade im Hotel angekommen. Die Japaner sind vielleicht …«

»Victor?«

»Ja?«

»Irgendwie passieren seltsame Dinge«, sagte sie, »jemand hat meine alten Kleider geklaut.«

»Wolltest du sie nicht sowieso loswerden?« fragte er.

Sie schüttelte den Kopf. Dann sagte sie: »Nur das grüne Oberteil lag noch im Treppenhaus.«

»Ein grünes Oberteil?« fragte er in einem anderen Ton.

»Du fehlst mir so, jetzt schon«, sagte sie, »es tut mir nicht gut, wenn du nach so einem Frühstück einfach wegfährst.«

»Ich bin bald wieder da«, antwortete er sanft, »und ich habe beim Einchecken gerade etwas Wunderbares entdeckt für dich. Etwas, das man um den Nacken binden kann, das deine Schultern betont«, er machte eine Pause, »ich kann es kaum abwarten, deine Schultern wiederzusehen.«

»Welche Farbe?« fragte sie.

»Das verrate ich nicht«, sagte er.

»Grün?« fragte sie.

Er schwieg.

»Sprechen wir morgen gleich wieder?« fragte sie.

»Morgen, übermorgen, und dann bin ich schon auf dem Weg zu dir. Du fehlst mir auch.«

Als Siri die Wohnungstür aufschloss, hörte sie Felix schon aus dem Wohnzimmer ihren Namen rufen. Sie hörte Eduards Stimme, die ihn ermunterte, ihr entgegenzulaufen, und schon sprang ihr Sohn in ihre Arme. Ein weiches Paket, das an ihr dranhing. Sie spürte seine warme Wange unter ihren Lippen und seinen Atem auf ihrer Haut. Sie küsste ihn auf den Hals, die Haare, die Ohren, und für einen Moment war alles gut. Er drehte ihren Kopf mit seinen Händchen so, dass sie ihn anschaute, und erzählte dann atemlos, was er an diesem Morgen alles schon erlebt hatte: von dem umgekippten Kakao, einem Autorennen und dem auf der Leine trocknenden Känguru. Sie spürte sein Gewicht auf ihren Armen, während sie ihn ins Wohnzimmer trug, und sah Eduard, wie er, seine langen Beine auf dem Boden ausgestreckt, ein kleines Auto in der Hand, zwischen lauter Keksdosen und Milchflaschen einen Parcours aufgebaut hatte. Wie gut er aussah in seinem dicken, leuchtend grünen Pullover, wie sehr ihm eine durchzechte Nacht stand, wie wenig verlebt er dadurch wirkte und wie deutlich ihm die Liebe zu seinem Sohn ins Gesicht geschrieben war.

Noch im Mantel setzte sie sich neben ihn auf den Boden und ließ Felix aus ihrem Arm zurück in sein Spiel.

»Hast du mit Großmutter gesprochen?« fragte Eduard, und als Siri nicht gleich reagierte, fuhr er fort: »Und wie hat Großvater reagiert?«

»Alles in Ordnung. Großmutter war nicht da, aber ich hab sie noch auf der Straße getroffen. Es war alles eine Schnapsidee. Großvater weiß von nichts. Wir haben Tee getrunken und uns angeschwiegen. Du weißt doch, wie er ist.«

Siri lächelte, Eduard lächelte zurück.

Und wenn die Welt so wäre wie jetzt gerade, dann wäre doch auch alles in Ordnung.

Felix hüpfte nun wieder auf ihren Schoß und warf sie dabei beinahe um. Sie lachte, kitzelte ihn an den Rippen.

Eduard beobachtete sie und brachte dabei die Autos sicher durch den Parcours aus Flaschen und Dosen. Er schaute nicht ein einziges Mal nach unten und berührte trotzdem kein Hindernis. Felix strahlte seinen Vater an, und nachdem er das Auto über die Ziellinie gebracht hatte, brach er in Jubel aus. Sie klatschte und legte sich flach auf den Boden.

»Leg dich doch noch mal hin. Du hast doch viel zu wenig Schlaf bekommen letzte Nacht. Felix und ich gehen solange auf den Spielplatz«, sagte Eduard.

Sie blieb liegen und nickte. Felix zog mit seinen kleinen dicken Fingern ihre Lider hoch. Sie ließ ihren Kopf auf die Brust sinken. Wie sehr sie ihn liebte, wie unfassbar groß diese Liebe war.

Nach einer Viertelstunde waren Eduard und Felix fertig angezogen. »Schlaf dich aus«, sagte Eduard noch, und Felix rief: »Schlafmütze, Mami ist eine Schlafmütze.«

Dann waren sie aus der Tür.

Die Kühle des Parketts drang nun durch den Mantel zu ihr hindurch. Tageslicht drang durch die weißen Vorhänge ins Zimmer. Sie sah ihre Wohnung wie jemand, der ihren Preis schätzte. Das Wohnzimmer war eines von zwei großen, quadratischen Altbauzimmern, die eine Flügeltür miteinander verband. An der Frontseite waren schöne Doppelfenster, und ein Zimmer hatte einen Erker. Im Wohnzimmer standen zwei große, hellgraue Sofas, ein klar geschnittener Sofatisch aus dunklem Holz und eine Stehlampe aus rotem, opakem Glas – sonst nichts, im anderen Zimmer befand sich ein zweieinhalb Meter langer Tisch aus Nussbaumholz mit acht roten Freischwinger-Stühlen. An den Wänden des Esszimmers hingen Photographien des finnischen Künstlers, den sie vor ein paar Jahren in der Galerie, in der sie gearbeitet hatte, vertreten hatte. Bei der Vernissage hatte ein junger Mann mit zerzausten Haaren dagestanden, der mit seinen Bildern nur den Namen gemein zu haben schien, der trank und trank, ohne betrunken zu werden, und sie am Ende des Abends nach ihrer Nummer fragte, ohne irgendwelche Emotionen zu zeigen, so dass sie nicht wusste, ob er ihre Nummer wollte, um überhaupt etwas gesagt zu haben, oder um mit ihr auszugehen. Angerufen hatte er nie. Dafür hatte sie seine Photos gekauft.

Die Photos zeigten einen jungen Mann, der mit unterschiedlichen Hilfsmitteln und von verschiedenen Positionen aus Flugversuche unternahm. Auf einem Photo stand er mit winddurchlässigen Flügeln auf einem Felsblock in einer kargen Landschaft, und sein gesenkter Blick nahm das Scheitern seines Flugversuchs schon vorweg; auf einem anderen saß er auf einem zu einem Fluggefährt umgebauten Fahrrad in einem menschenleeren See, seine Beine und die Räder im Wasser.

Sie schloss die Augen. Der Künstler war wieder in Helsinki, und sie hier in Berlin. Sie war so müde. Seit Felix auf der Welt war, hatte sie Schlafprobleme, zuerst, weil er so oft aufwachte, und jetzt? Ins Bett wollte sie nicht, durch eine weiche Matratze wäre sie einfach hindurchgesunken – ins Nirgendwo. Also der Fußboden.

Sie drehte sich seitlich aufs Parkett, steckte ihre Fäuste in die Manteltasche und schaute in das Wohnzimmer hinein. In der Ecke vor der alten Kommode stand ein Paar von Eduards Schuhen, und unter dem Sofa lag eine ganze Ansammlung von verstaubtem Spielzeug: ein Förmchen, eine Schaufel, ein kleiner blauer Plastikrechen. Sie musste lächeln. Felix würde sich freuen, wenn sie ihm den Rechen nachher präsentieren würde, er hatte ihn schon vermisst. Er hatte einen ganz speziellen Bezug zu seinen alten Sachen, mochte die neuen lange nicht, sondern die am liebsten, die angeknabbert, abgerieben, verschlissen waren. Sie strich mit der Hand über das Parkett. Überall lagen kleine Steinchen, der ganze Boden war von einer dünnen Sandschicht überzogen. Felix brachte den Spielplatz jeden Tag mit nach Hause.

Sand, sagte sie leise, Sand – so wie man den Namen eines Liebhabers flüsterte. Sand, überall Sand. Jetzt am Strand! Mit Felix am Strand, mit Sandburgen und Eisessen. Sie hob ihren Kopf. Hier war kein Strand, hier war Wüste. Sie schaute auf Eduards Schuhe, die wie kleine schwarzlackierte Jeeps in der Ecke parkten. Natürlich keine Kamele, dafür war er zu pragmatisch und zu wenig abenteuerlustig, natürlich Jeeps mit Ledersohlen, die durch die Wüste glitten und die Steine unter den Sohlen nicht spürten. Sie drückte ihr Ohr gegen das Holz und schloss die Augen. In der Wüste einzuschlafen und nicht mehr aufzuwachen, das wäre vielleicht eine Lösung.

Doch ihre Augen brannten. *Die Wüste wächst. Weh dem, der Wüste in sich trägt.* Aber Nietzsche war doch nie in der Wüste gewesen, viel eher in den Bergen, in den Schweizer Bergen, oder täuschte sie sich da? Verband sie ihn nur mit den Schweizer Bergen, weil sein Bart so aussah, als käme er von dort? So oder so: Friederike sollte sie lieber in Frieden lassen mit solchen Sätzen, sie bekam sie nicht wieder aus dem Kopf, Friederike sollte aufhören, den ganzen Tag in irgendwelchen

Büchern nach dem Sinn für ihr Dasein zu suchen, und lieber mit Tom sprechen oder ihn endlich vergessen. Dass Friederike immer noch an dieser Sache hing? Diese Art Obsession hatte sie zum Glück hinter sich und war jetzt hier gelandet, in einer prächtigen Wohnung mit einem Sohn und einem Mann, der sie wirklich liebte.

Ganz kurz wurde es ruhig. Dann sah sie Eduards Schuhe wieder. Friederike und Nietzsche hatten sich geirrt: Dass die Wüste wächst, traf nicht für alle zu. Ihre Wüste durfte gar nicht wachsen. Keinen Augenblick hätte sie hier wegschlafen können, die Jeeps wachten mit Wasser und Verpflegung und einem Erste-Hilfe-Koffer mit Heftpflastern und blutstillenden Binden. Wozu die Binden? Ihr Blut kam sowieso nicht aus ihrem Körper heraus. Sie verletzte sich fast nie, schon als Kind fiel sie nie hin. Keine Schnittwunden, keine Platzwunden. Ihr Körper blieb intakt, und ihr Blut zirkulierte ungestört vor sich hin, seit sie denken konnte. Sie war es leid. In ihrem Ohr hallte es wider, ihr Blut, das in viel zu engen Adern floss. Dieses ewige Pumpen. Wenn sie jetzt wenigstens schlafen könnte, dann könnte sie das Pumpen ihrem Körper überlassen und müsste ihm nicht dabei zuschauen, wie es sich abmühte. Dass Eduard blutstillende Binden dabeihatte, sagte doch alles. Er dachte an alles und verstand überhaupt nichts. Wenn sie wenigstens Sex miteinander hätten.

Sie richtete sich wieder auf und schaute auf die Uhr. Die beiden würden bald zurück sein. Sie würde jetzt frühstücken gehen in ein Café am Kollwitzplatz, wo sich sonntags immer ein paar Frauen trafen, von denen sie einige sogar mochte. Das würde sie vielleicht auf andere Gedanken bringen. Felix sollte sie schließlich nicht andauernd so niedergeschlagen erleben, das ging nicht, das durfte sie ihm nicht antun.

Als sie die Runde begrüßt hatte, wurde ihr schlagartig klar, dass sie eigentlich doch keine von ihnen mochte, aber dass ihr das in der jetzigen Situation vollkommen gleichgültig war. In dem Café bediente sie ein neuer Kellner, der ihr so lange in die Augen schaute, als hätte sie ihn darum gebeten. Sie trank ihren Espresso und einen Prosecco und bildete sich ein, dass diese Kombination die Gefäße weitete und das Blut verdünnte. Der Flirt des Kellners war so geübt, dass es nicht um sie gehen konnte. Vielleicht sollte sie es einmal mit so einem Mann versuchen? So einer würde sie sicher in Ruhe lassen. Und dann? Sie schüttelte kaum merklich den Kopf. Der Kellner verschwand mit der Bestellung, und sie schwang sich in den Ton der Runde ein. So erzählte sie mit ihrem beschleunigten Blutkreislauf von der Liebe zu ihrem Sohn und dass ihr Mann ihr einen Vormittag geschenkt hatte und schämte sich nicht. Und mit jedem Satz schämte sie sich weniger und vergaß ihren Blutkreislauf und die Rettungsjeeps in ihrem versandeten Wohnzimmer. Sie trank noch einmal das Gleiche, und als sie den letzten Schluck ausgetrunken hatte, merkte sie plötzlich, dass sie den Ton nicht mehr halten konnte. Mitten in einem Gespräch über den neuen Woody-Allen-Film musste sie gehen. Sie ging nach draußen, ohne Geld auf dem Tisch liegen gelassen zu haben. Sie drehte sich nicht mehr um und öffnete ihre Faust, in der das hässliche goldene Feuerzeug einer ihrer Bekannten lag. Sie hatte es nicht aus Versehen mitgenommen, sie hatte es geklaut.

Im Aufzug zu ihrer Wohnung lehnte sie sich an die Wand und verstaute das Feuerzeug tief unten in ihrer Handtasche. Der Aufzug ruckelte in die zweite Etage hoch. Als er zum Stehen kam, steckte sie sich ein Bonbon in den Mund, strich sich über die Haare, schaute einmal kurz in den dunkel getönten Spiegel und versuchte zu lächeln. Wieso musste sie eigentlich immer so aussehen, als sei der Himmel blau, als regnete es Rosen? Warum konnte sie nicht einmal so aussehen wie jemand, der seine Bekannten bestahl und seinen Mann verachtete? Sie raufte sich zusammen. Für Felix. Felix sollte wenigstens eine schöne Mutter haben, eine elegante, schöne Mutter, wenn sie schon so schwierig war.

Sie öffnete die beiden Flügeltüren des Jugendstil-Aufzugs. Schritte der Arztfamilie von oben waren zu hören. Schnell schloss sie die Wohnungstür auf, durch deren alte Milchglasscheiben schon die Beleuchtung des Flurs zu sehen war, und zog sie hinter sich zu, bevor irgendjemand ihr irgendetwas wünschen konnte. Es gab nichts zu wünschen, sie hatte alles, alles, alles.

Sie ging durch den langen Gang in Richtung Küche. An der einen Seite auf Kopfhöhe war eine Photoinstallation aufgehängt, die sich über die gesamte Länge des Flurs zog und Spaziergänger in einem dichten grünen Wald zeigte. Sie federte auf und ab und atmete tief durch, sie hörte die Vögel, roch das Moos und stand in der Küche. Der Weg in die Küche war leicht, weil das Photo neben ihr herlief.

Eduard und Felix schauten sie fragend an, einen Teller Spaghetti vor der Nase, die Ketchupflasche auf dem Tisch. Dann begann Felix zu strahlen und laut »Mami!« zu rufen. Sie winkte ihnen zu (was für eine unpassende Geste!) und versuchte ihnen in die Augen zu schauen. Jetzt schämte sie sich. Dafür, dass sie nicht einfach einen Mittagsschlaf gemacht hatte wie andere Mütter. Doch Felix lief auf sie zu, sprang auf ihren Arm, und schon war alles vergessen.

»Schmeckt's dir?« fragte sie fröhlich, angesteckt von Felix'

Strahlen. Doch dann fiel ihr Blick auf Eduards glattpolierte Schuhe: kein Körnchen, keine Düne, kein Entrinnen. Und Eduard schnitt Felix' Spaghetti. Sie zog ihren Mantel nicht aus, schenkte Apfelsaft nach und strich Felix durch die Haare: »Du schwitzt ja, habt ihr getobt?«

Wie warm er war und wie weich. Eduard schnitt weiter Spaghetti. Wie konnte man Spaghetti nur schneiden? Schon als Kind ging es ums Drehen, nicht ums Schneiden. Als sie die Apfelsaftflasche wieder zumachte, sagte Eduard: »Heute Abend läuft *Lawrence of Arabia*. Sollen wir uns den anschauen? Ich hätte mal wieder Lust auf diese grandiosen Wüstenbilder.«

Ihr stockte der Atem. Die Rettungsjeeps hatten alles beobachtet, sie würden sie so oder so verraten. Sie streichelte Felix über die Wangen und nickte. »Ich muss kurz telefonieren.« Dann ging sie ins Schlafzimmer, wählte die Nummer ihrer Großeltern, ließ es dreimal klingeln und legte den Hörer wieder auf. Sie setzte sich aufs Bett und starrte an die Decke, das Brennen in ihren Augen war verschwunden, jetzt glitten ihre Lider ganz glatt über die Augäpfel. Sie saß eine Weile so da, dann wählte sie erneut die Nummer. Ihr Großvater nahm ab, ohne Zittern in der Stimme, ganz bestimmt sagte er den Namen, der auch der Name ihrer Großmutter war. »Ist Großmutter wieder da?« fragte sie, und ihr Großvater antwortete: »Nein.« Nach einer Weile fügte er hinzu: »Noch nicht.« »Danke«, sagte er dann noch.

»Wofür«, fragte sie und verabschiedete sich.

Nachdem sie aufgelegt hatte, konnte sie aufstehen, ein ganzes Glas Wasser trinken, ins Wohnzimmer gehen und den Rest des Tages mit Felix spielen, so als wäre ihre Welt keine Wüste.

2 Wer auch immer sie ist

Alison stand am Flughafen und beobachtete die Menschen, die aus dem Ausgang kamen, aus dem Victor auch gleich kommen würde: japanische Reisegruppen und Übernächtigte in dunklen Anzügen, ein paar junge Männer mit fransigen Haaren und Kopfhörern, nicht eine einzige alleinreisende Frau. Gestern war sie schon einmal hier gewesen, zur gleichen Zeit. Sie hatte wahrscheinlich die Tage durcheinandergebracht, Samstag und Sonntag verwechselt. Sie hatte sich gemerkt, dass er eine Woche wegbleiben wollte, und vor einer Woche gleich nach dem Fest war er abgefahren. Samstag? Sonntag? So etwas passierte ihr manchmal, ihr Zeitgefühl machte sich zuweilen unabhängig von den Uhren, den Tagen, der Messbarkeit, aber jetzt war sie ja hier, und gleich würde er kommen. Noch ein paar Männer in Anzügen, dann keiner mehr. Wie gestern. Genau wie gestern.

Der Sicherheitsmann, der an dem Ausgang saß, aus dem Victor nicht gekommen war, sah sie fragend an. Das Gepäckband kam zum Stehen, die Anzeigetafel erlosch. Sie hörte, wie es klackerte und eine neue Landung angekündigt wurde. Sie blieb einen Moment regungslos stehen, dann wählte sie seine Nummer. Ein paar Ruftöne, dann seine Stimme auf der Mailbox. Sie setzte sich auf die Heizung am Rand der Abholhalle. Wie gestern. Einen ganzen Tag lang hatte sie den Atem angehalten, aber… sie hatte sich gar nicht getäuscht. Sie erinnerte sich jetzt ganz deutlich an seine Worte, er käme samstags zurück und sonntags könnten sie zusammen frühstücken gehen. In ihrer Magengrube braute es sich zusammen. War ihm etwas passiert?

Eine junge Frau mit einem Windhund an der Leine ging an ihr vorbei, abgemagert bis auf die Knochen. Wenn er den Flug verpasst hätte, hätte er angerufen. Sie sah, wie der Sicherheitsmann seine Sachen packte und ging. Ihre Beine wurden langsam taub. Vielleicht war in Paris bei der Zwischenlandung etwas schiefgelaufen. Sie suchte einen Informationsschalter. Ihre Schritte waren viel zu langsam, ihre Beine bewegten sich, wie sie es aus Träumen kannte, das Tempo passte nicht zur Situation. Sie stellte sich in die Schlange. Vielleicht hatte er angerufen, und ihr Telefon hatte die Nachricht nicht aufgezeichnet. Sie rief ihre Mailbox an und steckte das Telefon wieder ein. Vielleicht hätte sie doch gestern schon Nachforschungen anstellen sollen.

Sie versuchte die Finger zu spreizen. Alle Finger noch da, jeder einzelne, sogar die Daumen. Sie versuchte den Gedanken zu denken, dass es eine Erklärung gab und er heute Abend oder morgen doch noch kam. Sie hörte sich bei diesem Gedanken zu, und er machte fast ein Geräusch, so sperrig war er. Dann war sie endlich an der Reihe.

»Leider dürfen wir keine Informationen rausgeben«, sagte die Dame vom Informationsschalter und tippte gleichzeitig auf ihrer Tastatur, »aber machen Sie sich keine Sorgen, Ihr Mann meldet sich schon.«

Alison schüttelte den Kopf, trat zur Seite und blieb eine Weile regungslos stehen. Dann rief sie die Privatnummer von Victors Sekretärin an.

»Er hat sich seinen Flug diesmal selbst gebucht. Wir wissen auch nicht, wann er zurückkommt, aber das macht er doch manchmal so«, sagte die Sekretärin.

Ja, das machte er manchmal, wenn es ihm im Büro zu viel wurde. Im Büro.

Jetzt blieb nur noch eine Möglichkeit: sein Hotel in Tokio.

Es knackte in der Leitung, Musik erklang, dann eine japanische Stimme. Sie nannte Victors Namen, wieder erklang Musik, dann erneut die Stimme: »Der Herr ist abgereist, er hat keine Nachricht hinterlassen.«

Sie ließ den Hörer sinken, tastete nach der Heizung hinter sich, setzte sich. Und stand wieder auf.

Jetzt lief sie an dem kleinen Flughafencafé vorbei. Der Windhund saß mit spitzen Pfoten auf dem Boden, als wären ihm die Kacheln zu kalt; seine Besitzerin trank ein Glas Tee. Was sollte sie jetzt tun? Sollte sie einfach nach Hause fahren? Und schon jetzt stand ein *Wie-nur-weiter* vor ihr, zentralmassiv, keine Steigeisen weit und breit. Wenn er nicht mehr wiederkommen würde, nie wieder …, es geht nicht, dachte sie, und der Gedanke war leise und unsichtbar wie die Nacht.

Freitagabend hatten sie doch noch telefoniert, und seine Stimme hatte geklungen wie immer; wenn er nur zitternd oder zögernd geklungen hätte, kühl oder überschwenglich, aber nichts – keinerlei Hinweise.

Irgendetwas in ihr hatte auf so einen Moment gewartet – ihr ganzes Leben schon. Sie setzte sich auf eine Treppe, die ins Untergeschoss führte. Aber vielleicht war das jetzt gar nicht so ein Moment, vielleicht war er gar nicht verschwunden? Hatte sie doch etwas falsch verstanden? Manchmal hörte sie nicht so gut zu, wenn es um Informationen ging.

Doch langsam machte sich ein Gefühl in ihr breit, das allen Beschwichtigungen trotzte. Sie stand wieder auf. In kleinen Streitereien hatte Victor früher öfter gesagt, dass er sowieso irgendwann wieder aus ihrem Leben verschwinden werde; manchmal hatte er es im Scherz gesagt und manchmal mit einem Ausdruck, der ihr durch Mark und Bein gegangen war. Und es hatte nie wie eine Drohung geklungen.

Sie drückte den kleinen und den Ringfinger sowie den Mittel- und den Zeigefinger gegeneinander und schaute auf die Gabelung in der Mitte der beiden Fingerpaare. Zwei Finger links, zwei Finger rechts, die ein ›V‹ zeichneten und dazwischen nichts – so einfach ging das. Ohne viel Aufhebens konnten die Wege einfach auseinandergehen. Sie starrte eine Weile weiter auf ihre Finger, dann ballte sie die Fäuste. Vielleicht waren es nur Fingerspiele und kein Wink mit dem Zaunpfahl, kein Fingerzeig. Vielleicht löste sich alles in Luft auf, und der Rezeptionist in Japan hatte sich vertan. Sie wählte die Nummer noch einmal. Dieselbe Stimme, dieselben Worte: Abgereist, keine Nachricht.

In das Telefonat hinein verkündete eine Lautsprecherstimme den Abflug der Air-France-Maschine nach Paris. Alison drückte Ring- und Mittelfinger gegeneinander und spreizte den kleinen und den Zeigefinger ab. So hatten sie gestanden, Victor und sie, die letzten Jahre, eng aneinandergelehnt, in der Mitte ihres Lebens. Wenn er jetzt tatsächlich aus ihrem Leben verschwunden wäre, dann müsste sie erwachsen werden – mit einem Schlag, dachte sie und hätte den Gedanken fast nicht zu fassen bekommen, so schnell floh er durch sie hindurch. Wenn er jetzt verschwunden wäre, dann wäre ihr Zwischenraum verwaist, und der riesige leere Raum, der sie umgab, würde sich irgendwann in ein schwarzes Loch verwandeln.

Sie stand wieder vor dem Ausgang, aus dem Victor nicht gekommen war. Ein neuer Sicherheitsmann (dem alten fast aufs Haar gleich) nahm seinen Platz ein und rutschte sorgfältig seinen Stuhl zurecht. Der nächste Flug war gelandet, die ersten Passagiere kamen zum Gepäckband. Sie wollte nicht allein sein, sie konnte nicht allein sein, sie war dafür nicht gemacht.

Sie legte die Hände gespreizt auf ihre Jeans, ihre wasserblaue

Jeans. Blau, wasserblau, Wasser, vielleicht war er am Wasser, irgendwo am Wasser. In Japan am Meer. Vielleicht saß er in Japan am Meer und schaute auf das gleiche Blau, auf das sie gerade schaute, nur dass ihr Blau direkt auf ihrer Haut lag und seines sich bis zum Horizont zog. Sie verließ das Flughafengebäude und stieg ins Auto. Sie würde nicht kämpfen können, das hatte sie noch nie gekonnt, kämpfen war nicht ihre Sache. Sie würde es irgendwie hinnehmen müssen.

Es war Sonntagmorgen. Ein ganz normaler Sonntagmorgen – mit Verkehr, mit Wetter, mit ganz normalen Liedern im Radio, die man wenigstens wieder abdrehen konnte. Sie schaute auf die Datumsanzeige. Die Zahlen leuchteten ihr entgegen. Das Fest war eine Woche her, eine einzige Woche. Wenn er nun wirklich verschwunden wäre, wenn sie nun ohne ihn weiterleben müsste? Feiern würde sie ohne ihn können, irgendwann, wenn Leichtigkeit kein Verrat mehr bedeutete, aber nicht leben, das nicht. Sie schüttelte sich und versuchte so, diese Sätze zu zerstreuen, auf dass sie sich anders zusammensetzten. Noch konnte sich doch alles aufklären. Niemand verschwand einfach so.

Sie war den Weg vom Flughafen Tegel nach Mitte schon oft gefahren, aber ihr war noch nie aufgefallen, dass er durchgehend von Bodenwellen geprägt war. Ein sanftes Auf und Nieder – die ganze Strecke. Sie ließ den Westhafen auf ihrer linken Seite liegen. Eine Hupe ertönte, viel zu tief für einen Lastwagen, viel eher wie das Horn eines Dampfers. Vielleicht war er an einem Hafen, vielleicht saß er an einem großen japanischen Hafen, wo Dampfer ein- und ausliefen, und wartete auf sein Schiff – in das er nicht einsteigen würde, weil er hier auch nicht ausgestiegen war. Es war nicht mehr weit bis zu Yoko, doch das Straßenbild begann zu verschwimmen. Das eine Bein auf dem Gaspedal, das andere auf der Kupplung. Die Beine gabelten sich wie die Finger, und wenn sie sie jetzt aneinanderdrückte, dann würde sie früher oder später absaufen. Das gleiche Zeichen.

Sie parkte ein und wunderte sich, dass sie ihren Wagen nicht vertäuen musste, dass er einfach so stehenblieb an seinem Platz und nicht weggeschwemmt oder gegen den Bordstein gedrückt wurde. Sie stieg aus, ging zu Yokos Haus hinüber, ihr Blick fiel auf die Uhr im Eingang. Den Zeigern zufolge waren vier Stunden vergangen – seit Victors Flugzeug gelandet und er nicht ausgestiegen war.

Yokos Blick spiegelte Alisons Zustand, als sie die Tür öffnete.

»Alison, wo kommst du …?« fragte Yoko. »Was ist denn passiert? Was ist mit dir passiert?«

Sie hörte Yoko sprechen.

»Ist was mit Victor …?«

»Er ist nicht gekommen, nicht aus Japan zurückgekommen, er ist verschwunden.«

»Hast du seine Sekretärin angerufen?«

Alison nickte: »Bei ihm, seiner Sekretärin, im Hotel. Nichts. Keine Nachricht.«

»Das passt nicht zu ihm«, sagte Yoko.

»Wie viele Häfen gibt es in Japan?« fragte Alison.

Sie sah, wie Yoko sie ansah.

»Und Kugelfische?« fragte sie.

Sie fühlte, wie Yoko sie an die Hand nahm.

»Ihr Gift – wie hoch ist die Dosis für einen sicheren Tod? Weiß das überhaupt irgendwer?«

Yoko drückte sie aufs Sofa, holte eine weiße Decke und gab ihr eine Schale mit heißem Wasser.

»Man kann das Herz nur größer machen, indem man es zerreißt«, sagte sie.

Dann steckte Yoko die Decke hinter ihren Schultern fest: »Wo ist er?«

»Ich weiß es nicht. Ich weiß nur, dass es jetzt gerissen ist. Oder in sich zusammengefallen. Größer ist es jedenfalls nicht.«

»Wo ist er, wo ist Victor?« fragte Yoko etwas lauter.

»Und wo sitzt das Gift bei den Kugelfischen – im Herzen?«

»Alison?« Sie spürte Yokos Griff an ihren Schultern. Er war stark genug, um etwas in ihr zu greifen.

Yoko hatte ihren Namen gesagt. Ihr Name hatte eine Bedeutung. Sie schaute sie einmal kurz an.

»Er kommt zurück«, sagte sie.

Vielleicht würde sie jetzt weinen können.

»Wohin? Zu wem?« fragte sie und drehte eine der Fransen der weißen Decke so lange, bis sie sich krümmte.

»Zu dir, er kommt zu dir zurück.«

Sie ließ wieder los, flüsterte: »Ich weiß nicht, Yoko, ich habe so ein Gefühl. Irgendwie habe ich es geahnt.«

»Vielleicht hat er den Flug verpasst«, sagte Yoko wieder, aber ihre Stimme schaffte keine gerade Linie.

»Dann hätte er angerufen, wenn er den Flug verpasst hätte, dann hätte er angerufen. Nein, nein, es ist was gerissen. Mein Herz ist gerissen. Ich spüre überhaupt nichts, aber den tauben Riss, den spüre ich.«

»Trink«, sagte Yoko. Dann führte Yoko Alisons Hand mit der Schale an ihre Lippen und setzte sie erst wieder ab, als die ganze Schale leer war.

Sie merkte, wie sie trank, und versuchte sich zurückzulehnen, aber es ging nicht, es drückte sie nach oben. Sie stand wieder auf. Sie konnte jetzt nicht sitzen. Dass sie noch etwas zu Yoko sagte, bemerkte sie nur noch an ihren Lippenbewegungen, dann lief sie die Treppen herunter, an ihrem Auto vorbei und weiter. Laufen, laufen, laufen. Ein ganz normaler Sonntag. Sie hatte immer gewusst, dass etwas in dem Bild nicht stimmte. Zu schön vielleicht. Noch eine Ecke. Laufen, laufen. Sie durfte nicht an einem Ort bleiben. So hatten sie doch immer miteinander funktioniert, ihre Körper hatten diese Art der Verbindung. Sie musste in Bewegung bleiben, unbedingt, denn nur so konnte auch er in Bewegung bleiben und vielleicht doch noch ... Sein Körper musste doch merken, was hier gerade passierte. Um was auch immer es ging. Sie bog erneut um eine Ecke. Die Beschwichtigungen flohen durch sie hindurch, und irgendwann griffen sie gar nicht mehr, irgendwann war das Gefühl in ihr gereift, dass Victor abgetaucht war. In der Mitte ihres Lebens war Victor abgetaucht.

Schon wieder sonntagmorgens. Um den Sonntagmorgen kam man einfach nicht herum, jedenfalls nicht so, wie es einer alleinlebenden Frau wie Friederike am angemessensten gewesen wäre: schlafend. Aber genau das konnte sie sonntagmorgens nicht. Das Fest war eine Woche her. Eine Woche, in der sie so viel gearbeitet hatte, dass sie weder im Kino noch auswärts essen oder eingeladen war. Eine gute Woche im Laden, sie hatte die weißen Sachen zum Großteil verkauft, aber kein Kuss von Tom, kein Telefonat, nichts. Die kleine Blumenvase, die neben ihr auf dem Nachttisch stand, war leer. Nicht einmal das hatte sie geschafft, obwohl sie wenigstens Blumen in ihrem Schlafzimmer brauchte, wenn sie schon alleine aufwachen musste. Wenn bei ihr zu Hause nichts wuchs, wurde sie unglücklich. Pflanzen, Tiere, Kinder – das war eine aufsteigende Linie, auf der sie noch nicht wirklich weit gekommen war. Immerhin blühte alles, was sie in die Hand nahm, sogar das empfindliche Basilikum, das bei Siri und Alison sofort einging, kaum hatten sie es gekauft. Doch das half alles nichts: es war Sonntag.

Dass der Sonntag schon wieder so etwas Bleiernes hatte, lag nicht nur daran, dass der erste ganze Tag mit Tom ein Sonntag gewesen war und die Erinnerung sonntags am stärksten hochkam. Es lag auch daran, dass sie katholisch war und der Sonntag sie immer noch in eine lähmende Feierlichkeit versetzte. Sonntags wachte sie immer so auf, dass sie gerade noch duschen konnte vor dem Gottesdienst. Dabei wollte sie gar nicht in den Gottesdienst, weil dort nur Familien saßen oder diese einzelnen Gestalten, mit denen sie nicht in einen Topf geschmissen werden wollte. Wenn sie keine Frühstücksverabredung mit einer Freundin, ihrem Mann und ihren Kindern hatte, dann musste sie den Sonntag bis nachmittags alleine verbringen und konnte erst dann am Telefon irgendeinen Museumsbesuch vorschlagen, auf den sie eigentlich gar keine Lust hatte. Wie sehr sie diese Sonntage satthatte und wie sehr sie es Tom übelnahm, dass sie jetzt wieder so waren. Aber so war das eben in ihrem Alter, wenn man allein in Berlin lebte.

Neun Uhr. Sie versuchte die Augen wieder zu schließen. Was war eigentlich passiert mit ihrer Beziehung zu Tom? Warum lag er jetzt nicht neben ihr? Was war nur passiert?

Drei Tage hatten sie nach ihrem ersten Treffen miteinander verbracht, drei Tage, in denen sie sich nicht um ihren Laden gekümmert und er seine Musik seingelassen hatte. Drei Tage, in denen sie so miteinander gesprochen hatten, wie sie noch nie mit einem Mann gesprochen hatte, in denen es Küsse gegeben hatte, von denen sie immer geträumt, und Blicke, die sie sich immer ersehnt hatte. Drei Tage hatte es gedauert mit Tom. Drei Tage, die ein ganzes Leben in sich trugen, aber eben nur drei.

Dann musste es passiert sein. Was passiert war, wusste sie nicht. Es musste etwas gewesen sein, das sie nicht bemerkt hatte, das sie nie verstehen würde, das sich wie ein Filmriss anfühlte, den es nie gegeben hatte. Irgendetwas war jedenfalls passiert, denn Tom begann sich in einem eigenartigen Krebsgang von ihr zu entfernen – zwei Schritte zurück, einen vor und immer seitwärts. Nach den ersten drei Tagen meldete er sich erst einmal einen ganzen Tag gar nicht, und dann meldete er sich und verschob das nächste Treffen und kam auch dann nicht, sondern später, viel später, als es schon zu spät war, um die Enttäuschung zu unterdrücken. Und so färbte sich das Himmelblau, und ihr Blick bewölkte sich, und sein Blick spiegelte ihre Wolken. Am nächsten Tag regnete es, und der Schnee blieb aus, und mit dem ausbleibenden Schnee blieb noch etwas anderes aus, was sie nicht verstand und nie verstehen würde, weil sich für sie nichts verändert hatte.

Die nächste Nacht war schon die letzte, die bis in den Himmel reichte; dann kamen sie schon – die Tage, an denen sie sich immer wieder missverstanden, an denen sie Kleinigkeiten befremdeten, und schon nach einer Woche fiel er abends nach einem wirklich wunderschönen Kinoerlebnis so müde ins Bett, dass sie nicht miteinander schliefen, und auch am Tag danach nicht morgens gleich nach dem Aufwachen, sondern erst nachmittags, als er von seiner Probe kam, und auch da eher so, als hätte er etwas vergessen. Doch zwischendurch blitzten sie durch – die ersten drei Tage, und dann war alles wieder möglich, jeder Wunsch, jeder Traum, jedes Leben. Kinder.

Ihr hattet einfach zu viel Zeit, hatte Yoko gesagt, du hättest dich lieber mal um deinen Laden kümmern sollen, so wie sonst auch. Schließlich bist du eine Geschäftsfrau und kein Teenager mehr, hatte Yoko gesagt, und dass kein Mensch so viel Nähe ertragen könne.

Und vielleicht war das wirklich das Problem gewesen. So oder so – jetzt war wieder Sonntag, und die Sonntage fühlten sich schon lange wieder so an wie vor den drei Tagen mit Tom, genauso bleiern und allein – und doch ganz anders. Sie setzte sich auf und raufte sich die Haare.

Wach, wach, wach.

Sie gab sich einen Ruck und stand auf. Langsam, mit gesenktem Haupt und strähnigen Locken, ging sie ins Bad. Wie ein Wasserbüffel, dem eine Last ans Geschirr gebunden war. Sie drehte sich nicht um, sie wusste es: Der Boden hinter ihr war unversehrt, keine Furche und auch keine Samen, um irgendetwas zu säen.

Das kalte Wasser half, das dumpfe Gefühl in ihr ein wenig verfliegen zu lassen. Vielleicht würde sie doch frühstücken gehen. Ins *Einstein unter den Linden*. Dort gab es Zeitungen, verzierten Milchschaum und oft eine Berühmtheit zu entdecken, was ihr schon den ersten Gesprächsstoff für das Drei-Uhr-Telefonat liefern würde. Sie würde noch ein bisschen warten, bis sie aufbrach, dann hätte sie Zeit vor dem Ausflug und Zeit danach. Es war demütigend, sich die Zeit einzuteilen, als ob man bereits im Altersheim lebte, aber es war eben so.

Auf dem Küchentisch lag noch das unberührte Marmeladenbrot von gestern Abend. Auf dem Fensterbrett sprossen neue Blüten in kleinen und großen Tontöpfen. Sie wuchsen zu langsam, um ihnen dabei zuzusehen. Wenn sie aus dem *Einstein* zurückkam, würde sie sich ihnen widmen, die trockenen Blättchen abzupfen und sie mit frischem Wasser besprühen. Ihre Pflanzen suchten nichts als das Licht. Und jetzt gerade beneidete sie die Pflanzen für ihren schlafend-träumenden Zustand. *Wer niemals das pflanzliche Leben beneidet hat, ist am Drama des menschlichen Lebens vorbeigegangen*. Ciorans Satz war heute wahrer, als ihr lieb war. Sie wollte ihre Pflanzen nicht beneiden, sie wollte lachen, an die frische Luft gehen, mit Tom durchs Scheunenviertel laufen. Irgendwann würde sie auf dem Land leben mit einem großen Garten, in dem sie Gemüse anpflanzte, und einem Haus voller Kinder.

Warum sie immer noch kein Kind hatte, obwohl sie schon

mit Anfang zwanzig eins haben wollte; obwohl sie, anders als ihre Freundinnen, nie Angst vor dieser Entscheidung gehabt hatte? Wenn sie in den ersten Nächten mit Tom schwanger geworden wäre, dann wäre es gut gewesen, aber damals hatte sie gedacht, sie hätten alle Zeit dieser Welt.

Sie schaute aus dem Fenster. Wenn es jetzt nur schneien würde. Die Schneeflocken würden es ihr abnehmen, diesem Tag einen Charakter zu geben, sie würden ihr abnehmen, die ganze Luft um sie herum anfüllen zu müssen. Das Schweigen würde durch die Gegend gewirbelt und so seine Schwerkraft verlieren. Dann könnte sie vielleicht sogar Tom anrufen und mit ihm spazieren gehen. Sie könnte neben ihm herlaufen, und die Schneeflocken würden ihn so unbeschwert berühren, wie anfangs auch sie es gekonnt hatte. Und sie würde es den Schneeflocken gönnen und ab und zu einer zuzwinkern, die an seiner Brust hängen geblieben war und dort schmolz.

Vielleicht sollte sie noch das Schneekapitel im *Zauberberg* lesen, bevor sie ins Café aufbrach. Dort schneite es so maßlos. Sie stand auf, ging ans Bücherregal, schlug das Buch auf, und gleich mit der ersten Seite eröffnete sich wieder das gesamte ersehnte Davoser Spektrum: von der *geisterhaften Zartheit* über das *diamantene Aufglitzern* zu dem *Chaos von weißer Finsternis;* von dem *Urschweigen der großen Winterwildnis* über die *weißliche Transzendenz* zu dem *Unheimlichen, Widerorganischen und Lebensfeindlichen der regelmäßigen Kristallometrie.*

Und fast hätten die Schneemassen, mit denen Hans Castorp es zu tun hatte, ausgereicht, ihrem Tag (oder zumindest ihren Morgen) eine Form zu geben, da hielt sie plötzlich inne bei dem *weißen, wirbelnden Nichts,* zwang sich noch eine Seite weiter und blieb dann bei folgendem Satz endgültig stecken: *Blindlings, umhüllt von wirbelnder, weißer Nacht, arbeitete er sich nur tiefer ins Gleichgültig-Bedrohliche hinein.*

Gab es eine treffendere Beschreibung für das Nichts? Sie klappte das Buch zu. Es schneite nicht. Hans Castorp war allein, und sie war allein; nur dass er sich seine Einsamkeit und Verlorenheit wünschte, um sich von den unbeherrschbaren Mächten der Natur berühren und verschlingen zu lassen, während sie hinter einer Glasscheibe saß, vor der Topfpflanzen wuchsen. Davos war so fern. Sie war sicher, dass man von Berlin dorthin tagelang unterwegs war. Sie schaute sich um, schaute aus dem Fenster – keine einzige Schneeflocke. Die Zeit durfte sich also ungestört vor ihrem Fenster ausbreiten und den Sonntag in die Länge ziehen, und sie war nicht auf dem *Berghof*, wo sie dieses Schicksal mit anderen Wartenden teilen könnte. Sie machte keine Liegekur, sie war mitten in Berlin – und sosehr sie diese Stadt auch liebte, wenn man sonntags allein war, war sie die Pest.

Doch kurz bevor sie sich einen Tuberkuloseanfall wünschen konnte, rief sie Tom an. Die Zahlenfolge seiner Nummer, die sie in den letzten drei Wochen so oft nicht gewählt hatte, hatte sich in ihr Gedächtnis gefräst. 880 380 38 – vier Achter und zwei Nullen. Gegen diese Häufung von Zeichen für die Unendlichkeit kamen die beiden Dreier natürlich nicht an, zumal sie sich drehen und zusammenschieben ließen. Als sie die letzte Acht gewählt hatte, legte sie den Hörer auf – er war ja gar nicht zu Hause, er war bei einem Freund. Sie legte den Kopf in den Nacken, atmete durch und wählte seine Handynummer. Das war etwas anderes. Ihn bei einem Freund anzurufen war etwas anderes, aber sie tat es trotzdem, weil es nicht schneite und Thomas Mann ihr ein Stück Gleichgültigkeit im Bedrohlichen des sonntäglichen Nichts geschenkt hatte.

Tom hob ab, und sie sagte nichts.

»Fritz«, sagte er, »guten Morgen.«

Sie schloss die Augen. Unendlichkeit blieb Unendlichkeit, sie nickte, legte auf und zeichnete mit dem Finger eine Acht in ihr Marmeladenbrot. Das dunkle Rot der Johannisbeermarmelade verwischte und legte das Weiß der Butter frei. Ein weißer Achter mit roten Spuren vor ihr auf dem Teller. Ihr Telefon klingelte.

»Was soll das?« fragte er. »Ich dachte, du wolltest mit mir reden.«

»Ich will nicht mit dir reden«, sagte sie mit einer Stimme, die heute noch nichts gesagt hatte, »ich will, dass es schneit.«

Tom atmete hörbar ein und sagte dann: »Ich gehe jetzt unter die Dusche, das ist mir zu kompliziert. Wenn du ausgeschlafen hast, kannst du dich ja noch einmal melden.«

»Mach ich«, sagte sie.

Dann legte er auf, und das Tuten des Telefons erfüllte die Küche, wie es kein Schnee der Welt je gekonnt hätte.

Alison saß in einem Café, trank die ersten Schlucke und versuchte noch einmal, Victor zu erreichen. Ihre Finger zitterten. Sie war zu fragil, um seinem Verschwinden etwas entgegenzusetzen – keine Vernunft, keine Wut, kein Abwarten. Allein die Möglichkeit seines Verschwindens hatte den Damm, den sie sich über Jahre aufgebaut hatte, überflutet. Ihre roten Haare hingen schwer über die Schultern, sie hatte ihr Zopfband verloren. Es war nicht nur ein Missverständnis, die Vorboten tauchten nun aus allen Ecken ihrer Erinnerung auf.

Und es war immer noch Sonntag. Ein Croissant lag vor ihr auf dem Teller, das hatte sie immerhin bestellt, auch wenn sie es nicht aß, auch wenn jetzt wieder eine Zeit kam, wo sie kaum etwas essen können würde. Die Croissants sind heute besonders luftig und leicht, hörte sie die rothaarige Kellnerin sagen. Ihres war alles andere als luftig, viel eher schwer wie ein Stein und unfähig, auch nur einen Millimeter durch die Lüfte zu fliegen. Selbst wenn es einem Bumerang glich. Vielleicht hatte es sie sogar schon getroffen.

Dass sie sich am Kopf rieb, hörte sie wie unter Wasser. Alle Gedanken kreisten in einer Flüssigkeit, welche die Geräusche dämpfte. Eigentlich kreisten sie nicht in ihr, sondern um sie herum, sie zogen Kreise, umkreisten sie und legten immer engere Ringe um sie. Victor war nicht gekommen, er hatte nicht angerufen, er hatte keine Nachricht hinterlassen, er war weg. Wie sollte sie jetzt wieder nach Hause gehen? In diese Wohnung, in der sie entweder nichts in die Hand nehmen konnte oder alles durchwühlen, nach Hinweisen durchforsten musste wie ein Einbrecher, ein Einbrecher in ihrer eigenen Wohnung. Vielleicht war der Diebstahl ihrer Kleidertüten ein Hinweis gewesen, den sie hätte ernst nehmen müssen? Aber ein Hinweis worauf? Und was hätte sich damit geändert?

Die gekrümmte Form des Croissants, das Kreuz auf der Werbebroschüre vor ihr auf dem Cafétisch, das gelbe Chamäleon auf dem schwarzen Lack des Rollers gegenüber. Alles schien eine Bedeutung zu haben, die sie nicht entschlüsseln konnte. Sie fühlte sich umzingelt von Zeichen, die wahrscheinlich alle zu einer großen Verschwörung gehörten. Sie trieb direkt in einen Teil ihrer Kindheit zurück, den sie eigentlich nicht mehr wiedersehen wollte, so als hätte sie nicht in der Zwischenzeit gelernt, dass man das Leben gestalten konnte und ihm nicht ausgeliefert war.

Das Lachen der rothaarigen Kellnerin drang zu ihr durch. Vielleicht sollte sie etwas Vernünftiges tun, etwas, das man in einer solchen Situation vielleicht tun würde, wenn man bei Sinnen wäre. Nachforschungen anstellen und nicht über die Flugfähigkeiten von französischen Backwaren nachdenken. Die deutsche Botschaft in Japan anrufen. Sie ließ ihren Kaffee stehen, ging hinaus und wählte die Auslandsauskunft, dann ließ sie sich mit der deutschen Botschaft in Japan verbinden. Eine höfliche weibliche Stimme meldete sich und fragte, wie sie ihr helfen könne.

Helfen? Helfen.

»Hallo?« fragte die Stimme erneut.

Sie räusperte sich und fragte mit einer Geradlinigkeit, die sie sich blitzschnell verordnet haben musste, ob es in Tokio einen verletzten Deutschen geben würde; sie nannte Victors Namen.

Die Stimme am anderen Ende bat sie zu warten und verband sie weiter. Es knackte kurz, dann ertönt die Musik der Warteschleife. Beethoven, natürlich Beethoven. Irgendwie hatte sie die Titelmelodie von Heidi erwartet, *Oh, so grün sind die Berge*. Aber Heidi war ja gar keine Deutsche, Heidi war Schweizerin. Immer noch Beethoven. Der Zeichentrickfilm ihrer Kindheit, in dem alle wie Japaner aussahen, selbst wenn sie blond waren. Es knackte wieder, Beethoven verstummte, und eine weitere weibliche Stimme meldete sich und fragte genau wie die erste, wie sie ihr helfen könne.

Diese Stimme.

Diesmal konnte sie noch weniger mit der Frage anfangen, und fragte: »Haben Sie was mit der Verletzung zu tun?«

Die Stimme am anderen Ende der Leitung – diese Stimme – schien die Frage nicht sonderlich zu irritieren, sondern fragte: »Um welchen Namen geht es?«

Es rauschte. Tausende von Kilometern Telefonkabel zwischen Berlin und Tokio. Dann kam: »Es tut mir leid, uns ist nichts dergleichen bekannt. Weder Tote noch Verletzte.«

Danach hatte sie nicht gefragt. Sie hatte nicht gefragt, ob jemand zu Tode gekommen sei. Sie überlegte kurz, ob es jetzt an der Zeit war, in das Café zu gehen und das Croissant zu schmeißen – gegen die Fensterscheibe oder in irgendein Gesicht –, da meldete sich die Stimme erneut: »Lassen Sie uns Ihre Adresse da, dann melden wir uns bei Ihnen, sobald wir irgendwelche Informationen haben.«

Sie nannte ihren Namen, Vor- und Nachnamen: Alison Ginster, und ging zurück in das Café. Wieder das Rauschen. Diesmal mit einem unangenehmen Knistern – die Leitungen schienen zu eng für ihren Namen, dabei fand sie immer, dass ihr Name federleicht klang. Keine Antwort. Sie setzte sich wieder auf ihren Stuhl.

»Hallo?« fragte Alison, »hallo?«

»Doch«, antwortete die Stimme. »Es ist nur … der Name … ich heiße auch Alison Ginster.«

Sie schwiegen.

Dann fragte die Stimme am anderen Ende der Leitung: »Wie heißt der Mann, den Sie suchen?«, die Stimme räusperte sich, dann rief die Stimme: »Victor?« wie durch den Raum hindurch, als stünde Victor am anderen Ende des Raums in der japanischen Botschaft.

Alison nickte und musste sich festhalten.

»Alison?« fragte es am anderen Ende der Leitung. »Wie heißt der Mann, den Sie suchen?«

Alison schüttelte den Kopf. Hatte die Stimme nicht gerade seinen Namen gesagt, hatte die Stimme nicht gerade *Victor* gerufen? Sie fuhr mit dem Mittelfinger über das Kreuz der Werbebroschüre. Es war erhaben. Sie schüttelte erneut den Kopf, dann schaltete sie ihr Telefon aus und legte es quer über das Kreuz.

Nein.

Sie schaute aus dem Fenster.

Nein.

Zwischen ihr und der Straße eine Glasscheibe. Eine große quadratische Glasscheibe, die bis zum Boden reichte. Keine Passanten auf der Straße. Ein paar Autos. Zwei Fahrradfahrer nebeneinander. Ein ganz normaler Sonntag.

Die Frau am anderen Ende der Leitung hatte eine Stimme, die wie ihre klang, sie hieß Alison Ginster und hatte Victors Namen gesagt, auch wenn sie das *Victor* gerufen hatte, quer durch den Raum und nicht in den Hörer. Konnte es sein, dass just in diesem Moment ein Kollege in ihr Zimmer gekommen war, der auch Victor hieß?

Ein Mann blieb mit einem Stadtplan direkt vor dem Fenster stehen und formte durch die Fensterscheibe hindurch die Worte: Wo sind wir hier? Sie sagte tonlos: In Japan. Der Mann schaute sie erst skeptisch an, dann öffnete sich sein Gesichtsausdruck, und er begann zu lachen. Er winkte, steckte den Stadtplan ein und ging weiter. Als der Mann aus ihrem Blickfeld verschwunden war, sah sie plötzlich schemenhaft, wie sich ihr Lächeln in der Fensterscheibe spiegelte. Sie sah ihr Telefon an, das wie ein Meteorit vor ihr lag.

»Wer war das?« fragte plötzlich eine Stimme von hinten. »Als hättest du einen Geist in der Leitung gehabt.«

Sie drehte sich um. Hinter ihr stand Eduard, der mit Mantel über dem Arm ins Café gelaufen kam und, bevor sie antworten konnte, der Kellnerin hinter der Bar seine Bestellung zurief.

»Ein Geist«, murmelte sie.

Aber ein Geist war das nicht gewesen. Die Stimme hatte nicht wie die Stimme eines Geists geklungen.

Eduard strich ihr über die Schulter: »Alison? Was ist …? Kann ich dir irgendwie helfen?«

Helfen, schon wieder. Die Stimme hatte ihr auch helfen wollen, bevor sie sie erkannt hatte, bevor sie erkannt hatte, dass sie mit jemandem sprach, der sie selbst sein könnte.

»Kann ich was für dich tun?« fragte er.

Er wollte wirklich helfen. Er war so ein Mann.

»Ruf Siri an, sie ist zu Hause. Oder soll ich Victor verständigen? Ist er schon zurück aus Korea?« Die Kellnerin reichte Eduard eine weiße Papiertüte, er entschuldigte sich, dass er leider wegmüsse, einen Termin habe, dann nahm er sie in den Arm, wie nur Eduard das konnte, und ging.

»Japan«, sagte sie.

Auf der Papiertüte, welche die junge rothaarige Kellnerin Eduard gereicht hatte, war mit rotem Kugelschreiber eine Telefonnummer und ein Schmetterling gekritzelt. Eduard und die Kellnerin? Nein. Wie weit konnten Schmetterlinge fliegen, ohne zu landen? Mauersegler konnten drei Jahre in der Luft bleiben. Drei Jahre. Gab es in Japan Schmetterlinge? Außer denen auf den Kimonos der Geishas? Eduard und die Kellnerin. Niemals. Die Tüte war sicherlich für jemand anderen bestimmt – und der Schmetterling? Wer malte einen Schmetterling auf eine Papiertüte? So viel Leichtigkeit.

Draußen flog eine Taube, von einem Auto aufgescheucht, schräg in die Luft. Wie sehen Mauersegler eigentlich aus? Und woher wusste sie das mit den drei Jahren? Stimmte das überhaupt? Es gab eine Frau in Japan, die ihren Namen trug, mit ihrer Stimme sprach und wusste, wo Victor war. Oder nicht? Sie versuchte sich an das Gespräch zu erinnern. Die Stimme hatte das *Victor* so seltsam gesagt, so als gehörte es nicht zum Gespräch. Hatte sie tatsächlich nicht ihren Victor gemeint? Konnte es einen solchen Zufall geben?

Siris Wagen parkte auf dem Bürgersteig vor dem Café. Sie stieg aus und stellte sich direkt vor das Fenster. Wie schön sie war, dachte Alison.

Siri schaute ihr erst lange in die Augen, dann winkte sie sie heraus. Siri trug ihre blonden Haare hochgesteckt, einen eng geschnittenen Trenchcoat, hohe dunkelbraune Schuhe und violette Wildlederhandschuhe. An ihrem Handgelenk klackerten mehrere hölzerne Armreifen. Die zwei Männer am Tisch neben ihr unterbrachen ihr Gespräch.

Alison stand auf, nahm ihr Telefon wie einen Fremdkörper in die Hand – es war leichter als ein Meteorit, viel leichter –, nickte der Kellnerin zu (Eduard? – niemals!) und ließ sich von Siri in die Arme schließen.

»Was ist passiert?« fragte Siri und schob sie ein Stück weit von sich weg, um in ihrem Gesicht zu lesen. Ihre Haut war weich, weiß und glatt.

»Die Frau hat meinen Namen«, sagte sie.

»Welche Frau?« fragte Siri.

»Die Frau in Japan.«

»In Japan?«

»Wie seltsam sich ihre Stimme anhörte«, sagte sie, »fast genau wie meine.«

Siri schwieg und setzte sich mit ihr in Bewegung: »Du bist nicht betrunken, oder?«

Alison schüttelte den Kopf, musste lächeln: »Nein, aber eigentlich keine schlechte Idee.«

»Welche Frau? Von welcher Frau sprichst du?« fragte Siri.

»Von einer Frau in Japan, die wie ich spricht und meinen Namen hat.«

»Was soll das heißen?«

»Das weiß ich auch nicht, vielleicht habe ich eine Doppelgängerin«, antwortete sie. »Vielleicht gibt es mich noch mal in Japan?«

Siri griff sie am Oberarm, so als wollte sie sie schütteln: »Was redest du da?« fragte sie. Dann winkte sie ab, öffnete die Beifahrertür, drückte Alison in den Sitz, stieg ein und fuhr los. Bei jedem Abbiegen klackerten ihre Armreife. Unter dem Trenchcoat kam eine violette Seidenmanschette zum Vorschein. Sie roch nach einem samtigen Parfum, und ihre Haare glänzten. Wie man nur so aussehen konnte!

An der nächsten Ampel schaute Siri sie an und sagte: »Wir

fahren jetzt ins Aquarium, dort sind genügend giftige Tiere, um in Ruhe über diese Frau zu sprechen – wer auch immer sie ist.«

Alison lehnte sich zurück. Genau das würde sie herausfinden müssen – wer auch immer sie ist.

»Wie findest du eigentlich diese Kellnerin?« fragte Siri, nachdem sie am Friedrichstadtpalast mit seinem riesigen Plakat der zwanzig rotperückten Tänzerinnen in die Reinhardtstraße abgebogen war.

»Warum?«

»Nur so«, antwortete sie, während sie an ihrem goldenen Ohrring herumschraubte. Die Armreife klackerten wieder, als sie sagte: »Ihre Haare sind schön, das Rot…, es ist nicht so wie deins, aber…«

»Vergiss sie«, sagte sie, dankbar dafür, dass Siri sie über eine andere Frau nachdenken ließ.

Alison schüttelte fast unmerklich den Kopf.

»Deine Haare sehen schön aus so offen. Das steht dir viel besser als der Zopf. Du siehst aus wie eine Schauspielerin. Keine bestimmte, einfach wie eine dieser durchscheinenden Schauspielerinnen, die man auf den Theaterbühnen sieht.«

Alison nickte. Zum Glück hatte sie ihre Haare.

»Meinst du, Eduard hat was mit ihr?« fragte Siri dann abrupt und ließ ihren Ohrring los.

»Nein«, sagte sie, »er vergöttert dich. Du bist sein Ein und Alles.«

Siri strich sich eine lose Strähne hinters Ohr: »Das entspricht seinem Bild.«

Auf dem Weg vom Parkhaus ins Aquarium hielt Alison ihren Blick auf den Boden gerichtet. Sie würde einfach weitergehen, sich nicht zu viel umschauen. Auf einmal bekam sie Angst, in ihr eigenes Gesicht zu blicken. Sie versuchte den Gedanken sofort wieder zu vertreiben und ging schnell an den Leuchtquallen und den Zitteraalen vorbei in die Abteilung mit den Gifttieren. Siri zeigte ihr den Smaragdfrosch, an dessen Scheibe ein Totenkopfsymbol prangte.

»Er springt seine Opfer an, und wenn sie einen kleinen Riss in der Haut haben, dann sterben sie in kürzester Zeit. Wie hübsch er ist, wie wunderhübsch«, sagte Siri.

»Ob sie auch so aussieht wie ich?« fragte sie.

»Glänzend schwarz mit orangefarbenen Flecken«, setzte Siri ihren Satz fort.

»Ob sie nur so aussieht oder …?«

»Es gibt ihn auch mit grünen Flecken, und da ist er genauso giftig, die unterschiedliche Färbung macht keinen Unterschied«, sagte Siri und schaute in die Terrarien.

»Wie weit das wohl geht mit ihr und mir?« fragte sie leise.

»Die Indianer haben mit dem Gift der Frösche ihre Pfeilspitzen getränkt.«

»Vielleicht denkt Victor, ich wäre sie.«

»Jeder Treffer schickt ihre Feinde in den Tod.«

»Oder sie wäre ich.«

»Alison«, sagte Siri dann plötzlich und sah sie an. »Wovon sprichst du?«

Siri hielt den Blick.

»Ich glaube nicht, dass … also, wenn es diese Doppelgängerin tatsächlich gibt, von der du redest, dann hast du dich selbst angesprungen und erlegt.«

»Ich?«

Siri schaute sie an: »Du hast dein Spiegelbild im Teich gesehen. Was du jetzt damit machst, ist deine Sache.«

»Verliebt habe ich mich jedenfalls nicht in mein Spiegelbild«, sagte Alison.

»Du entscheidest.«

»Das Gefühl hatte ich noch nie«, sagte sie nach einer Weile.

Siri legte ihren Kopf auf Alisons Schulter.

Sie schwiegen eine Weile

»Wusstest du das eigentlich? Meine ganze Kindheit hat mich meine Großmutter hierhergeschleppt und mir erzählt, Frösche machen glücklich«, sagte Siri und lachte ihr dorniges Lachen.

Dann musste Siri aufbrechen, weil Felix bei einem Freund auf sie wartete. Alison versicherte ihr, dass sie nicht mitkommen wolle, dass sie stabiler sei, als es den Anschein erwecke, und wunderte sich über ihre eigenen Worte.

Als sie sich verabschiedeten, fragte Siri noch einmal: »Bist du dir sicher, dass ihm nichts passiert ist? Soll ich ... ich meine, ich kann auch für dich zur Polizei gehen?«

»Zur Polizei?«

»Vielleicht ist ihm was passiert, vielleicht liegt er irgendwo im Krankenhaus, vielleicht ... Bitte, Alison.«

»Ja, du hast recht. Vielleicht gibt es doch irgendeine Erklärung. Ich werde eine Vermisstenanzeige aufgeben, sobald ich das ... kann.«

Siri umarmte sie noch einmal: »Ruf mich an, wenn du mich brauchst, ja?« Dann ging sie Richtung Tiefgarage.

Alison schaute ihr nach und mit ihr einige Passanten, Männer und Frauen, sogar ein paar Kinder schauten. Siri schien die Blicke nicht zu bemerken, sie ging an den Menschen vorbei, als wüsste sie nicht, wie schön sie war, als kennte sie ihren Gang nicht, ihre Haare und die Wirkung der violetten Handschuhe.

Yoko saß in ihrer Wohnung und überlegte, ob sie den englischen Architekten, den sie letzte Woche beim Mittagessen kennengelernt hatte, nicht doch irgendwie ausfindig machen sollte. Er hatte gut ausgesehen und sich für Japan interessiert, Mishima gelesen und Kurosawa-Filme gemocht; vielleicht würde er sich nicht einfach so aus dem Staub machen.

Der letzte Abend mit ihrem Vater fiel ihr ein, dieser letzte, fatale Abend:

Sie war gerade dabei, ihrer Mutter beim Abendessenmachen zu helfen, wollte gerade den Reis mit einem Holzspatel aus dem Reiskocher in fünf kleine Schalen füllen, als ihr Vater sie ansprach und sagte, er wisse, was sie treibe, und er könne es nicht akzeptieren. Er saß auf dem Boden, die Füße in der Vertiefung in der Mitte des Raumes, wo ein kleines Feuer brannte, und kein Anzeichen von Wut oder Aggression in seiner Körperhaltung. Er könne es einfach nicht akzeptieren, wiederholte er, auch wenn er sich alle Mühe gegeben habe. Ihre Mutter räusperte sich und fing an, mit schnellen Bewegungen die anderen Gerichte auf dem Tisch zu arrangieren. Yoko verharrte über der runden Fläche von frisch gekochtem Reis, die unter ihr lag. Lauter einzelne Reiskörnchen, nur durch etwas Flüssigkeit und die eigene Stärke zusammengehalten. Er sei keiner dieser patriotischen Yukio-Mishima-Japaner, die für die japanische Idee in den Tod gingen, sie wisse, dass ihm die großen deutschen Dichter und Denker manchmal sogar näher waren als die seiner Heimat, aber er könne es trotzdem nicht akzeptieren, sagte er zum dritten Mal, stand dann auf und ging zum Esstisch hinüber, an dem ihre Mutter gerade die schwarzen Stäbchen verteilte. Der Dampf befeuchtete nun ihr Gesicht. Dass ihr Vater diesen Namen genannt hatte, hatte sie schlagartig in eine Stimmung aus Intimität und Panik versetzt.

Ihr Vater hatte ihr vor einiger Zeit die Erzählung *Patriotismus* von Mishima geschenkt, in der sich ein junger Leutnant vor den Augen seiner Frau mit einem Schwert das Leben nahm, und jede Zeile dieses Textes war getränkt von der erhabenen Verbundenheit, die diese beiden Menschen in den Stunden vor ihrem gemeinsamen Tod miteinander erlebten; wie sie sich das letzte Mal ansahen, schmeckten, liebten und wie der nahende gemeinsame Tod ihre Liebe in einer Deutlichkeit, Schönheit und Intensität aufleuchten ließ wie nie zuvor. Warum hatte ihr Vater gerade diesen Namen in den Mund genommen? Dass er gesagt hatte, er sei *keiner* dieser Yukio-Mishima-Japaner, war nicht weniger bedrohlich. Es war eine Aufforderung und die Beschwörung ihrer Beziehung zueinander. Ihrer Mutter hatte er die Erzählung nicht geschenkt, auch früher nicht.

Sie starrte immer noch auf den Reis, und es war nicht die heiße Luft, was ihr das Atmen erschwerte. Sie wollte in der dampfenden weißen Fläche vor sich verschwinden. Dort wäre es heiß und eng genug, um nicht mehr reagieren zu können. Sie wollte sich so tief dort hineinrammen, bis nur noch ihr Haarzopf oben herausschaute, den hätte ihre Mutter dann abschneiden und als Erinnerung in eine Lackschale legen können. Und ihr Vater hätte weiterleben können, als hätte er keine Tochter gehabt, die sich mit Ausländern traf und auf der Straße als Hure beschimpft wurde. Ihr Vater dachte wahrscheinlich, sie wüsste nicht, was sie tat, aber das war nicht der Fall. Sie wusste es genau. Sie fühlte sich auch ein bisschen wie eine Hure, aber wie eine Hure in einem westlichen Film, und es fühlte sich gut an. Selbst jetzt konnte sie dieses Gefühl nicht leugnen, es fühlte sich gut an, sich wie eine Hure in einem westlichen Film zu fühlen. Das Problem war nur, dass sie eine Doppelrolle spielte. Sie fühlte sich nämlich auch wie eine Tochter in einem altmodischen japanischen Film, die ihren Vater auf eine Weise verehrte, wie es nicht mehr zeitgemäß war.

Sie hielt den Holzspatel immer noch in der Hand, obwohl er ihr nicht helfen würde, er war viel zu stumpf und aus Holz; außerdem hätte sie sowieso nie den Mut gehabt, ihrem Vater zu folgen. Sie setzte sich zu ihm an den Tisch. Und der Reis, fragte ihre Mutter leise. Der Reis wartet auf mich, dachte sie und schwieg.

Ihr Bruder und ihre Schwägerin kamen ins Zimmer. Sie hatten eine Begabung dafür, immer im falschen Moment am falschen Ort zu sein und es nicht zu bemerken. Der Reis fehlt, sagte ihr Bruder laut, und seine Frau stand auf, ging zum Reiskocher, drehte sich wieder um, nahm ihr den Spatel aus der Hand und teilte den Reis in fünf gleiche Portionen. Sie blieb sitzen und schaute auf das Loch in ihrer Faust, aus der ihre kurzbeinige Schwägerin den Spatel gezogen hatte. Vater begann zu essen. Wenn jetzt überhaupt noch etwas im Reiskocher geblieben wäre, dann würde dieser klägliche Rest kaum mehr den Boden bedecken, außerdem würde er schnell auskühlen. Ihre Schwägerin stellte ihr eine dampfende Schale vor die Nase. Sie schaute hinein und wünschte sich nichts mehr als eine filmreif blutende Nase. Der Tag würde so oder so weitergehen. Ihre Schwägerin begann Vater irgendetwas von einem neuen Kaufhaus in der Stadt zu erzählen. Und Vater aß weiter mit Blick nach unten und nickte ab und zu. Wenn sie jetzt Nasenbluten bekommen hätte, dann hätte sie die Botschaft von Yukio Mishimas Namen vielleicht vorweggenommen.

Ihr Vater ließ sich weiter von ihrer Schwägerin unterhalten, obwohl sie zu jener Generation Japanerinnen gehörte, die dachte, die japanische Idee sei der Wirtschaftsboom oder etwas Ähnliches gewesen. Und trotzdem hätte es eine Tochter wie ihre Schwägerin ihrem Vater leichter gemacht als eine Mishima lesende Hure. Auch wenn er seine Schwiegertochter im tiefsten Herzen verachtete und seine Tochter trotz allem vergötterte. Warum sonst hätte er ihr zugetraut, ihm in den Tod zu folgen?

An dem Tag, an dem ihr Vater ins Krankenhaus eingeliefert wurde, weil die Schmerzen in der Bauchgegend nicht aufhören wollten, schlug sie zweimal so fest mit der Nase gegen die Kacheln im Bad, dass sie zu bluten begann. Das Blut lief die Kacheln hinunter und vor ihr auf den Boden. Sie stillte es nicht. Eine Weile stand sie da, dann zeichnete sie mit dem Blut am Zeigefinger ein Schriftzeichen auf die Kacheln. Ganz in Weiß fuhr sie ins Krankenhaus. Der Arzt kam ihr schon auf dem Gang entgegen. Er verbeugte sich mehrmals und versuchte ihrem Blick auszuweichen. Sie wisse schon, was mit Vater passiert sei, sagte sie, deswegen sei sie gekommen. Es stehe wirklich schlecht um ihn, es tue ihm leid für sie und die Familie, sagte der Arzt, dann entfernte er sich rückwärts mit all diesen Verbeugungen. Es stehe wirklich schlecht um ihn – was war das denn für eine Formulierung? Japan. Manchmal hasste sie es. Sie hielt kurz inne. Dann rief sie ihm hinterher, er könne doch noch etwas für sie tun, sie wolle die Röntgenbilder ihres Vaters sehen.

Und auch wenn die Ärzte es sich dem Arztbericht zufolge nicht erklären konnten, zeigten die Röntgenbilder genau das Bild, das sie vermutet hatte: Ihr Vater hatte mit jenem Abendessen begonnen, sich das Leben zu nehmen, auch wenn er es dem Krebs überlassen hatte, es auszuführen. Die Geschwüre waren genau an den Stellen gewuchert, an denen der junge Leutnant das Schwert gegen sich selbst gerichtet hatte – in der linken Bauchseite, quer durch den Leib, am Hals.

Und sie war ihm nicht in den Tod gefolgt wie die junge, schöne, großmütige Frau des Leutnants, sondern hatte sich ein Taxi gerufen und war zum Flughafen gefahren. Sie würde nach Deutschland fliegen, das Land, in dem ihr Vater nie gewesen war. Im Flugzeug saß sie neben einem Berliner mit schönen Händen, und so folgte sie ihm weiter nach Berlin, mit einer schwarzen Handtasche, den weißen Kleidern, die sie am Körper trug, und den Röntgenbildern ihres toten Vaters.

All das war ihr wieder eingefallen. Sie würde den englischen Architekten jetzt nicht anrufen, sie würde jetzt etwas ganz anderes tun, sie würde zu Hause anrufen. Sie trug das weiße Männerhemd, von dem sie nicht wusste, wem es gehörte, und keine Unterhose. Sie würde nichts sagen, sie würde nur erst einmal hören, wie das klang – Japan, zu Hause.

Und tatsächlich: Sie wählte die Nummer, und nach einer Weile meldete sich am anderen Ende der Leitung ihre Schwägerin mit dem Namen, der eigentlich ihrer war. Yoko hielt den Hörer ganz fest, antwortete nicht. Wie einfach es war, zu Hause anzurufen. Ihre Schwägerin fragte nach, hielt inne, sagte noch einmal ihren Namen. Im Hintergrund die Stimme ihrer Mutter.

Die Stimme ihrer Mutter. Vivienne Westwood hatte auch keine Unterhose getragen, als sie zur Queen geladen war, und sie klebte sich seit einiger Zeit kleine Hörner auf die Stirn, wenn sie sich der Öffentlichkeit präsentierte. Ihr Vater hätte das lustig gefunden – das mit den Hörnern.

Die Stimme ihrer Mutter.

Ihre Schwägerin wiederholte den Namen erneut, der eigentlich der ihre war. Sie hielt den Atem an. Die Stimme ihrer Schwägerin klang reifer und weicher, als sie sie in Erinnerung hatte. Sie besaß immer noch diesen entleerten und gehetzten Ton, aber in dem Schweigen, das zwischen den Worten lag, meinte Yoko etwas anderes zu hören, irgendeine Irritation. Sie konnte nicht verstehen, was ihre Mutter im Hintergrund sagte, aber ihre Stimme klang weder zerbrechlich noch gebrochen. So als wäre nichts passiert.

Ihre Schwägerin rief noch einmal in den Hörer, diesmal fast ängstlich. Yoko umfasste mit der einen Hand ihre Schulter und hielt mit der anderen den Hörer. Und plötzlich hörte sie die Stimme ihrer Mutter etwas lauter:

»Sag ihm, dass er nicht zu spät nach Hause kommen soll, es gibt frischen Thunfischbauch.«

Sie atmete einmal tief ein, dann sagte sie auf Japanisch: »Er ist tot.«

Ihre Schwägerin brach schlagartig in ein hysterisches Kreischen aus. Es krachte, der Hörer schien auf einen harten Gegenstand aufzuschlagen. Ihre Schwägerin schrie den Satz zweimal hintereinander: »Er ist tot, er ist tot.«

»Was?« schrie ihre Mutter, »wer?« Die Stimme ihrer Mutter so nah, als stünde sie neben ihr. Direkt in die Muschel. »Wer?« schrie sie noch einmal, »wer ist tot?« Und: »Wer sind Sie?«

»Ich.«

Auch das Geschrei ihrer Schwägerin verstummte.

Dann eine kalte Stimme: »Sie irren sich.«

Kurze Pause.

»Wer auch immer Sie sind, Sie irren sich. Er lebt, meine Tochter ist tot.«

Dann knackte es und tutete.

Yoko regte sich nicht.

Er lebt, meine Tochter ist tot.

Das Krankenhaus, der Arzt, die Röntgenbilder, die Geschwüre, der Flug nach Berlin, Mishima. Frischer Thunfischbauch. Mutter war verrückt geworden. Sie wartete immer noch, dass Vater zum Abendessen kam, sie war verrückt geworden.

Ihre Fersen hoben vom Boden ab. Die weißen Holzbohlen unter sich. Sie verfolgte die Linie bis zur Wand, glitt die weiße Wand hinauf, das Mauerwerk löste sich auf, wälzte sich als weiße Lawine auf sie zu. Sie rang nicht nach Luft. Sie verlor den Boden unter den Füßen, breitete die Arme aus und wurde von der weißen Welle davongetragen. Die Telefonschnur riss, sie sah die getrennte Leitung als unterbrochene Linie im weißen Raum. Schon wieder so eine filigrane Zeichnung, in die sie geraten war. In einer Art Zeitlupe schaute sie sich dabei zu, wie sie sich auf der weißen Welle aus dem Raum bewegte. Die Lawine entzog ihr das weiße Hemd und umschloss sie nun ganz und gar. Kalt war es nicht, eher lauwarm, nichttemperiert. Die Linie der gerissenen Leitung verblasste, und das Weiß wurde allgegenwärtig. Wieder mischten sich Worte und Bilder in ihr Schweben. Auf einmal fühlte sich das Weiß so an, als sei es aus hauchdünnem Papier und ihr Körper eine gezeichnete Linie, nur Umrisse. Sie rieb eine Haarsträhne zwischen den Fingern. Sie fühlte sich wie eine Perücke an.

Da saß sie wieder auf dem kühlen Holzboden, das Männerhemd neben ihr. Ihr Leben war ein seidener Faden. Es hing an nichts mehr. Sie stand auf, ging in die Küche und trank einen Schluck Wasser aus einem Glas. Ihr Blick fiel auf den Küchentisch, dort lag *Moby-Dick*. Das Wasser floss durch ihren durchsichtigen

Körper und kam kühl irgendwo an, im Nirgendwo ihres Lebens. Im Bauch des weißen Wals. Was war das für ein Tod?

Sie würde nach Japan fliegen.

Alison stand so lange vor dem Ausgang des Aquariums, bis Siri außer Sichtweite war, dann fing ihr Herz wieder an zu pochen, noch lauter als vorher. Ihre Blicke suchten die umgebenden Gesichter ab. Ob sie Friederike anrufen sollte? Sie lief los – über den Wittenbergplatz und weiter. Laufen schien das Einzige, was ihrer Angst etwas entgegensetzen konnte. Das erste Mal in ihrem Leben war es nicht Reden oder Schlafen, sondern Laufen.

Nach ein paar Minuten liefen ihre Beine wie von allein. Ihre Füße schienen den Boden nicht mehr zu berühren, auch wenn sie schnell vorwärtskam, ihre Strümpfe waren inzwischen zu den Knöcheln hinunter und fast über die Ferse gerutscht, aber das störte sie nicht. Eine Straße nach der anderen. Ecken, Kreuzungen, rote Ampeln, Motorengeräusche. Nur noch Straßen, Geschwindigkeit. Sie lief und lief. Ein ganz normaler Sonntag. Die Geschäfte waren geschlossen, die Cafés überfüllt, Männer trugen Sonntagszeitungen unter dem Arm. Irgendwann lief sie durch den Tiergarten. Jogger kamen ihr entgegen, musterten ihre Schuhe, liefen an ihr vorbei. Der von Hortensien gesäumte Weg, den Victor so mochte, tauchte vor ihr, neben ihr, hinter ihr auf.

Sie hatte das Aquarium schon so weit hinter sich gelassen, als wäre sie nicht heute, nicht gerade eben erst dort gewesen; das Café, Eduard, der Anruf – all das verblasste schon, so als drehte sich die Gegenwart direkt in den Bereich der Erinnerung hinein, und so als mischten sich die Farben des Erlebten, bevor sie ihren Abdruck hinterlassen konnten. Nur der Flughafen blieb in einer überbelichteten Gegenwart stehen. Der Sicherheitsmann saß sicherlich noch so da wie vorhin. Keine Bodenwellen mehr. Ihre Jeans war trocken und steif. Das heiße Wasser, das Yoko ihr eingeflößt hatte, war versickert.

Wohin? Es gab keinen einzigen Ort, an dem sie sich jetzt sicher fühlen würde, nicht einmal Friederikes Laden. Sie wusste nicht, wohin mit sich. Kein Halt weit und breit, kein Hügel, kein Brunnen, in dem sie sich hätte verstecken können. Die Stimme dieser Frau war ihrer Stimme so ähnlich gewesen. Sie würde sich in der Dunkelheit nicht nach Hause trauen. Wenn sie ins Wohnzimmer käme und wäre schon da: das wäre das Ende.

Ihre Knie knickten ein. Sie riss sich zusammen und lief noch ein bisschen schneller. Vielleicht war sie ihr sogar schon auf den Fersen. Das Brandenburger Tor tauchte vor ihr auf. Die Quadriga schaute gen Osten. Osten, Japan. Sie blickte sich kurz um. Unter den Linden war zu bevölkert, das konnte sie schon von hier aus sehen, sie wollte jetzt keine ihr bekannte Redakteurin treffen oder eine der Frauen, mit der sie Yoga machte. Also bog sie gleich hinter dem Adlon ein und lief so lange, bis sie auf die Leipziger Straße traf, diese Niemandsland-Straße, in der es mehr Wohnungen gab als im ganzen Scheunenviertel; auf dieser Straße lief bestimmt niemand, der sie befremdet ansah. Victor, wo bist du? Rechts das Nikolaiviertel. Hier war sie nur einmal gewesen mit einer Großtante aus Westfalen, auch hier gab es nichts zu befürchten. Den Alexanderplatz versuchte sie zu überqueren, wie man die Luft anhält. Ihre Schritte wurden schwer. Dass man überhaupt so weit zu Fuß durch diese Stadt kam, war erstaunlich. Vielleicht war auch alles ganz einfach zu erklären, vielleicht hatten sie einfach den gleichen Namen und ähnliche Stimmen, und vielleicht hatte sie sich das gerufene *Victor* sogar eingebildet. Inzwischen klang es so verzerrt in ihrer Erinnerung, dass auch dies möglich war. Vielleicht gab es für alles eine Erklärung.

Es begann zu dämmern, als sie in Friedrichshain ankam. Es wurde immer kälter, bald würde sich die Erde weit genug gedreht haben, um der Sonne zu entkommen. In Japan war es bereits tiefste Nacht. Wenn sie noch irgendeine Chance auf Ruhe haben wollte, dann würde sie sich jetzt beeilen müssen. Was kam hinter Friedrichshain? Weißensee. Ein weißer See, das wäre ein schönes Ende, aber es dämmerte, und in der Nacht waren nicht nur die Katzen grau. Rechts tauchte das Schild eines Restaurants auf, in dem sie oft gewesen war, früher, als sie sonntags mit Victor frühstücken gehen konnte, einfach so. *Schönbrunn*. Der schöne Brunnen. Sollte sie dorthin, sollte sie sich ins *Schönbrunn* in eine Ecke setzen und den Familien bei ihren Sonntagen zusehen? Sie wurde noch langsamer, lief vorbei, dann bog sie zweimal ab, lief einen Hügel hinab. War sie den auch hinaufgelaufen? Wieder der Alexanderplatz. Das alte Forum-Hotel, das jetzt Park Inn hieß. War das der in den Himmel gespiegelte Brunnen?

Eine japanische Touristengruppe blockierte den Eingang. Aus der Drehtür strömte stickige Heizungsluft. Ganz oben, sagte sie zu dem Mann an der Rezeption. Sind Sie allein, fragte er. Sie hob ihren Blick nicht, sondern füllte irgendein Formular aus und ließ sich einen Schlüssel geben. Sie sperrte das Zimmer auf und setzte sich auf das Bett. Das Zimmer schaute gen Osten, dem Morgen entgegen. Victor hatte nun eine Peilung für den Anflug, ob er die brauchte oder nicht. Finden würde sie hier niemand.

Als es wieder hell wurde, wachte sie auf dem Boden liegend auf, angezogen mit schmerzenden Gliedern, schmerzendem Kopf und einem stechenden Schmerz in der Magengegend. Die Vorhänge waren zur Seite gezogen. Die Sonne prangte als rote Kugel am weißen Himmel. Die Tür zur Minibar stand offen. Alle kleinen Spirituosenfläschchen waren leer, die Bierflaschen waren leer, die beiden Weinflaschen, der Sekt, sogar die Ginflasche war leer, obwohl sie Gin nicht ausstehen konnte und sich nicht vorstellen konnte, ihn auch nur angerührt zu haben. Der Fernseher lief, das Bett war unberührt bis auf eine Mulde an der einen Ecke, auf der sie gesessen hatte, bevor es losgegangen war, das Weinen, das Trinken. Um zehn Uhr klingelte das Telefon, und der Mann von der Rezeption fragte, ob sie noch bleiben wolle. Ja, antwortete sie, dann setzte sie sich aufs Bett und saß so lange einfach nur da, wie sie geweint hätte, wenn sie hätte weinen können.

Schon auf dem Weg in den Kindergarten hatte Siri gemerkt, dass sie wieder krank wurde. Als Felix sich verabschiedete, hatte sie einen leichten Druck auf den Ohren. Auf dem Rückweg war sie an der Galerie vorbeigefahren, in der sie bis zu Felix' Geburt gearbeitet hatte. Die Fenster waren mit braunem Packpapier verklebt, die Tür stand offen, Packer trugen Bilder heraus, und keiner hatte ihr etwas davon gesagt. Keiner hatte ihr davon erzählt, so als hätten sie sie schon vollkommen abgeschrieben, als glaubte sowieso niemand mehr, dass sie wieder auf die Beine kommen, noch mal einsatzfähig werden würde, je wieder für sich selbst sorgen könnte. Vielleicht war sie inzwischen schon das, was man einen Fall nannte. Am liebsten wäre sie in die Galerie gestürmt und hätte eine Szene gemacht, aber dafür fühlte sie sich zu schwach. Dieses ewige Kranksein.

Und jetzt war der ganze Kopf zu, die Nebenhöhlen pochten, der Hals schmerzte, die Schläfen drückten. Allein schon die Bässe des Autoradios waren schwer zu ertragen. Zum Glück war sie wieder zu Hause. Vor ihr standen eine große Tasse Melissentee und zwei aufgerissene Aspirinpäckchen.

Eduard würde nachher, wenn er aus der Kanzlei kam, die Augen verdrehen, aber ihr trotzdem Medikamente aus der Apotheke holen, die gar nicht wirken konnten. Und dann würde er wieder sagen, dass sie immer dann krank werde, wenn sie etwas vorhätten, und dann würde sie sich abwenden, und ihr würden die Tränen in die Augen steigen, weil es nicht stimmte, und selbst wenn es stimmte, sie nichts dafür konnte. Sie erfand ihre Krankheiten schließlich nicht. Und dann würde sie an Eduards Stimme hören, dass er ihr nicht mehr glaubte, und das würde sie dann vollends verzweifeln lassen, weil er ihr auch noch in den Rücken fiel, wenn sie sich so elend fühlte, schon wieder so elend fühlte.

Vor einiger Zeit hatte sie ein Telefonat mitgehört, das er mit seiner Mutter geführt hatte: Sie lügt nicht, hatte er gesagt, ihr Körper lügt. Und dieser Satz sollte verteidigend klingen. Seitdem stellte sie sich die Frage, ob das überhaupt ging. An dem Abend nach dem Telefonat hatte sie zu ihm gesagt: Wenn Körper lügen könnten, wozu dann die ganze Röntgenmedizin, wozu Allergietests und Fieberthermometer? Wozu die ganze Wahrheitsfindungsmaschinerie der Medizin? Wenn Körper lügen könnten, dann könnten sie auch Tumore erschwindeln, Fieber hoch- und runterdrehen und gegen Katzenhaare reagieren, wann immer es ihnen passte. Und wäre das dann eine Lüge? Er hatte nichts geantwortet, den Kopf geschüttelt und ihre Hand genommen. Es konnte auch Männer geben, die sie nach so einer Frage ausgezogen und mit ihr geschlafen und ihr dann ins Ohr geflüstert hätten, dass ihr Körper so aufregend log, dass sie es gleich noch einmal ausprobieren müssten. Aber Eduard nahm das alles viel zu ernst, manchmal wollte sie gar nicht so ernst genommen werden, sondern einfach nur verführt und erobert. Das verstand er natürlich nicht.

Jetzt wurde sie wieder krank, und Eduard musste den Besuch seiner Cousine mit den Kindern absagen. Sie würde es ihm gleich erzählen und dabei weinen, weil es ihr wirklich schlechtging und es wirklich schlimm war, schon wieder krank zu sein, und dann würde sie zu irgendeinem Arzt gehen, und er würde eine eitrige Angina feststellen und an die Wahrheit ihres Körpers glauben, und dann würde sie die Packung Antibiotika wie ein Beweisstück nach Hause tragen. Und wenn Eduard noch einmal zu irgendwem am Telefon sagte, dass sie oder ihr Körper lüge, dann würde sie ihn irgendwann verlassen müssen.

Sie wählte die Nummer von Eduards Kanzlei, und die Sekretärin sagte gleich und ohne Zögern: »Sie klingen aber nicht gut. Sind Sie krank?«

»Nicht so schlimm«, antwortete Siri kurz angebunden.

»Es gibt diesen wunderbaren Tee, der ihr Immunsystem wieder auf Trab bringt. Ich habe ihn hier. Soll ich ihn für Sie mitgeben?« Als Siri nichts antwortete, wurde sie durchgestellt.

Tee? dachte sie. Sie wüsste schon etwas, was ihr Immunsystem auf Trab bringen würde, und das war mit Sicherheit kein Tee.

Als sie Eduards Stimme hörte, waren ihr Kopf- und Halsweh schlagartig verschwunden.

»Warum erzählst du deiner Sekretärin, dass ich krank bin?« fragte sie, und als er nicht antwortete, sagte sie: »Ihr Rot ist übrigens gefärbt.«

Er seufzte und antwortete: »Ich liebe Blondinen, nichts als Blondinen, genauer gesagt liebe ich nur eine einzige, und zwar dich.«

Siri lachte nur verächtlich und entgegnete: »Alles nur Beschwichtigungen, aber darum geht es gar nicht. Du musst deiner Cousine absagen. Ich war gerade beim Arzt. Angina. Schon wieder.«

Und als Eduard stöhnte und eine kurze Weile schwieg, war sie zu allem bereit. Aber dann sagte er: »Ich komme nach Hause.«

Und da musste sie weinen. Mit Eduard war es wie mit ihrem Körper, sie konnte ihn nicht verlassen.

Die Tablette lag groß und dunkelbeige in ihrer Handfläche. Ein Valium wäre ihr lieber gewesen. Eine Rosinenschnecke und ein Valium, eben das, was Großmutter ihr früher immer gebracht hatte, aber diese Art Genesungspaket war nun Vergangenheit. Sie schluckte das Antibiotikum und ging eine Weile im Wohnzimmer vor den finnischen Photographien herum. Ein Mann stand mit einer viel zu kleinen Flügelkonstruktion auf einem Sprungturm, wie es ihn in altmodischen Seebädern gab. Sein Rücken wusste schon, dass er nicht abheben würde, aber seine Arme waren entschlossen und hatten so viel Spannung in sich, dass sie nicht aufgeben konnten. So viel Planung, so wenig Flug. Sie musste an Großmutter denken.

Sie zog Eduards Bademantel über (obwohl sie angezogen war), nahm noch ein paar Schmerzmittel und fuhr dann mit dem Aufzug nach unten zu den Briefkästen. Da lag ein Brief, auf den mit Großmutters Schrift ihr Name geschrieben war. Keine Adresse, keine Briefmarke. Sie war hier gewesen?

Als sie den Brief zu Ende gelesen hatte, musste sie auf einmal laut lachen. Sie drückte die Handflächen gegen die Schläfen, aber die Tabletten schienen inzwischen ihre Wirkung zu zeigen, denn der Druck in ihrem Kopf erhöhte sich kaum noch. Die Zeilen waren absurd und verlogen. Glück, Glück, Glück. Der Aufzug setzte sich wieder in Bewegung und kam erneut im Erdgeschoss an. Ihre Nachbarin, die rothaarige Ärztin, die mit ihrem Arztmann und ihren beiden rothaarigen Arztkindern in der Wohnung über ihnen wohnte, öffnete die Tür, und ihr Mund sprang dabei kurz so weit auf, dass sie ihre Goldfüllungen sehen konnte.

»Hallo«, sagte die Ärztin.

»Hallo«, antwortete Siri und steckte die Hände in die Taschen des Bademantels.

»Waren Sie eigentlich schon einmal bei uns?« fragte die Ärztin.

»Nein«, sagte sie.

»Wollen Sie kurz mit hoch kommen? Haben Sie Zeit?«

Siri nickte. Warum nicht? Es war sowieso alles gleichgültig.

Sie setzte sich auf einen Sessel in dem großen Raum direkt über ihrem Wohnzimmer. Die Wohnung war genau gleich geschnitten, aber sie wirkte viel kühler und gleichzeitig viel belebter. Überall Spielzeug in schönen roten Holzkisten und dunkelbraune Ledermöbel. Ihre Nachbarin sagte: »Ich hasse Leder, ich kann nie aufhören, daran zu denken, dass es die Haut von toten Tieren ist«, und brachte heiße Schokolade mit Rum, »mein Mann liebt Leder, in jeder Form, zu jeder Tages- und Nachtzeit.« Siri sagte kaum etwas, aber sie schaute ihrer Nachbarin in die Augen und trank ihre Tasse leer. Als die Milch zu Ende war, goss diese den Rum pur nach.

Siri trank und beschloss, sie um Valium zu bitten. Wer so über seinen Mann sprach und mit einem solchen Schwung eingoss, war ein großzügiger Mensch.

»Wie viel?« fragte die Nachbarin nur.

Und Siri sagte: »Viel.«

Sie verabschiedete sich, rief ein Taxi und sagte dem Taxifahrer eine Wilmersdorfer Adresse, Pariser Straße am Ludwigkirch-Platz.

Jetzt fuhren sie auf den großen Stern zu, links und rechts der Tiergarten, hinter ihr das Brandenburger Tor. Immer wenn sie so nah an der Siegessäule vorbeifuhr, musste sie daran denken, wie viel größer der goldene Engel war, als man vermutete. Als Bruno Ganz auf der Schulter der Victoria saß, reichte sein Oberkörper gerade mal vom Kinn zur Augenbraue.

Der Taxifahrer fuhr einen komischen Weg, um nach Wilmersdorf zu kommen. Vielleicht dachte er, sie wäre eine Touristin, so unverwurzelt wirkte sie wohl. Es war ihr egal. Sie öffnete das Fenster und ließ den Brief ihrer Großmutter durch den Spalt flattern.

Die Fahrt ging nun direkt an der Gedächtniskirche vorbei, so als folgte der Taxifahrer dem Drehbuch, das in ihrem Kopf ablief: Bruno Ganz, als Engel Damian im dunklen Mantel und mit großen, zarten weißen Flügeln auf dem offenen Turm der Gedächtniskirche.

Die Matratzenläden und Gogobars der Lietzenburger Straße tauchten auf. Die Lietzenburger Straße war doch eine seltsame Straße, sie schien die unterschiedlichsten Bedürfnisse beherbergen zu können. Gleich neben einem riesigen Altersheim lag Berlins bekanntester Expeditionsausstatter. Ob die Alten das als Provokation empfanden oder doch als Anregung, um über frühere Bergtouren zu sprechen?

Jetzt waren sie bald angekommen, bei Vera, Großmutters bester Freundin, und dem Ort, an dem Siri sich am allerwohlsten fühlte.

Vera stand mit ausgebreiteten Armen in der Wohnungstür (wie immer, wenn sie zu Besuch kam) und hatte zur Begrüßung beide Türflügel geöffnet.

»Für dich, und nur für dich«, sagte Vera. »Wie schön, dass du mich mal wieder besuchst!«

Ihr Gesicht lag in vielen wunderschönen Falten, und sie schloss Siri fest in die Arme. Siris Gesicht versank in Veras seidig-weichem Hosenanzug, sie hörte das Aneinanderschlagen der schweren goldenen Gliederarmreife, roch ihr Parfum und den Rest einer Zigarette. Komm herein, sagte Vera dann und winkte sie mit ihren langen Armen und einem solchen

Schwung hindurch, dass sie fast im Wohnzimmer ankam, ohne selber gehen zu müssen. Dann streckte und bückte Vera sich und verriegelte mit einiger Mühe den eigentlich (und für alle anderen Gäste) feststehenden Türflügel, den anderen ließ sie ins Schloss krachen. Sie stellte die Klingel und das Telefon ab, nahm Siris Gesicht in beide Hände und sagte mit ihrer tiefen, rauchigen Stimme: »Damit uns niemand stört. Alle anderen sind mir sowieso egal, wenn du da bist.«

Schon stiegen ihr die Tränen in die Augen, und sie wandte sich ab.

Vera ließ sie los, drehte sich um, steckte sich eine Zigarette an und sagte dann, ihr den Rücken zuwendend: »Wenn es etwas Gutes hat – diese ganze Geschichte mit deiner Großmutter –, dann dass du jetzt öfter zu mir kommst!«

Sie schaute auf Veras Hand mit der Zigarette, ihre dunkelroten Fingernägel und die vielen übereinandergesteckten Diamantringe.

Sie folgte ihrem Blick: »Die bekommst alle du, noch brauche ich sie, um mich nicht nackt zu fühlen, aber sobald ich diese alberne Angst losgeworden bin, bekommst du sie – alle! Und danach Felix' Frau, aber natürlich nur, wenn sie ein Prachtweib ist, so ein rätselhaftes Prachtweib wie du.«

Siri hatte noch immer kein Wort gesagt, hatte sich nur im Wohnzimmer umgeschaut, das rundherum mit wandhohen Bücherregalen aus dunklem Holz verkleidet war. Neben den drei großen, dunkelvioletten Sofas standen Beistelltische mit ausladenden Lampenschirmen, die goldene Schwäne überdachten. Auf dem Sofatisch lagen mehrere Bildbände, ein großer Aschenbecher mit einer Jagdszene und eine aufgeklappte silberne Schatulle mit Zigaretten. Dass es so etwas auch in Berlin gab, vergaß sie immer wieder. Sie waren in Wilmersdorf, und es sah aus wie bei Bette Davis zu Hause.

»Einen Sherry«, fragte Vera, und sie flüsterte, sie nehme Antibiotika, und wenn sie ehrlich sein solle, hatte sie schon Kakao mit Rum.

»Na, umso besser, du musst ja schließlich gesund werden«, antwortete Vera und goss ihr Glas voll. Sie hielt das Glas hoch und prostete ihr zu: »Auf dich, meine Schöne!« Dann schaute sie sie musternd an: »Schön bist du und traurig.«

Da öffnete sich die gegenüberliegende Tür, und Albert kam herein. Er trug eine Kordhose, ein hellblaues Hemd und einen kanarienvogelgelben Schal, der direkt unter dem Kragen geknotet war und ziemlich deplaziert aussah.

»Albert ist auch mal wieder krank«, sagte Vera mit einem Zwinkern in den Augen, »er liebt es, krank zu sein, ständig ist er krank, und bei jedem kleinen Schnupfen bindet er sich seinen rotzgelben Schal auf diese alberne Art.«

Albert antwortete nicht und würdigte Vera keines Blickes, sondern ging direkt auf Siri zu, küsste ihr die Hand und sagte: »Gut siehst du aus.« Dann fragte er Vera im Weitergehen, ohne sie dabei anzuschauen: »Hast du vor, dich schon am Vormittag lichterloh zu betrinken?«

Daraufhin sagte Vera mit einer ausladenden Handbewegung, bei der die Armreife erneut gegeneinanderschlugen: »Mir bleibt nichts anderes übrig, so kommt wenigstens etwas in Fluss hier.«

Albert winkte ab, ohne sich umzudrehen, ahmte ein Wasserrauschen nach und verschwand durch den langen Gang nach hinten. Vera zwinkerte ihr zu, und sie musste lachen. Siri liebte Albert, und das nicht nur, weil er aussah wie der junge Howard Hughes.

Jetzt drehte Vera an dem großen Ring, der an ihrem kleinen Finger steckte, und wendete sich ihr zu: »Was liegt dir denn auf dem Herzen? Warum bist du gekommen?« fragte sie sanft.

Sie versuchte durch die Nase zu atmen, sie wollte nicht weinen: »Ich …«, setzte sie an und wischte sich die Träne aus dem Augenwinkel, bevor sie über die Wange laufen konnte.

»Was ist mit dir?« fragte Vera, »ist was passiert?«

»Ach«, sagte Siri jetzt weinend, »dass Großmutter gegangen ist und Eduard so …, ich weiß auch nicht, ich weiß nicht, was los ist mit meinem Leben. Alles ist auf den Kopf gestellt. Allein heute: meine Nachbarin – sie hasst ihren Mann, vielleicht ist sie lesbisch. Warum lebt sie dann nicht mit einer Frau? Warum tut sie sich das an – so ein Leben? Das zeigt doch, dass alles in den falschen Bahnen läuft, oder? Ich verstehe das alles nicht.«

»Eine Lesbianerin?« fragte Vera, »Pfui! Nichts für mich. Aber das ist ja auch vollkommen egal. Ich bin da altmodisch, wie du weißt. Aber selbst die würde ich mit offenen Armen empfangen: alles, was dir hilft, glücklicher zu werden.«

Siri lachte durch den Tränenschleier hindurch: »Das heißt nicht Lesbianerin.«

Vera winkte ab: »Wenn's ernst wird mit der Vokabel, kannst du sie mir ja noch einmal beibringen, ja? Weißt du, schon als kleines Mädchen warst du schöner und trauriger als die anderen. Und schon als kleines Mädchen haben dich andere Menschen so sehr erschöpft. Weil du sie dir nicht vom Leib halten kannst, weil du ihre Erwartungen mit jedem Atemzug in dich hineinholst und deine Lungen nicht für diesen ganzen Bitterkram gemacht sind. Schon mit vier Jahren hast du mit dem Knie gegen die Tischkante getreten, wieder und wieder, wenn es keiner gesehen hat, weil du deine Ruhe haben wolltest und dich nicht getraut hast, das einfach zu sagen. Nur wenn man dich aus dem Zimmer tragen musste, warst du zufrieden. Du warst in dir ein ganz unabhängiges junges Wesen, aber du hast gedacht, dass du das nicht sein darfst.«

Sie schloss die Augen. Sie wollte aussteigen aus diesem Zug und alleine sein, wohin auch immer es sie verschlagen würde. Sie wollte Felix auf den Arm nehmen und mit ihm aussteigen. Es war der falsche Zug.

»Charlotte hat mir das nie geglaubt, aber ich verstehe dich«, sagte Vera. »Du nimmst alles wahr, bist scheu und hast eine riesengroße Klappe – das zehrt! Ich weiß, wovon ich spreche.«

»Großmutter? Was ist nur mit ihr? Was macht sie da? Ich verstehe das alles nicht«, sagte Siri.

Vera streichelte ihren Kopf und bedeutete ihr, sich auszustrecken und auf das Sofa zu legen. Sie schob ihr ein Kissen unter und legte eine Decke über sie: »Schlaf erst einmal, schlaf. Alles andere später.«

Und mit dem Rum im Blut schlief sie ein, den Geruch von Veras Parfum in den Kissen. Im Traum kreiste Howard Hughes in einem dunkelvioletten Propellerflugzeug über dem Eiffelturm, und Großmutter saß unten auf dem Boden und zählte hochkonzentriert die Streben des Turms. Als sie damit fertig war, zeigte sich auf ihrem Gesicht ein kurzes Strahlen, und sie sagte den Satz: *Ich habe die Romantik erklommen*. Dann fing sie wieder von vorne an.

Als sie aufwachte, hörte sie Eduard mit Vera und Albert im Nebenzimmer leise sprechen, und sie spürte, wie ihre Stirn glühte und dass der Himmel oder Vera oder Howard ihr Fieber geschenkt hatten, hohes Fieber. Sie schloss die Augen wieder und dachte kurz darüber nach, wer Felix jetzt vom Kindergarten abholte, aber dann fiel ihr Eduards Organisationstalent ein, und der fiebrige Schlaf hatte sie wieder. Endlich Fieber, endlich etwas Messbares.

Irgendwann streichelte sie Eduard sanft an der Schulter. Es sei schon abends, flüsterte er, er würde sie jetzt ins Auto tragen. Sie nickte nur, und Eduard nahm sie hoch und trug sie durch die Wohnung. In seinem Blick lag tiefe Besorgnis, so als glaubte er ihr diesmal wirklich. Nur weil sie Fieber hatte. Wut mischte sich in die fiebrige Schläfrigkeit. Er braucht Beweise, immer Beweise. Doch als sie aus den Augenwinkeln sah, wie Vera Eduard einen liebevollen Blick zuwarf, legte sich die Wut wieder, und sie versuchte einfach nicht weiter zu denken, sondern sich ins Auto setzen zu lassen und nach Hause gefahren zu werden, wo Felix mit dem Kindermädchen im Kinderzimmer spielte und Eduard sie ins Schlafzimmer trug und auszog. Als sich Felix' und ihr Blick trafen, lag keine Besorgnis in seinem Ausdruck, sondern kindliche Unbeschwertheit. Sie würde etwas unternehmen müssen, sie würde alles dafür tun, dass er sich diesen Blick bewahren konnte.

Eduards Finger knöpften ihr Hemd auf und zogen ihre Hose herunter. Sie bekam eine Gänsehaut. Das Fieber, nicht seine Berührungen. Was half das alles, wenn sie nie wieder Lust bekommen würde? Sie würde doch nicht ins Grab steigen können, ohne vorher noch einmal Sex gehabt zu haben. Und wenn jetzt nicht das Fieber gekommen wäre, dann hätte sie geweint, aber so hatte sie wenigstens Fieber, wenn sie schon keine Lust hatte. Und da musste sie wieder an Bette Davis denken und daran, dass sie vielleicht auch keine Lust auf Howard Hughes gehabt hatte, aber Howard Hughes wenigstens die waghalsigsten Experimente gemacht hatte und Loopings fliegen konnte und Milliardär war und das Zeug zum Wahnsinnigwerden hatte – eben etwas darstellte.

Alison konnte sich nicht bewegen, als es an ihre Tür klopfte. Die roten Haare hingen ihr schwer ins Gesicht, Bluse und Gürtel waren offen, die Hosenbeine verknittert. Sie blieb dort sitzen, wo sie saß, und wartete darauf, dass sich die Tür öffnete. Sie war an einem Punkt angekommen, von dem aus es nicht weiterging – auch nicht weiter weg. Victor hatte sich nicht gemeldet, er war verschwunden. Ihr gemeinsamer Zwischenraum klaffte nun wie eine Wunde. Die Schwerelosigkeit hatte sich nicht in Schwerkraft umgewandelt, sondern in pure Haltlosigkeit. Es klopfte noch einmal. Eine hohe Stimme, höher als ihre, ertönte. Sie atmete aus. Der Zimmerservice. Die Tür öffnete sich, und aus dem Augenwinkel nahm sie wahr, wie ein junges Mädchen hereinkam, irgendeine Entschuldigung murmelte und die Tür schnell wieder zuzog.

Sie rannte ins Bad, übergab sich und blieb dann auf dem gekachelten Boden sitzen. Die Kacheln waren weiß und marmoriert, so als traute jemand einer klaren Fläche nicht, so als müsste jemand das Weiß verwässern, entschärfen. In Japan waren die Bäder sicher viel schöner, mit Holzböden und Naturstein bestückt. Vielleicht saß Victor gerade in einem solchen Bad und schaute jemanden an, der aussah wie sie. Waren Doppelgänger zwei, die sich ähnelten, oder die gleichen, dieselben? Letzteres konnte man nicht denken, ohne wahnsinnig zu werden.

Die Vorstellung der anderen Frau, die aussah wie sie, ließ sich nicht mehr vertreiben, so sehr sie es auch versuchte. Ihre Gedanken waren wie auf dem Rücken liegende Rennwagen, die sie nicht zurück auf die Bahn bekam, und das Tempo, das sie in sich bargen, drehte frei. Das Telefon klingelte, als wollte ihr die Welt da draußen mit aller Penetranz beweisen, dass es sie noch gab. Sie ließ es so lange klingeln, bis es fast aufgegeben hatte, dann hob sie schweigend ab und hörte ein Tuten am anderen Ende der Leitung. Als der Hörer wieder auf der Gabel lag, bekam ein Rad ihrer Gedanken wieder Boden unter den Füßen: Sie würde sie treffen müssen, sie würde sehen müssen, ob diese Frau nicht nur ihren Namen und ihre Stimme hatte, sondern auch so aussah wie sie. Sie würde nach Japan fliegen.

Ihre Beine schmerzten, eine schmale Schmerzlinie führte vom Fußrücken das Schienbein entlang bis zum Knie und verlor sich dort. Sie stellte sich mit geschlossenen Augen unter die Dusche. Ein lichtes Blau zeigte sich hinter den Augenlidern, als füllte es sie ganz und gar aus. Lange Zeit sah sie nur dieses Blau und lauschte in ihren leergeweinten Körper, dann tauchten erste Schemen auf und gesellten sich zu den Vorboten, die ihre Erinnerung schon seit dem Flughafen bevölkert hatten. Und die Schemen waren breiter und massiver als das, was sich bisher gezeigt hatte. Und sie sagten ihr: Es hatte Tage und Nächte wie diese schon früher gegeben. Es war nicht das erste Mal.

Sie stieg aus der Dusche und trocknete sich ab. Jetzt ganz schnell aus dem Hotelzimmer, ganz schnell unter Menschen, nicht alleine bleiben. Es war nicht das erste Mal, dass Victor verschwunden war. Sie hatte es nur vergessen. Es war schon öfter passiert.

Die Erinnerungen kamen wie Paukenschläge, sie versuchte sich unter ihnen wegzuducken, zog ihre Kleider an und lief aus dem Zimmer, den Lift hinunter in den Frühstücksraum, ans Buffet. Schinken, Brötchen, keine Eier. Neben ihr Männer in billigen Anzügen, die wie Vertreter aussahen. An einem Tisch die japanische Reisegruppe. Sie schob sich im Stehen eine gerollte Schinkenscheibe in den Mund, hielt sich am Buffet fest. Am Rande der Schinkenplatte lagen kleine Petersilien-Bonsais. Ihr war schlecht, schwindelig und elend.

Vom Wolkenkratzer,
das Frühlingsgrün der Bäume –
nichts als Petersilie.

In Japan machte man aus Petersilie Haiku, hier legte man sie auf eine Blechplatte mit Schinkenscheiben und Aufschnitt.

Plötzlich hörte sie Friederikes Stimme hinter sich, ihr Arm um ihre Schulter, der vertraute Duft von Friederikes Parfum in ihrer Nase: »Hier bist du, ich habe dich nicht erreicht. Was ist passiert?«

Friederike. Wenn sie jetzt irgendwer retten konnte, dann Friederike. Woher wusste sie, dass sie hier war?

»Ich habe erst heute Morgen deine Nachricht gesehen. Was ist los? Du siehst grauenhaft aus«, sagte sie.

»Meine Nachricht?«

»Du siehst wirklich grauenhaft aus«, wiederholte sie mit einem sorgenvollen Lachen in den Augen, »du hättest dir wenigstens die Haare kämmen können. Du riechst, als wärst du in die Minibar gefallen.«

»Ich …« Sie ließ sich in Friederikes Arm sinken, dann sprach sie weiter: »Ich bin in die Minibar gefallen. Ich habe sogar den Gin …«

»Gin? Du? So siehst du aus. Deine Nachricht habe ich sofort gelöscht, falls man dich verhaften sollte.«

Friederike hielt sie fest im Arm. »Jetzt bestellen wir erst einmal eine Flasche Wasser, und bevor du die nicht getrunken hast, verlässt du dieses zauberhafte Lokal nicht«, sagte sie, schaute sich mit einem vielsagenden Blick um und bestellte das Wasser bei einer vorbeilaufenden Kellnerin.

»Victor ist verschwunden.«

»Mal wieder«, sagte Friederike.

»Mal wieder?« wiederholte sie leise.

»Alison, das ist doch nicht dein Ernst? Er ist ein Meister des Verschwindens. Ein Großmeister.«

»Aber er …«

»Ich weiß, er hat seine Gründe, trotzdem: mir reicht es langsam«, sagte Friederike.

»Ich hatte es vergessen«, antwortete Alison.

»Komm«, sagte Friederike, »setzen wir uns. Da drüben ist ein Tisch frei.«

»Was?«

»Jedes Mal fällst du aus allen Wolken, du bist, was Victor anbelangt, eine Amnesie-Artistin: Schraube rückwärts, und weg ist es.«

»Nicht zu den Japanern …«, sagte sie leise, »bitte nicht zu den Japanern.«

Friederike lotste sie ans andere Ende des Frühstücksraums, bestellte zwei Kaffee und nahm ihre Hände: »Was ist passiert? Wie ist er verschwunden? Und was ist das für eine Geschichte mit dieser Frau?«

»Woher weißt du das mit der Frau?« fragte sie und blickte sich um.

»Du hast mir eine vollkommen desolate Nachricht hinterlassen gestern Nacht, du hast gesagt, dass du mit jemandem telefoniert hast, der du selbst bist oder so ähnlich. Deine Nachricht war wie ein Twin-Peaks-Plot mit schwerer Zunge.«

Alison schwieg. Friederikes Ton tat ihr gut.

Friederike schaute sie eindringlich an: »Ich höre?«

»Sie hatte eine Stimme wie ich und meinen Namen und sie hat gesagt... Sie hat seinen Namen gesagt...«, wiederholte Alison, »sie hat Victors Namen gesagt, ohne dass sie wusste, wen ich suchte.«

»Wenn er jetzt endgültig abgetaucht ist...«, begann Friederike.

»Obwohl ich mir schon nicht mehr sicher bin, dass sie seinen Namen wirklich gesagt hat«, unterbrach Alison.

»Wenn er jetzt wirklich abgetaucht ist«, setzte Friederike erneut an, »dann muss es eben ohne ihn gehen. Letzten Dezember ging's auch ohne ihn, oder?« sagte Friederike.

Letzten Dezember.

Das hatte sie auch vergessen. Letzten Dezember war er drei Tage verschwunden gewesen. Sie hatte sogar eine Vermisstenanzeige aufgegeben, doch irgendwann war er einfach wieder aufgetaucht. Kurz danach war sie zu Friederike gezogen. Das erste Mal in der ganzen langen Zeit mit Victor hatte sie gedacht, dass sie seine Abgründe nicht mehr aushalten konnte. Doch als sie am nächsten Morgen Friederikes Wohnungstür öffnete, um nach Hause zu fahren und mit ihm zu reden, wäre sie fast über ihn gestolpert. Er hatte vor der Tür gelegen, im Treppenhaus, er hatte vor der Tür geschlafen, dieser riesige, prachtvolle Mann hatte im Treppenhaus geschlafen, um sie nicht zu verpassen, um in ihrer Nähe zu bleiben, um sie nicht zu verlieren. Und als sie dann sprachlos vor ihm stand, war er aufgestanden, ohne mit der Wimper zu zucken, und hatte mit der Würde eines Großfürsten gefragt: »Gehen wir jetzt nach Hause?« Und damit war alles wieder vergessen gewesen.

»Du weißt, dass er die ganze Nacht vor deiner...«, sagte Alison.

»Ja, im Anzug, und er sah so gut aus mit seinem Dreitagebart. Und ja: er ist ein grandioser Mann, ein Magier, ein König. Und trotzdem: er hat ein Doppelleben«, antwortete Friederike.

»Ein Doppelleben?« fragte Alison.

»Ja, oder nenn es anders: sein eines Leben gefällt sich an deiner Seite und sein anderes Leben …«

»Das Niemandsland in seinem Herzen«, sagte Alison zu sich selbst.

»Wenn du es so nennen willst«, sagte Friederike, »mir ist das schon wieder zu lieblich.«

»Aber es gibt ein solches Land in seinem Herzen, mich und dieses Niemandsland. Ich war doch so glücklich mit ihm.«

Friederike schaute sie fragend an.

»Ich musste nicht alles für ihn sein. Er hat mich nie überfordert, nie beschnitten. Er hat mich auf Händen getragen, und er roch doch so gut.«

»Und jetzt?« fragte Friederike.

»Und jetzt?« wiederholte sie. »Vielleicht ist das Niemandsland über seine Grenzen getreten.«

Ihre Augen brannten. Sein Geruch. Sie würde nicht ohne ihn leben können. Sie schwieg.

Friederike nahm ihre Hand: »Wo ist er?«

»In Japan.«

»Woher weißt du das?«

»Ich weiß es. Vielleicht ist er sogar bei dieser Frau.«

»Alice im Niemandsland?« fragte Friederike.

Sie schaute Friederike lange an: »Vielleicht.«

Sie kannte das Niemandsland aus den kurzen Momenten mit Victor, die ihr Leben aus den Angeln gehoben hatten. Und aus der einen Nacht damals.

Da war er von einer Reise zurückgekommen, hatte sie weder begrüßt noch seinen Mantel ausgezogen, war nur wortlos auf sie zugekommen und hatte sie an die Wand gedrängt und geliebt. Danach hatte sie ihn verführt, ihn auf eine Art und Weise verführt, wie sie es aus ihren Träumen kannte. Federleicht war das gewesen, federleicht und abgrundtief; so als ob in ihrem Körper eine Feder gefallen wäre, ohne auf einem Boden anzukommen. Und er, der sonst im Bett nie stöhnte oder schrie, hatte ein paar Laute von sich gegeben, die nur aus dem Abgrund stammen konnten, auf den sie sich damals gemeinsam zubewegten. Und so war es hin und her gegangen, bis es nichts mehr gab, was sie sich verschwiegen hatten. In dieser Nacht hatten sie nicht ein einziges Wort von den Worten gesprochen, die sie normalerweise miteinander sprachen. Sie hatte ihn nichts gefragt, und er hatte sie nichts gefragt. Er hatte sie nicht einmal beim Namen genannt und nicht ein einziges Mal so geküsst, wie er sie sonst immer küsste. Er hatte ihr in die Augen geschaut und dort eine andere Frau entdeckt, die andere Frau in ihr.

Alison streckte die Arme nach oben, leerte ein ganzes Glas Wasser und erzählte Friederike, was gestern alles geschehen war. Friederike hörte zu und nickte ein paar Mal. Ihre Ohren waren dabei so offen und weich, dass Alisons Worte sich darin ausbreiten konnten wie in einem großen, geschwungenen Fellsessel.

»Was glaubst du, wer ist diese Frau?« fragte Alison dann.

Friederike wartete ein wenig, dann sagte sie: »Alison, bist du dir sicher, dass du … versteh mich nicht falsch, aber bist du ganz sicher, dass dieses Telefonat wirklich stattgefunden hat?«

Sie atmete durch: »Ja, ganz sicher. Eduard hat mich dabei beobachtet, ich habe mir das nicht eingebildet.«

Friederike wartete wieder mit ihrer Antwort, wie um etwas in ihr auszuloten: »Das wollte ich nur noch mal hören.

Also, ich glaube zwei Sachen: Entweder diese Frau hat zufällig deinen Namen und eine ähnliche Stimme, so etwas gibt es schließlich – und Victor war gerade in der Botschaft ...«

»Das habe ich mir auch schon gedacht«, sagte Alison.

»Oder, aber da wird es jetzt ziemlich abenteuerlich: Diese Frau gibt es nicht wirklich oder jedenfalls nicht so, wie es dich und mich gibt. Und du hast dich in dem Moment, in dem Victor aus deinem Leben verschwunden ist, in deiner Vorstellung irgendwie verdoppelt. Wie, weiß ich nicht. Und ich kann es mir auch nicht erklären, aber vielleicht ist dir das passiert, damit du dich wieder an das Leben erinnerst. An dein Leben. «

»Mein Leben?« fragte Alison leise vor sich hin.

Sie schwiegen, dann sagte Friederike: »In der Romantik wimmelte es nur so von Doppelgängern. Wusstest du das?«

»Dass ich zu romantisch bin?« fragte Alison.

Friederike lächelte: »Dass du nicht alleine bist.«

Sie umarmten sich.

Auf dem Weg nach Hause ging es ihr langsam besser, und in ihrem Kopf formte sich eine Frage: Wenn sie tatsächlich eine Doppelgängerin hatte – war sie dann einsamer oder weniger einsam?

3 Kisetsu no kawarime

Sie würde jetzt hinausgehen und etwas machen, was sie noch nie gemacht hatte, seit sie aus Japan hier angekommen war: einen Spaziergang durch den Tiergarten. Dabei würde sie so lange die winterkargen Bäume anschauen, bis etwas in ihr spross – etwas zart Hellgrünes.

Yoko lief die Friedrichstraße entlang bis Unter den Linden, bog dort ein und überquerte die Straße, um auf dem Mittelstreifen aufs Brandenburger Tor zuzulaufen. Sie hielt nach einer japanischen Touristengruppe Ausschau, so als wäre sie auf Diät und würde sich nach den Süßigkeiten ihrer Kindheit sehnen – diesen zuckersüßen, klebrigen Reisküchlein, die es in allen nur erdenklichen Pastelltönen in dem kleinen Laden an der Ecke gegeben hatte. In Tokio, dieser Stadt, in der sie schon so lange nicht mehr gewesen war.

Die Linden zeichneten sich hart gegen den hellgrauen Himmel ab. Keine japanischen Touristen weit und breit, es war die falsche Jahreszeit, Berlin war wie ausgestorben. Die Lichterketten, die in der Vorweihnachtszeit jeden der dünnen Äste glitzern ließen, waren vor ein paar Wochen abmontiert worden. Zum Glück. Leuchtspielchen aller Art hatte sie in ihrer Jugend genug gesehen. Was ihr tatsächlich fehlte, waren die vielen Feuerwerke zur Feuerwerksaison und natürlich die Feste zur Kirschblüte. Beides gab es hier nicht, hier gab es Weihnachtsmärkte und Osterhasen und bestimmt noch vieles mehr, was sie aber vollkommen kaltließ.

Sie ging langsamer als sonst, durch das Winter-Spalier hindurch auf den Tiergarten zu. Etwas Hellgrünes, dachte sie erneut und wunderte sich. Sie zog ihren Schal bis zur Nase und die Schultern hoch. Wie lange hatte sie schon keinen Spaziergang mehr durchs Grüne gemacht und wie lange nicht mehr über die Jahreszeiten nachgedacht. Und das, obwohl die Jahreszeiten für ihre Mutter und ihre Freundinnen so vieles strukturierten: Wie sie sich anzogen, wie sie das Haus dekorierten, welche Bilder sie ab- oder aufhängten, was es zu essen gab und wie sie sich fühlten. Ob es im Westen auch Jahreszeiten gebe, hatte ihre Mutter jeden ausländischen Gast gefragt, der ihr Haus betrat, und nach ihrer Frage sogleich ungläubig den Kopf geschüttelt. Da Jahreszeiten für sie so etwas wie ein japanischer Exklusivbesitz waren, hatte sie nie eine Antwort abgewartet, sondern ohne Zögern einen Vortrag über die Vorzüge der japanischen Jahreszeiten gehalten – wie rund, weich und ausbalanciert sie im Gegensatz zu den westlichen seien, und dass alle Japaner die Jahreszeiten im Blut hätten. Einen Ausdruck hatte sie dabei ständig wiederholt: *Kisetsu no kawarime, kisetsu no kawarime.* Der Wechsel der Jahreszeiten. Die Gäste hatten wahrscheinlich kaum ein Wort verstanden und ihre Mutter leicht befremdet angeschaut. Ihre Mutter hatte irgendwann abgebrochen und in Richtung ihres Vaters gezischt, dass diese Westler es sowieso nie verstehen würden, weil sie nicht empfindsam genug waren, und ihr Vater hatte zu Boden geschaut und nach einem kurzen Schweigen von den Alpen angefangen – jedes Mal von den Alpen. Als sie daraufhin einmal verärgert den Kopf geschüttelt hatte, hatte ihre Mutter in einem milden Ton zu ihr gesagt: Du wirst es schon noch spüren, eure Generation kennt dieses Gefühl nicht mehr, aber wenn du älter wirst, wirst du es spüren, du bist eine Japanerin – trotz allem.

Und jetzt, als sie gerade den Tiergarten erreicht hatte, flüsterte sie wieder und wieder: *Kisetsu no kawarime,* und ein eigenartiges Gefühl breitete sich in ihr aus. Die Geschehnisse der letzten Tage hatten etwas wachgerufen, das sie seit ihrer Ankunft in Deutschland verloren hatte, und das Erste, was ihr dazu einfiel, war der Wechsel der Jahreszeiten und die Suche nach etwas Hellgrünem. *Kisetsu,* flüsterte sie erneut, und während sie durch das gefrorene Gras spazierte, fühlte sie sich das erste Mal wirklich erwachsen. Nicht wie ihre Mutter, überhaupt nicht wie ihre Mutter, aber erwachsen.

Irgendwann hielt sie an, streckte ihre Arme in die Luft und stand auf einer Brücke, unter ihr der zugefrorene Fluss.

Sie war die ganze Zeit, die sie in Berlin lebte, nie mit den anderen hinausgefahren, nie mit Siri und Felix zum Baden an den Heiligensee; sie war nie in die Parks von Potsdam mitgekommen und schon gar nicht mit Friederike zu den Erkundungen der Mecklenburgischen Seenplatte. Es hatte sie einfach nicht interessiert, auf dem Land konnte man weder arbeiten noch flirten. Außerdem war am Wochenende so viel los in Berlin, dass kein Raum und keine Zeit für Bäume blieben. Es gab doch Männer mit grünen Pullovern und frischen Pfefferminztee, in dem die grünen Blätter so hübsch in den hohen Gläsern schwammen. Wozu also rausfahren?

Eigentlich hatte neben den grünen Pullovern und den Pfefferminzblättern der Fernsehturm alle ihre Sehnsüchte nach Naturerleben gestillt. Ihn hatte sie regelmäßig so betrachtet, wie man das Meer betrachtete oder eine hügelige Landschaft. Für sie war er *der* Baum Berlins, und alle anderen Bäume weniger ebenmäßig. Der schlanke, schmal zulaufende Stiel und diese formvollendete Kugel, die auch noch das berühmte

Lichterkreuz zierte, waren einfach schöner als alles, was man sich zurechtschneiden konnte, und sowieso schöner als das, was die rohe Natur zu bieten hatte. In dieser Beziehung war sie wahrscheinlich sehr japanisch, die ungeformte Natur war für sie kein Quell für ästhetisches Vergnügen, sie selbst war eher für den Steingarten eines Zen-Klosters zu haben als für einen deutschen Mischwald. Und so konnte nicht einmal die Laubfärbung wirklich mit ihrem Fernsehturm mithalten, denn im Herbst spiegelten sich die Sonnenuntergänge in der Kugel des Turms, und dieses Farbspektakel konnte das Grün-Rot-Spektrum des Tiergartens mit Leichtigkeit wettmachen. Am herrlichsten aber war es, wenn der Turm in einem der Berliner Schlechtwettertage verschwunden war und erst Stunden später wieder in vollem Glanz erstrahlte. Welcher Baum konnte sich so rar machen und solche Sehnsucht wecken? Vielleicht müsste sie einen Fernsehturm entwerfen, einen Fernsehturm, der seine Kugel so stolz trug wie eine Baumkrone.

Sie ging auf den Kieswegen entlang und hörte die kleinen Steine unter ihren Sohlen knirschen. Das Geräusch erinnerte sie an die Steingärten, die sie mit ihrer Mutter besucht hatte, und an den Ausruf ihrer Mutter, mit dem sie die gerechten Kieswege bewundert hatte: Was für eine herrliche Natur! Die Steingärten hatten auch ihr gefallen, in der Form war die Natur für sie genug symbolisiert, in der Form war Natur für sie genießbar. Außerdem hatte sich in den Steingärten der Zen-Klöster erstmals ihr Interesse für gebaute Strukturen gezeigt, ihre Lust an genauen Linien, exakt aufeinander abgestimmte Proportionen.

Sie holte ihr Telefon hervor, das sie schon seit einer Weile in der Manteltasche umklammert hielt, und rief Friederike an. »Können wir rausfahren«, fragte sie, »ins Grüne?«

»Ins Grüne?« fragte Friederike, und aus ihrer Stimme sprach eine Mischung aus Ungläubigkeit und Amüsiertheit. »Erkennst du diese Farbe überhaupt?«

»Wasabi und Kopfsalat«, sagte Yoko, »das ist es doch, oder?«

»Ich wollte zwar gerade in den Laden, aber egal, fahren wir. Mit dem Fahrrad?«

»Ich habe keins«, sagte Yoko.

»Du hast kein Fahrrad?« fragte Friederike. »Wie lange lebst du in Berlin?«

»Nein.«

Friederike schwieg kurz, dann sagte sie: »Nimm mein altes. Bei mir, in einer halben Stunde?«

»Ja«, sagte Yoko, »danke.«

»Yoko im Grünen«, sagte Friederike leise vor sich hin, und dann noch leiser: »Ich hab eine schwarze, schwarze Seite, ich weiß. Ich hab eine Seite so grün, das wirst du nie wissen.«

Als Yoko vor Friederikes Tür stand, umarmten sie sich, und Yoko fühlte sich knochig an. Friederike schaute ihr kurz in die Augen und dann auf die Stiefel mit den hohen Absätzen.

»Ich habe keine anderen«, sagte Yoko, »außerdem möchte ich auch nicht gleich Biobäuerin werden, nur weil ich mal ins Grüne fahre.«

Friederike lachte.

Yoko fügte hinzu: »Und du musst gar nicht so bodenständig tun, nur weil du ein altes und ein neues Fahrrad hast.«

Sie setzten sich in die S-Bahn und stiegen an der Endstation aus. Draußen war die Luft noch kälter als im Tiergarten, und Yoko zog den Schal höher ins Gesicht. Friederike übernahm die Führung und fuhr zügig durch die Ortschaft, bis sie in einen Waldweg einbog. Links und rechts hohe Bäume. Es wurde immer stiller. Yoko heftete ihren Blick auf Friederikes Rücken.

Sie war in dieser Umgebung wie ein Moosboden, auf dem sie wandeln konnte. Wie sicher sie im Sattel saß, die Unbeholfenheit, die sie sonst so oft ausstrahlte, war hier wie weggeblasen. Sie hatte einen schönen, runden Po, dachte Yoko, wie gemacht fürs Fahrradfahren. Ihrer begann schon am Sattel zu reiben.

»Mein Vater hat Hühner«, sagte Friederike und wendete ihren Kopf im Fahren um. »Wusstest du das eigentlich? Er liebt seine Hühner.«

Yoko schüttelte den Kopf.

»Du solltest dir auch Hühner anschaffen. Sie sind das Kreatürlichste, was es gibt.«

Yoko lachte, und als sie an einer Lichtung stehen blieben, sagte sie: »Meine Mutter hatte ein Wörterbuch, in dem Hunderte von Jahreszeitenwörter gesammelt waren. Alles Wörter, die etwas beschreiben, was es nur zu einer bestimmten Jahreszeit gibt. Ein kleines, ganz zerfleddertes gelbes Buch. Und wenn sie traurig war, dann nahm sie dieses Buch und machte einen Spaziergang. An jeder Ecke blieb sie stehen und blätterte darin.« Sie hielt inne, dann fuhr sie fort: »Und wenn sie nach Hause kam, erzählte sie von den Pflanzen und Insekten und Vögeln, die sie entdeckt hatte. Und als ich sie fragte, wo sie die mitten in Tokio entdeckt hatte, sagte sie: In meinem Wörterbuch natürlich.«

Friederike schaute Yoko an.

Yoko hob die Schultern, versuchte zu lächeln und blickte dann zögerlich zu Boden. »Hühner, meinst du?«

Sie fuhren ein Stück weiter und kamen an einen See. Sie setzten sich auf einen alten, leicht brüchigen Steg und schauten über das klare Wasser.

Es war schön hier, aber auch sehr deutsch, in Japan hätte

man einen solchen Ort erst einmal getrimmt, erzogen, gestaltet. Hier konnte man nicht einmal die Anwesenheit eines Gestalters erkennen, geschweige denn seine Handschrift. Yoko holte einen Lippenstift aus der Tasche und malte sich die Lippen rot, dann streckte sie ihren schönen roten Mund in die Luft. »Kennst du eigentlich *Die Eiswand?*« fragte sie dann.

Friederike nickte. Nach der Begegnung mit Tom hatte sie alle Bücher von Inoue gelesen. Jetzt standen sie schwer in ihrem Regal.

»Wenn er das Bergsteigen nicht gehabt hätte, dann hätte sein Leben, seine Arbeit, seine Freundschaft, alles andere keinen Sinn gehabt«, sagte Yoko.

Friederike schaute auf den See, und wieder keimte dieses Glücksgefühl in ihr auf, das sie immer überkam, wenn sie auf dem Land war. Sie strich mit der Hand über das feuchte Holz der Stegplanken. Sie konnte hier so gut atmen, sie konnte die tiefsten Atemzüge nehmen und so tief in den See schauen, dass sie die kleinen Wasserpflanzen zwischen den Steinen hätte nachzeichnen mögen; sie konnte erkennen, welche Bäume bald treiben würden und wo die Erde noch etwas zu hart war. Sie konnte hier auf dem Steg sitzen und an nichts anderes denken als daran, wie gut das Wasser roch.

»Vielleicht hängt das mit dem Wörterbuch deiner Mutter zusammen«, sagte Friederike.

Yoko rieb mit dem Daumen ihren Zeigefinger, und Friederike sah zum ersten Mal, dass Yoko ganz kindliche Hände hatte und winzige Nägel.

»Kanntest du diesen Mann auf dem Fest eigentlich?« fragte Yoko plötzlich.

»Nein«, sagte sie. »Warum?«

»Er war doch spurlos verschwunden«, sagte Yoko.

»Warst du nicht zuerst …?« fragte Friederike.

Aber Yoko hörte ihre Frage gar nicht, sondern fuhr fort: »Und weißt du, was unglaublich ist: Je mehr ich nach Spuren suche, desto unberührter wird die Fläche, die hinter mir liegt.«

Friederike schaute Yoko wieder von der Seite an.

»Es geht mir nicht um diesen Mann. Ich habe ihn schon fast wieder vergessen – auch wenn er einen ziemlich schönen Körper hatte«, sagte Yoko mit ihrem spöttischen Lachen, »aber darum geht es wirklich nicht. Es geht um etwas ganz anderes. Er hat keine Spuren in meinem Leben hinterlassen, und weißt du, warum?«

Friederike kniff die Augen zusammen, um Yoko weiter ansehen zu können.

»Weil es mein Leben nicht wirklich gibt. Ich lebe nicht, ich verbringe es nur.«

Friederike bog ein kleines Holzscheit hoch und warf es ins Wasser. Zart gezogene Wellen entstanden auf der glatten Oberfläche. Sie setzte an: »Du …«

»Ich bin wie der Mann aus der *Eiswand,* nur ohne das Bergsteigen.«

»Wann hast du das letzte Mal den Mount Fuji gesehen?« fragte Friederike.

»Was?«

»Wann rot gefärbten Ahorn? Wann warst du das letzte Mal in Japan?« fragte Friederike dann.

»In …?«

»In Japan. Zu Hause, meine ich.«

»Japan ist nicht mein Zuhause.«

»So oder so«, Friederike brach nun ein großes Stück des morschen Holzes aus der Planke. »Es gibt Spuren in deinem Leben, und ihnen zu folgen heißt nicht, den Weg ungeschehen zu machen, den du bis hierher zurückgelegt hast«, und sie spürte, dass ihre Worte trafen, auch wenn sie pathetisch klangen.

»Ich …«, sagte Yoko und hielt ihren Rücken ganz gerade.

»Es kann nichts passieren, sie werden dich nicht einsperren.«

»Und wenn, dann werde ich sie um den Finger wickeln, die Herrn Polizisten. Darf ich meinen Kopf kurz in deinen Schoß legen?« fragte Yoko, »ich werde gerade ganz müde.«

Friederike drehte nun einzelne Strähnen von Yokos Haaren zwischen den Fingern. Die Haare fühlten sich ganz anders an als ihre eigenen, fast wie eine Perücke, drahtiger und gleichzeitig geschmeidiger. Ihr Körper war leicht und ihre Haut so weiß wie eine Gänsefeder. Wie gerne hätte sie Kinder, die auf ihrem Schoß einschliefen und von Füchsen und Hasen träumten. Kinder, denen sie jetzt den Anorak zumachen würde, die sie im Schlaf streicheln würde, bis sie sich streckten und mit Lust auf Schokolade aufwachten. Sie legte den Kopf in den Nacken und schaute in den Himmel. Vielleicht sollte sie Tom fragen, ob sie ein Kind zusammen bekämen. Dann hätte sie ein Kind und er seine Ruhe. Es würde sowieso nie wieder jemanden geben, von dem sie sich so sehr ein Kind wünschte wie von Tom. Egal, wie er sich dann verhielte, sie hätte ein Kind, ein wunderbares Kind mit grauen Augen. Und der Gedanke klang nicht absurd, er klang wie eine Lösung.

Yoko war wirklich eingeschlafen. Wie herrlich das war, wenn jemand auf ihrem Schoß einschlief, wie wohlig sich das anfühlte. Sie dachte an das eine Mal, als sie und Tom hierhergefahren waren, daran, dass Tom hier auf diesem Steg mit ihr schlafen wollte, und wie froh sie war, als es vorbei war und sie schnell ihr Kleid wieder überziehen konnte. Und dass sie sich danach nicht einmal dafür schämte, dass sie es nicht genießen konnte, sondern nur dachte, dass sie an Seen wirklich lieber schwamm, als mit Tom zu schlafen, und dass das nichts über irgendeine Verklemmtheit aussagte, sondern nur, wie sehr sie diese Orte liebte und wie sehr sie sie erfüllten; und dass Tom immer, wenn sie in der Natur waren, mit ihr schlafen wollte oder irgendwelche Streitereien vom Zaun brach, und dass das nur damit zu tun haben konnte, dass sie hier eine Welt hatte, die er nicht besetzen konnte, weder mit seinen Küssen noch mit seinen Streitereien.

Sie atmete einmal laut ein, dann schaute sie wieder auf das bewaldete Ufer und aufs Wasser. Und das Ufer schaute mit großer Zärtlichkeit auf sie zurück. All das würde sie gerne ihren Kindern zeigen. Wie man auf Gras pfiff und wie man es ausriss, ohne sich zu schneiden.

Alison stand vor ihrer Wohnungstür. Sie lauschte, ob von innen etwas zu hören war, ob Victor vielleicht doch zu Hause war, ob alles nur ein Spuk war oder er einfach wieder aufgetaucht, aber nichts.

Der Flur wirkte, als hätte er ein schlechtes Gewissen. Das Wohnzimmer duckte sich weg, und in ihrem Schlafzimmer lag ein seltsamer Geruch. Sie zwang sich mit einer gewissen Dumpfheit von Raum zu Raum, versicherte sich, dass niemand da war – natürlich war niemand da! –, setzte sich an den Computer und buchte einen Flug nach Japan. Dann schaute sie sich in ihrem Zimmer um: Hier hatte sie nichts mehr verloren. Wenn sie irgendwo etwas verloren hatte, dann in Japan. Sie würde die Wohnung auflösen, wenn sie Victor nicht wiederfand, sie würde in eine kleine Wohnung ziehen und nichts von hier mitnehmen.

Jetzt musste sie sich konzentrieren, alles in ihr war hölzern und angespannt, als löste sie ein geheimes Versprechen ein, das sie sich gegeben hatte. Sie holte ihre kleine Tasche aus der Kammer und packte die Waschsachen, etwas Schmuck, ihr schwarzes Kleid und eine Jacke hinein. Sie würde nur über Nacht bleiben. Eine Nacht in Japan. Zuletzt holte sie die Unterwäsche aus dem unteren Fach des Schranks. Das Fach war voll mit kostbarer zarter Unterwäsche. Spitze, Seide, halterlose Strümpfe. Unterwäsche saß bei ihr wie angegossen, im Bett bewegte sich ihr Körper mit einer schlafwandlerischen Sicherheit, als hätte er nie etwas anderes getan. Vielen Männern hatte sie das nicht gezeigt, es war ein schönes Geheimnis.

Als sie nun die Unterwäsche aus dem unteren Fach des Schranks holte, griffen ihre Hände die Träger des roten Badeanzuges. Der rote Badeanzug. Sie setzte sich aufs Bett. Der Tag, an dem sie Victor kennengelernt hatte, im Schwimmbad in der Gartenstraße. Die Träger waren inzwischen etwas ausgeleiert, das Rot an einigen Stellen ausgeblichen. Sie faltete ihn zusammen und legte ihn zurück in den Schrank. Sie würde ihn nicht mitnehmen nach Japan, sie würde ihm nichts beweisen müssen. Sie packte schnell ein paar besonders schöne Teile ein, dann steckte sie Illustrationen für ein Wirtschaftsmagazin in einen Umschlag und schrieb drei Zeilen dazu. Das hatte sie noch nie gemacht, unfertige Bilder abgegeben. Heute war es ihr gleichgültig, sie hatte schon einen Vorschuss bekommen. Ihr Ticket nach Japan.

Hallo, Tom. Ich hab was für dich«, sagte Friederike, als Tom den Hörer abgenommen hatte, und lief dabei in ihrem Laden auf und ab.

Tom antwortete: »Das klingt schon mal gut. Hallo, Fritz.«

»Ich habe einen Text über Evil Knievel und Liberace gefunden«, sagte sie.

»Was?« fragte er.

»Weißt du, was Liberace auf die Frage gesagt hat, warum er zu einem Zusammentreffen mit der Queen einen weißen Nerzmantel getragen hätte? Er hat gesagt, er sei nicht gekommen, um ignoriert zu werden.«

Tom lachte: »Wo hast du das denn her?«

»Tja«, sagte Friederike, »manchmal tu ich eben was für dich.«

»Und Knievel?« fragte er, »Was gibt's Neues vom Canyonspringer?«

»Da gibt es einiges, was du noch nicht kennst. Sein weißer Lederanzug war zum Beispiel ...«, sagte sie.

Aber er unterbrach sie: »Wenn Evil Knievel bei dir im Laden ist, dann muss ich wohl mal vorbeischauen, sonst kommt er mir noch in die Quere. Morgen?«

Friederike schluckte. Seine Sätze klangen nach. Das war doch ein Flirt, oder? So unsicher sie in den letzten Monaten geworden war, das war einer. Kaum erzählte sie ihm von Liberace und der Queen, schon konnte er wieder flirten und über den Canyon springen und musste dabei nicht einmal die Reißleine ziehen.

»Fritz?« fragte er erneut, »morgen im Laden?«

»Gerne«, sagte sie und räusperte sich, dann brach sie das Gespräch ab.

Sie lehnte sich an den Tresen. Er hatte mit ihr geflirtet, er hatte von selbst vorgeschlagen, zu ihr in den Laden zu kommen, alles war federleicht gewesen. Wieso konnten sie nicht einfach immer so miteinander sein? Vielleicht sollte sie einfach nur von Liberace und weniger von ihrer Beziehung sprechen, dann ließ ihn vielleicht sein Schuldgefühl in Ruhe; dann hätten sie noch ein anderes Thema außer dem Schwinden ihrer Liebe. Vielleicht war das die Lösung.

Der nächste Tag. Friederike stand vor ihrem Schaufenster und legte fünf grüne Gummifrösche auf einen der sahnebedeckten Schokoladenkuchen. Heute würde Tom also in den Laden kommen. Sie hatte einen weißen, gewickelten Pulli und eine weiße Bluse an. Ganz früh hatte sie in Andersens *Schneekönigin* gelesen, von dem entführten Jungen Kay und seinem erstarrten Exil, aber jetzt hatte sie einen Froschkönigkuchen gemacht und war sich gar nicht sicher, ob das überhaupt das Märchen war, in dem aus dem geküssten Frosch ein Prinz wurde. Vielleicht sollte sie die Märchen zu ihrem nächsten Thema machen? Dann würden die Mitte-Mütter ihren Laden stürmen. Geld verdienen machte einfach zu großen Spaß, um es nicht zu forcieren. Also Märchen.

Draußen war es kalt und klar. Wenn es ein Wetter für Entscheidungen gab, dann dieses. Es war fünf Uhr nachmittags. Sie hatte schon eine Flasche Weißwein aufgemacht und sich bereits das zweite Glas eingeschenkt. Gestern Abend am Telefon war alles ganz einfach gewesen. Natürlich hatte ihr Knievel geholfen, aber es war auch noch etwas anderes. Ihr Entschluss, Tom die Idee mit dem Kind zu erzählen, schien ihrer

Stimme eine große Stabilität verliehen zu haben. Es war immer das Gleiche: Wenn ihre Stimme dieses innere Wackeln hatte, setzte er keinen Fuß auf ihr Land, aber wenn sie fest war, dann kam er, lief einfach hinweg über all das, was sonst zwischen ihnen klaffte. So einfach war das und so schwer.

Der letzte Schluck des zweiten Glases. Jetzt würde sie aufhören müssen, denn wenn er roch, dass sie sich betrinken musste, um sich für ein Treffen mit ihm zu wappnen, dann wäre die ganze Vorarbeit für die Katz.

Sie stellte sich an den Tresen und blätterte in den weißen Texten. *Die Schneekönigin*. Der Junge Kay betrachtete an einem Wintertag durch eine Lupe hindurch ein paar Schneeflocken: *Siehst du, wie künstlich! Das ist weit interessanter als die wirklichen Blumen! Und an diesen ist auch nicht ein einziger Fehler, sie sind ganz vollkommen, wenn sie nur nicht schmölzen!* Sie würde Tom nicht von der *Schneekönigin* erzählen, das würde ein falsches Licht auf die Situation werfen. Alles sollte leicht genug aussehen, um ihren Vorschlag eigenartig, aber nicht obsessiv wirken zu lassen. Das Rentier fragte die Finnin: *Aber kannst du der kleinen Gerda nicht etwas eingeben, damit sie mehr Macht bekommt?* Und die Finnin antwortete: *Ich kann ihr keine größere Macht verleihen, als sie schon hat*. Wie schwer das war, diese Antwort wirklich zu verstehen, dachte sie, aß einen der Gummifrösche und stellte den Kuchen ins Schaufenster.

Was würde passieren, wenn das Kind da war? Darüber musste sie ja zum Glück noch nicht nachdenken, jetzt erst einmal … noch ein halbes Glas Wein.

Sie stellte die Flasche zurück in den Kühlschrank. Als sie wieder aufsah, stand Tom vor dem Schaufenster. Er schien sie beobachtet und sie schien ihm gefallen zu haben – wenn das kein guter Anfang war! Sie schauten sich lange in die Augen, dann kam er herein, ging langsam auf sie zu, sie blieb stehen, er küsste sie auf den Hals und ging zu der Vitrine, in der die weißen Bikinis lagen. (Seine grauen Augen.) Dann deutete er auf den Bikini mit dem gebundenen Oberteil: »Den da würde ich gerne meiner Freundin schenken, könntest du ihn mal kurz anprobieren?«

Zum Glück hatte sie noch das halbe Glas getrunken. Sie antwortete: »Er passt ihr, aber ich kann's dir auch zeigen, wenn du willst.«

Er schaute ihr in die Augen, wie er es in der Buchhandlung getan hatte, und der Blick hatte noch immer die gleiche Wirkung. Sie ging nach hinten in die Küche. Schon rauschte es in ihren Ohren. Diese Geschwindigkeit. Diese Geschwindigkeit hatten sie immer, wenn die Hindernisse aus dem Weg geräumt waren. Kein Lenkrad weit und breit. Sie dachte nicht einmal nach. Es rauschte einfach nur, und wenn sie etwas liebte, dann das.

Er kam hinterher.

»Ich dachte, dass ihr vielleicht«, sagte er und machte die letzten Knöpfe ihrer Bluse auf, »der Schnitt ziemlich gut stehen würde.«

Sie lehnte sich an den kleinen Küchentisch. Wie er allein das Wort ›Schnitt‹ betonte.

Er zog ihr den Rock und die Unterwäsche aus und die Bikinihose an, dabei fuhr er mit der Fingerkuppe an den Stellen entlang, die verdreht waren. Dann band er ihr das Oberteil im Nacken zusammen und sagte so nah an ihrer Haut, das seine Lippen ihren Nacken berührten: »Das hätte ich gerne.«

Sie zog ihn an sich ran, küsste ihn und sagte: »Das hat seinen Preis.«

»Ach, ja?« fragte er, löste die Schleife in ihrem Nacken wieder und umfasste ihre Brüste zärtlich mit beiden Händen. »Ich glaube, das leiste ich mir heute mal.« Er küsste ihre Brüste und hob sie auf den Küchentisch.

Irgendwann hörten sie, wie jemand in den Laden kam, ein paar Schritte in den Raum ging und die Tür wieder hinter sich schloss. Wie sollte sie ihn je aufgeben, wenn es immer wieder diese Gegenwart miteinander gab, wenn diese Gegenwart immer wieder möglich wurde – nach all dem, was passiert war?

Als er ging, küsste er sie noch einmal auf den Hals, bestand darauf, die weißen Texte und eine Kopie des Trenkerfilms zu kaufen – und alles war gut. Als er weg war, holte sie die Flasche Wein aus dem Kühlschrank (auf dem Fußboden der weiße Bikini) und setzte sich in einen der Sessel in der Mitte des Ladens. Sie trank die Flasche leer und ließ den Abend kommen. Wenn es so war, musste sie ihn nicht fragen. Dann war alles möglich.

Es hatte an der Tür geklingelt. Siris Kopf dröhnte noch immer, aber das Dröhnen klang schon wie ein Echo des gestrigen Tages, als hätte sie gestern stundenlang gegen eine Felswand gerufen. Es musste Mittag sein, die Sonnenstrahlen waren kräftig und färbten den Vorhang ihres Schlafzimmers in ein goldenes Licht. Sie zog sich einen Morgenmantel an, band den Gurt zu einer halben Schleife, steckte ihre Haare hoch, und während sie zur Tür ging, dachte sie, dass sie den Rest ihres Lebens im Morgenmantel verbringen könnte.

Es war Großvater, er sah aus, als käme er gerade von einer Bergpartie.

»Guten Morgen, ich dachte … Eduard hat mich angerufen und mir gesagt, dass ich mal … du bist krank?« sagte er.

Er stand wie ein Fels ohne Brandung.

»Ich weiß nicht«, sagte sie leise und zog den Gürtel etwas fester. Sie hatte noch ein Nachthemd unter dem Morgenmantel. Sie trat zur Seite, fasste ihn an der Schulter und gab ihm einen Kuss. Irgendwie wollte sie ihm Trost zusprechen, auch wenn alles an ihm so aussah, als bräuchte er ihn nicht. Er hatte den Brief schließlich nicht gelesen. Sie ging den langen Gang entlang zu ihrem Schlafzimmer zurück. Wenn er ihr jetzt Trost zusprechen würde, dann kam die Zukunft im Morgenmantel noch näher. Im Bett zog sie ihre Decke bis unter den Hals und verschränkte die Arme.

»Was hast du?« fragte er.

»Ich … Fieber, der Kopf, die Ohren. Schon wieder, aber darum geht es nicht. «

Großvater beugte sich zu ihr: »Warum nicht?«

Sie schaute ihn fragend an. Sie wollte jetzt nicht über sich reden. Sie wollte jetzt nicht darüber reden, warum sie ihre Zukunft im Morgenmantel verbringen würde und warum sie das nicht einmal schockierte.

»Ich kann es kaum mit ansehen, wie oft du krank bist. Du bist andauernd krank, andauernd.«

Sie schwieg, hatte überhaupt keine Lust auf so ein Gespräch und hoffte nur, dass es bald vorbei war.

Aber er fuhr fort: »Man kann sich nicht nur durch Schwäche verändern. Man kann es auch in voller Fahrt.«

Wovon redete er? Es ging jetzt gar nicht um sie, auch wenn er anscheinend unbedingt über sie reden wollte, und nicht über seine Bergpartie, nicht über Großmutters Abgang, nur über sie. Dabei ging es ihrem Kopf schon besser. Außerdem: Verändern? Volle Fahrt?

Die Sätze kamen langsam bei ihr an, sie sagte leise: »Wohin denn?« und dachte: Eduard stand still, Großmutter war verschwunden, ihre Eltern schon so lange tot, Felix.

Er runzelte die Stirn, als schaute er in den schneebedeckten Horizont: »Was meinst du?«

»Wenn ich nicht einmal weiß, wo ich hin will, klingt volle Fahrt …«, sagte sie.

»Da, wo du jetzt bist …«

»Nein.«

»Kranksein ist nicht die einzige Sprache, in der du verstanden wirst. Auch Eduard kann …«

Sie schwiegen. Wirklich gesagt hatte sie sowieso schon lange nichts mehr.

Sie legte ihren Kopf in die Kissen und streckte sich unter der Decke aus. Die Farbe des Morgenmantels war nur eine Nuance dunkler als die der Bettwäsche, und hier im Bett bekam er sogar etwas Gepflegtes, so als hätte sie den passenden Mantel zum passenden Kostüm.

»Siri …«, versuchte er.

Sie wollte nicht über sich sprechen. *Er* war schließlich verlassen worden, nicht sie. Sie wollte nicht sprechen, und sie wollte ihren Namen nicht hören. Sie richtete sich auf, und plötzlich dröhnte ihr Kopf wieder so, als wäre sie gegen eine Wand gestoßen. Sie fühlte sich wattiert. Nicht einmal Großvaters geliebtes Gesicht, seine geliebte Stimme kam da hindurch.

»Ich kann nicht mehr«, sagte sie ins Dröhnen hinein, ohne damit zu rechnen, dass man diesen Satz auch hören konnte, so laut war es zwischen ihren Ohren. Aber der Satz war sichtbar zu hören gewesen, er glitt von ihrer Decke auf den Boden und blieb dort eine ganze Weile liegen.

Dann sagte er: »Das ist doch kein schlechter Anfang.«

Er schien den Satz auch noch ertragen zu können.

»Wohin?« fragte sie.

Er antwortete nicht mehr, sondern hielt sie eine Weile im Arm, den Satz wie ein Pfand in seiner Hand.

Dann sagte er: »Dass Charlotte nicht beim Bäcker war …«

Sie hob die Hand und schaute an die gegenüberliegende Wand.

»Sie ist in Wilmersdorf. In einer Wohnung, die sie schon seit einer Weile hat.« Er machte eine längere Pause. »Mit Albert.«

»Albert?« flüsterte Siri.

»Es ging seit Jahren«, sagte er leise, dann raufte er sich die Haare.

Sie schaute ihn an.

»Ich wusste es die ganze Zeit.«

»Wieso …?«

»Nur Vera ahnt nichts. Vera ist…, du kennst Vera, sie ist so…«

»Vera? Großmutter war doch ihre Freundin.«

»Nein. Sie ist ein Stern im Weltall, glühend und allein.« Er blickte auf den Boden.

»Ich…«, setzte sie an. Das hatte sie schon einmal gehört.

»Nein.«

»Aber…«

»Nein, du nicht.«

»Aber…«

»Nein, es liegt auf der Hand, aber es stimmt nicht, du glühst, aber du bist schon längst gefallen…«, er nahm ihre Hände in seine, »und das ist deine Chance.«

Sie zog ihre Ringe an und aus. Saturn, dachte sie. Wenn, dann war sie Saturn.

Er strich ihr über die Haare.

»Vielleicht will ich einfach nur abstumpfen. Ein bisschen abstumpfen.«

»Du weißt, wie lange es dauert, bis ein Stern verglüht.«

Ihre Tränensäcke sahen nun müde aus, müde und rot.

»Das wirst du nicht mehr erleben, aber alles andere schon.«

»Ich kann wirklich nicht mehr«, sagte sie leise, »das ist nicht gespielt. Ich kann wirklich nicht mehr.«

»Und Felix?« fragte er plötzlich.

Er schaute sie an.

Sie richtete sich etwas auf.

»Er braucht dich.«

»Er braucht eine Mutter«, sagte Siri.

»Du bist seine Mutter«, sagte er eindringlich.

»Ich fülle es nicht aus. Ich gebe mir solche Mühe, so zu tun, aber ich bin es nicht.«

»Woher willst du das wissen?«

»Ich …«

»Alle Eltern zweifeln. Das haben wir auch immer, ich jedenfalls …«

»Er ist nicht glücklich.«

»Charlottes Weltformel …«

Sie schüttelte den Kopf, nahm seine Hand: »Und Albert?«

»Ich weiß es nicht. Ihre Sehnsucht, ihre Abgründe, das Leben, das sie nie hätte leben können.«

Ihre Abgründe.

»Und ich die deutsche Eiche«, sagte er, »eine ziemlich alte inzwischen, aber ich wollte nie ein Tropenholz sein wie Albert. Vielleicht hat sie das auch so von mir weggetrieben, dass ich nichts anderes sein wollte. Ich konnte ihre Sehnsucht nicht spiegeln.«

»Eduard kann das auch nicht.«

»Und du kannst nicht fliehen.«

»In der Falle«, sagte sie und musste nun ein wenig lachen. »Mittendrin in der Falle.«

»Vielleicht ist es gar keine Falle, sondern ein Gerüst, das dir Halt gibt.«

»Du bist zwar ein guter Prediger, aber du bist ein Prediger, und ich glaube nicht«, sagte sie.

»Du hörst zu«, sagte er.

»Das ist was anderes«, antwortete sie.

»Das glaube ich nicht.«

Sie schwiegen eine Weile.

»Trinkst du eigentlich?« fragte sie dann.

»Im richtigen Moment …«

»Gut, dann …«, sagte sie, stand auf und ging mit ihm in die Küche: »Champagner, für alles andere ist es definitiv zu früh.«

»Champagner«, sagte er und setzte sich auf den Küchenstuhl.

Als sie die ersten paar Schlucke getrunken hatte, sagte sie: »Weißt du was: mit einem Großvater wie dir kann einem eigentlich nichts passieren.«

»Außer einer Predigt vor dem Frühstück.«

»Hab sie schon vergessen. Mach dir keine Sorgen.«

Alison und Yoko standen in der Schlange am Flughafen. Beide schauten mit schwirrendem Blick durch die Gegend. Gerade hatte Yoko Alison eröffnet, dass sie sie nach Japan begleitete.

»Hast du die auch aus dem Laden in der Rosenthalerstraße?« fragte Yoko auf einmal.

Und da fiel Alison auf, dass sie die gleichen Schuhe trugen, exakt das gleiche Modell, schwarze Stiefel mit einer blauen Naht, die senkrecht über den Spann nach oben führte.

Alison nickte: »Komisch, oder? Hast du noch andere dabei?«

»Natürlich«, sagte Yoko, »man weiß doch nie. Ich würde nie nur mit einem paar Schuhe verreisen.«

»Das hätte ich mir denken können«, sagte Alison.

»Sag bloß, das ist das Einzige, was du meinen Landsleuten bieten willst?« fragte Yoko mit Blick auf die Stiefel.

»Ich habe nicht vor, ihnen was zu bieten«, sagte Alison und griff sich mit der Hand an den seidigen Träger ihres BHs.

»Fehler!« sagte Yoko, »es kann sehr interessant mit ihnen werden, solange sie nicht betrunken sind. Wenn sie betrunken sind, werden sie banal. Aber nüchtern sind einige von ihnen nicht zu verachten.«

»Ich will sie auch nicht verachten, ich will … ach, egal, ich bin einfach nervös, verzeih mein …«

»Spießertum. Gut, tue ich. Kann jedem mal passieren, und in deiner Situation sowieso. Bin ganz erstaunt, dass man schon wieder Witze mit dir machen kann. Erstaunt und froh«, sagte

Yoko und nahm Alison in den Arm: »So schwierig unser Auftrag auch sein mag, wir verreisen zusammen. Das haben wir noch nie gemacht. Und um meine Landsleute brauchst du dir auch keine Sorgen zu machen: sie lieben Frauen wie dich. Klein, mit diesen bestimmten Kurven, die wir alle nicht so recht zu bieten haben.«

»Yoko«, sagte Alison.

»Ich wette, du bist überhaupt nicht so schüchtern, wie du immer tust. Kein Mauerblümchen trägt solche Unterwäsche.«

»Woher …?« fragte Alison.

»Ich sehe so etwas«, flüsterte Yoko, dann fuhr sie mit normaler Stimme fort: »Ich hab übrigens das Hotel aus dem Film gebucht. Du hattest doch noch keins, oder?«

Alison schüttelte den Kopf.

»Zwei Einzelzimmer«, fuhr Yoko fort, »ich dachte, du würdest viel allein sein müssen. Und ich auch.«

Einzelzimmer. Allein sein. Ein Hotelzimmer. Alison hatte noch gar nicht an ein Hotelzimmer gedacht, so weit war sie noch gar nicht gewesen. Yokos Schwung tat ihr gut. Eigentlich konnte ihr nichts Besseres passieren, als Yoko an ihrer Seite zu haben. Und irgendwie freute es sie auch, dass Yoko von ihrer Unterwäsche wusste.

Die dunkelblau gekleidete Dame des Bodenpersonals händigte ihr den Pass wieder aus, machte mit Kugelschreiber einen Kringel auf der Bordkarte und wünschte eine gute Reise. In dem Kugelschreiber war ein Fenster, durch das eine Berglandschaft zu sehen war, durch die eine winzige Gondel fuhr. Die Gondel war quittegelb und fuhr von einer Seite des Fensters an gezuckerten Tannenbäumen und Hüttendächern vorbei zur anderen Seite, wenn die Stewardess den Stift kippte; und sie kippte ihn ständig, wenn sie sprach und nicht schrieb, sie kippte ihn von einer Seite zur anderen, bis den winzigen Skifahrern, die dicht gedrängt in der Gondel standen und sich an ihren Skiern festhielten, ganz anders werden musste von dem schnellen Hin und Her.

»Meinen Sie nicht, dass sie mal oben ankommen wollen?« fragte Alison.

Die Stewardess schaute sie fragend, aber unverändert höflich an: »Wie bitte?«

»Meinen Sie nicht, dass sie mal oben ankommen wollen, an der Bergstation, meine ich«, sagte sie weiter und deutete auf den Kugelschreiber.

Die Stewardess lächelte verlegen, es fiel ihr offenbar keine andere Antwort ein, als den Kugelschreiber abzulegen und sich zu entschuldigen.

Yoko sagte: »Das scheinen sie gewöhnt zu sein.«

Und Alison fuhr fort, indem sie auf den nun in Ruhe liegenden Kugelschreiber deutete: »So ist es auch nicht besser, so hängen sie in der Mitte fest.«

»Hartes Los«, sagte Yoko und verabschiedete sich von der verwirrten dunkelblauen Dame des Bodenpersonals.

Sie gingen an den Schaufenstern der Haupthalle vorbei.

»Das Hotel aus dem Film?« fragte Alison dann. »Welchem Film eigentlich?«

»Lost in Translation«, antwortete Yoko.

Die rosa Perücke.

Jetzt gab es also ein Hotel, von dem man über die Stadt schauen konnte wie Scarlett Johansson, in dem man die Zeit absitzen konnte und in dem man Männer wie Bill Murray in Bars kennenlernen konnte. Und es gab eine Gästeliste, in die ihr Name eingetragen war, mit lateinischen oder japanischen Zeichen, so oder so: Alison Ginster.

»Ich muss noch Zigaretten kaufen«, sagte Alison.

»Seit wann rauchst du wieder?« fragte Yoko, und Alison zuckte mit den Schultern. Yoko fuhr fort: »Na, endlich, ich dachte schon, du würdest wirklich alt werden wollen: mit Pflegeheim, Inkontinenz und dem ganzen Programm. Rauch, so viel du kannst, und hab ja kein schlechtes Gewissen dabei. Leben und sterben.«

»Leben und sterben?« wiederholte Alison, macht eine Pause und sagte dann: »Ich glaube, ich muss mit beidem erst einmal anfangen.«

»Los«, sagte Yoko und zeigte auf die Anzeigentafel der Abflüge, »es wird Zeit.«

Mitten in der Nacht. Die Weinflasche war schon lange leer, die Rollläden waren heruntergelassen, Friederike lag auf dem Sofa hinter ihrem Schreibtisch. Die Zeit hatte sich im Raum aufgelöst. Sie wollte heute nicht mehr nach Hause, sie wollte im Laden bleiben. Sie blätterte noch einmal in den weißen Texten, las über die Stille, verwischte Spuren und den einen Husten, der die Schneeschicht ins Rutschen bringt. Und vielleicht würde es ein Fehler gewesen sein, das zu lesen, weil ihre Sehnsucht zur Abwechslung mal ganz ruhig an seinem Platz war. Aber bisher bewegte sich nichts. Alles war gutgegangen. Sie hatte sich mit Tom und in ihrem Körper wohlgefühlt, selbst im Bikini. Alles war gutgegangen.

Das Licht war aus, die Nachtschwärze Berlins drang durch die Ritzen der Rolläden zu ihr hindurch. Paare lachten, quatschende Gruppen kamen aus den Mitte-Bars, und sie war allein hier hinter ihren Rolläden inmitten der letzten verbliebenen weißen Dinge, die sie in den nächsten Tag im Preis reduzieren und ausverkaufen würde. Schon als Kind war sie ihre Sachen auf dem Flohmarkt als Erste losgeworden. Sie hatte immer schon den richtigen Ton gefunden und sich auch von klein auf gerne von ihren Dingen getrennt. Nur die Dinge, die sie gefunden hatte, an denen hing sie, von denen trennte sie sich nur höchst widerwillig.

Die weiße Tasche hatte sie zum Beispiel vor Jahren in Schweden auf einem Flohmarkt gekauft. Und der Inder, der sie ihr verkauft hatte, hatte erzählt, es sei die Tasche gewesen, mit der Salman Rushdies Tante immer einkaufen gegangen war, und dass er nur deswegen in ihren Besitz gekommen wäre, weil er erraten hätte, was sie mit ihr eingekauft hatte. Und bevor er es verraten konnte, hatte sie Edelsteine gesagt (weil sie sofort ein Bild von dieser funkelnden Tante vor Augen hatte), Edelsteine. Der Inder hatte sie angeschaut, war etwas zurückgewichen, hatte ihr die Tasche mit ausgestreckter Hand hingestreckt, den Preis genannt und gemeint, sie dürfe sie erwerben, sie sei ihrer würdig. Und so erwarb sie diese wunderbare Tasche. Sie war ziemlich teuer, natürlich schenkte der Inder sie ihr nicht (dafür war er zu sehr Händler), aber immerhin. Sie hatte die Tasche nie benutzt und sich geschworen, sie in gleicher Art einmal weiterzuverkaufen, weil es einfach zu schön war und weil ein Laden, in dem es so eine Geschichte zu verkaufen gab, nur unter einem guten Stern stehen konnte; und wenn sie dann einmal verkauft werden würde, dann wäre es eben ein Laden gewesen, in dem es so eine Geschichte zu verkaufen gegeben hatte, und das würde seine Anziehungskraft nicht im Geringsten mindern.

Und nun hatte sie so einen Laden, und die Tasche tat ihre Dienste, sie hatte noch keinen wirklich schlechten Tag, und wenn ein solcher drohte, fing sie an, vor der Tür Limonade zu verschenken, und schon hatte sie die Kinder im Laden und mit ihnen die Mütter. Es kam fast jeden Tag jemand, der sagte, ihr Laden sei irgendwie wunderbar, hätte einen besonderen Zauber oder sei wie aus einer anderen Welt. Und immer wenn sie einen solchen Kommentar hörte, lächelte sie und dachte im Geheimen an Rushdies Tante und ihre Edelsteine. Es hatte noch niemand nach dem Preis für die Tasche gefragt, und sie hatte sich geschworen, niemandem ungefragt davon zu erzählen, auch wenn ihr dies schwerfiel, besonders bei Kunden, die einen Sinn dafür hätten, die diese Geschichte herumtragen würden, wie man die Tasche herumtragen sollte – stolz und geheimnisvoll.

Wenn sie so temperiert wäre wie Yoko, dann würde sie jetzt nach Hause gehen, ein Glas Milch trinken, Zeitung lesend auf die Müdigkeit warten und dem nächsten Morgen für seine Abkühlung danken. Aber das konnte sie nicht, sie konnte sich nicht von ihrer Sehnsucht ablenken, und sie wollte es auch gar nicht. Sie verriet sich nicht für ein bisschen Nachtschlaf, immer noch nicht, auch wenn das inzwischen eher albern als leidenschaftlich war. Sie hatte immer noch dieses schnell ansteigende Fieber, und sie würde es auch nicht loslassen. Solange in der Küche noch sein Geruch hing und der Bikini auf dem Boden lag, würde sie nicht nach Hause gehen. Außerdem war sie in seinem Geruch mehr zu Hause als in ihrem Bett. In ihrem Bett war sie allein, und hier war die Luft erfüllt von all dem, was vorhin geschehen war. Und es war diesmal kein Phantasma, das sie in Beschlag nahm, sondern etwas ganz Reales: der Duft, das umgekippte Glas auf dem Küchentisch, ein Trenker-Video weniger. Alles auf der Ebene der Poren, nicht der Nerven. Sie strich sich über den nackten Arm. Sie würde ihn morgen früh nicht anrufen dürfen, sonst würde alles wieder von vorne anfangen. Ein Husten genügte. Und alles rutschte – ins Tal.

Ihre Sehnsucht war gefräßig, unersättlich, nicht stillbar. Überall lauerte der Mangel, und überall, wo es nicht zu viel war, fühlte sie sich betrogen. Alles, was nicht dieses Zuviel fütterte, rutschte weg; alles, was nicht dieses Zuviel fütterte, stellte nur Anmerkungen zu einem Text dar, der einen einzigen Namen wiederholte, drei Buchstaben hintereinander, sich tummelnd, türmend, tausendfach: Tom.

Irgendwann schlief sie ein, und als sie wieder erwachte, fiel ihr Blick auf das Telefon. Sie setzte sich auf, ihr Hals spannte, ihr linker Arm war taub. Wie viel Uhr es wohl war? Es war immer noch ganz still, aber es dämmerte jetzt. Tom. Sie lauschte in die Stille hinein. Etwas war da zu hören. Vielleicht schneite es draußen. Irgendwie knisterte es, als rieben die Schneekristalle aneinander. War nicht einer der Helden ihrer Texte auch inmitten des größten Unwetters eingeschlafen? Draußen gedämpfte Schritte. Schritte auf Schnee. Tom. Kein Knarzen, dafür war der Schnee noch zu frisch. Was würde sie jetzt dafür geben, eine Schneewelt zu durchwandern, bis es wieder Abend wurde und dieser Tag, an dem Tom nicht angerufen haben würde, vergangen war?

4 Weiß ist keine Farbe

Über Alison flirrte ein elektrifiziertes Bild von Punkten und Linien – das gefürchtete U-Bahn-Netz, das einzige Bild, in dem sich Tokio bis jetzt gezeigt hatte. Es erinnerte sie an ein Kunstwerk, das sie einmal im *Hamburger Bahnhof* gesehen hatte und das etwas mit Sternbildern zu tun gehabt hatte, wenn sie sich nicht irrte. Sie versuchte durchzuatmen. Erst einmal nur an das Bild denken, an Berlin, den *Hamburger Bahnhof* – seine klaren Strukturen, seine großzügigen Linien, das kühle blaue Licht. Und Zug fahren, vom Flughafen in die Stadt fahren und an nichts anderes denken.

Yoko war verschwunden, sie war mit ihr in diesen Zug eingestiegen, und jetzt war sie verschwunden. Erst Victor, jetzt Yoko. Und schon wieder hatte sie das Gefühl, dass es kein Unfall war, kein Zufall, nichts, was hätte anders sein können. Schon das zweite Mal in so kurzer Zeit das gleiche Gefühl. Als hätte sie beim ersten Mal etwas falsch verstanden.

Sie war den ganzen Zug auf- und abgelaufen und hatte alles abgesucht, auch die Toiletten. Yoko musste einfach wieder ausgestiegen sein. Sie wollte nicht darüber nachdenken, warum das passiert war, vielleicht war das eine Form von Diskretion, Yoko nicht zu folgen, auch nicht mit ihren Gedanken. Jemanden zu verfolgen, der weg war, machte nicht weniger einsam, als einfach da zu bleiben, wo man einsam war – so viel hatte sie verstanden in den letzten Tagen.

Auf dem Wirrwarr über ihr blinkten nun ein paar Punkte auf. Ob das bedeutete, dass man vom nächsten Halt dorthin umsteigen konnte oder dass an diesen Bahnhöfen Giftgasalarm war, wusste sie nicht. Dann doch eher Umsteigen. Aber wohin sollte sie umsteigen? Sie wusste noch nicht einmal, wie das Hotel hieß, in dem sie wohnen sollten.

Was war nur mit ihrem Leben? Sie wollte nicht alleine durch Japan reisen. Von ihr aus hätte es für immer so weitergehen können. In Berlin mit Victor. Ihre Schaffenskrise und ihre Faulheit wären auch irgendwann wieder vorbeigegangen, sie hätte zwei bis drei Ausstellungen im Jahr gehabt, mit ein bis zwei ganz guten Kritiken und ein paar verkauften Bildern. Sie hätte weiter ihr Geld mit den Zeitschriften-Illustrationen verdient, und irgendwann hätten Victor und sie Kinder bekommen, drei Töchter, wenn es nach ihm gegangen wäre. Mit drei Töchtern wäre er vielleicht auch nicht mehr abgetaucht, sie hätten dieses Loch vielleicht geschlossen, aus dem er immer wieder fiel. Dann säße sie jetzt jedenfalls nicht alleine in einem überfüllten japanischen Zug.

Das Leben mit Victor war so nah gewesen, dass sie noch nicht einmal versucht hatte, danach zu greifen. Und nun wusste sie auch nicht mehr, in welche Richtung ihre Hand tasten sollte. Vielleicht hätte sie doch danach greifen sollen, vielleicht wäre Victor noch hier, wenn sie ein Kind gehabt hätten, oder zwei oder drei. Vielleicht musste man doch ein paar der offenen Räume schließen, wenn man in die Dreißiger kam, vielleicht war es nicht möglich, so viele Räume offenzuhalten, vielleicht hielt man das nicht mehr aus; vielleicht ging es genau um diese Balance: welche Räume man offenließ und welche man schloss. Vielleicht war zu viel Freiheit in diesem Alter ein Schicksal, das nur wenige aushielten. Vielleicht. Jedenfalls hatten sie keine Kinder, hatten es noch nicht einmal versucht, und Victor war nicht bei ihr.

Ihr gegenüber saß eine junge Frau mit einem kleinen Jungen, der sie ansah, als käme sie von einem anderen Stern. Vielleicht stimmte das sogar, vielleicht kam sie auch von einem anderen Stern, und vielleicht würde sie nie Kinder haben, nicht einmal einen Sohn. Nie – weder mit Victor noch mit einem anderen Mann. Sie war schon dreiunddreißig. Dreiunddreißig und allein.

Sie versuchte die beiden Dreier herunterzuschlucken, aber sie sperrten sich, verkeilten sich und steckten nun fest in ihrer Kehle. Mit diesem Kloß im Hals kam sie sich noch mehr wie eine Frau von einem anderen Stern vor, eine Außerirdische mit Adamsapfel, in dem ihr Alter feststeckte. Sie schluckte, aber es rührte sich nichts. Jetzt würde gleich etwas passieren, sie würde in Tränen ausbrechen oder rot anlaufen. Sie nahm ein Haarband aus der Tasche und band sich die Haare zusammen.

Der kleine Junge gegenüber fragte seine Mutter offensichtlich über sie aus, aber die Mutter ignorierte die Fragen und schaute weiter aus dem Fenster. Also schaute sie auch aus dem Fenster, streckte ihre Arme über ihre Schultern nach oben und begann, noch ganz vage, sich vorzustellen, dass man sich so etwas wünschen konnte: Alleine einen Weg zu gehen.

Grau war es, dieses Japan, das sich im Vorbeifahren zeigte, und außer den Plakaten mit den Schriftzeichen viel weniger fremd als erwartet. Sie hielt die Füße über dem Boden, als müsste sie gleich bremsen oder etwas abfangen. Langsam bemächtigte sich Tokio der Vorstädte. Der Verkehr wurde mehr, die Autos, die Fußgänger, die Straßenzüge wurden größer. Unendlich viele kleine Fenster in Wolkenkratzerfronten und eigenartig gleichförmige Häuserformationen. Die Geschwindigkeit des Straßenflusses kam ihr anders vor als in allen Ländern, in denen sie bisher gewesen war. Der Verkehr floss schneller, die Fußgänger gingen schneller, und gleichzeitig erschien alles insgesamt langsamer. Vielleicht weil es kaum abrupte Wendungen gab, kaum jemand, der plötzlich quer ging, und kaum jemand, der bremste, stehen blieb, weiterging. Dafür war hier wohl zu wenig Platz. Auf der linken Seite eine riesige Schwimmhalle. Der rote Badeanzug.

Der kleine Junge gegenüber zupfte nun seine Mutter am Ärmel, um ihr zu zeigen, dass die Frau vom anderen Stern weinte. Sie drehte ihren Kopf weg, und da bemächtigte sich ihrer die Sehnsucht, wie sich Tokio der Vorstädte bemächtigt hatte. Wie sie es vermisste, die Frau seines Lebens zu sein. Was für eine Frau würde sie sein, wenn sie nicht mehr die Frau seines Lebens war?

Die Mutter gegenüber sagte jetzt etwas Strenges, murmelte in Alisons Richtung eine Entschuldigung und setzte sich auf die andere Seite.

Sie weinte einfach weiter, und durch den Tränenschleier hindurch blinkten die Leuchtreklamen Tokios.

Als der Zug nach einer langen Ansage, in der irgendwo die Wörter *Tokio Mainstation* versteckt waren, endlich hielt, wischte sie sich die Tränen aus den Augen, versuchte sich aufzurichten und stieg aus. Sie wartete, bis alle anderen Passagiere an ihr vorbeigelaufen waren. Der kleine Junge wollte ihr mit einem scheuen Blick winken, aber die Mutter zog ihn weg, als hätte er etwas Indiskretes getan.

Neben ihr stand ein Getränkeautomat. Sie holte ihre Sonnenbrille und den Lippenstift heraus und zog ihre Lippen nach, dann steckte sie eine Münze in den Schlitz des Getränkeautomaten und drückte auf den Schalter neben der hellgrünen Dose mit den stilisierten Bambusstäben. Kurz passierte gar nichts, dann ratterte es, und eine dunkelbraune Dose mit beigefarbenen Comic-Wolken fiel in die Lade. Eiskalter, zuckersüßer Milchkaffee. Jetzt eine Zigarette. Wenn Victor schon nicht mehr in ihrer Nähe rauchte, dann rauchte sie wenigstens in ihrer Nähe.

Ein Mann kam auf den Bahnsteig gelaufen, schaute auf die Tafel, die die Ankunftszeit des Zuges angezeigt hatte, dann den leeren Zug entlang. Er sagte etwas vor sich hin, legte sein Gesicht kurz in beide Hände und steckte sich auch eine Zigarette zwischen die Lippen. Als er sie anzündete, entdeckte er sie. Sie drückte ihre Sonnenbrille mit dem Zeigefinger auf den Steg. Er nahm einen Zug und ging dann langsam auf sie zu. Als er vor ihr stand, fragte er in gutem Englisch: »Worauf warten Sie denn?«

Und sie antwortete mit verschnupfter Stimme: »Aufs Ankommen, glaube ich.« Sie nahm einen Zug, schaute ihn noch einmal kurz an und fragte dann: »Und Sie?«

»Zu spät«, sagte er, »und diesmal, fürchte ich, zum letzten Mal. Sie hat mir nicht einmal fünf Minuten gegeben.«

Sie schwieg.

»Yoshihiro«, sagte er dann, »mein Name ist Yoshihiro. Darf ich Ihrem Koffer helfen?«

»Fragen Sie ihn«, antwortete sie und lächelte ihn an.

Sie konnte schon wieder lächeln.

»Der wird leichter zu überreden sein als Sie«, sagte er und lächelte zurück.

Da irrte er sich, dachte sie, und sie gingen gemeinsam den Bahnsteig entlang Richtung Ausgang.

Yoshihiro lotste sie zum Taxistand. »Wo wohnen Sie?« fragte er, als sie eingestiegen waren.

»Ich weiß nicht«, antwortete sie zögernd und umschloss die beiden Griffe der weiß bezogenen Kopfstützen mit den Fingern. »Ich habe meine Freundin verloren, sie ist Japanerin und wusste, wo wir hinmüssen.«

Yoshihiro schaute sie mit lachenden Augen von der Seite an und sagte: »Genauso geht es mir auch.« Dann beugte er sich nach vorne und nannte dem Fahrer irgendeine Adresse, in der das Wort *Hoteru* vorkam. Nach einer Weile sagte er: »Und was meinen Sie, gefällt es Ihrem Koffer, von einem Fremden im Kofferraum entführt zu werden?«

»Erstaunlich gut«, antwortete sie, verwundert über ihre eigenen Worte, »solange ich ihm keine Gesellschaft leiste.«

»Das ist Ihre Entscheidung«, sagte Yoshihiro und schaute aus dem Fenster.

Es durchzuckte sie. Etwas an dieser Vorstellung war aufregend. Sie schaute ihn von der Seite an, er hatte dunkle Haut für einen Japaner und ein scharfgeschnittenes, schönes Profil. Sie zog an dem Gürtel ihres Mantels und steckte sich die Sonnenbrille in die roten Haare. Er sollte ruhig sehen, was für verweinte Augen zu dem Lippenstift gehörten.

Sie schwiegen. Das war das erste Mal in ihrem Leben, dass sie mit einem Fremden gesprochen und sich dabei nicht unwohl gefühlt hatte.

Tokio nahm langsam Gestalt an. Das blinkende Netz der U-Bahnen hatte ein fast realistisches Bild der Stadt gezeichnet. Das Straßenbild dagegen zerfiel mit jedem Blick in hunderttausend Pixel. Die Menschen waren nicht so angezogen, wie sie es erwartet hatte. Die schwarz gekleideten Japaner mit den asymmetrischen Rocksäumen schienen eine europäische Version zu sein, die es hier kaum gab; doch die Schulmädchen, die an einer Ampel warteten und sich gegenseitig Bilder in ihren Telefonen zeigten, entsprachen mehr ihrer Vorstellung. Sie hatten gefärbte Haare, bonbonfarbene Kniestrümpfe und Hello-Kitty-Figuren auf kleinen Plastikkoffern. Ansonsten liefen vor allem farblos gekleidete, müde Gestalten herum, die Aktenkoffer oder Plastiktüten bei sich trugen. Das alles berührte sie kaum. Vor einem großen Wolkenkratzer-Hotel stiegen sie aus. Der Kofferraum öffnete sich mit einem Geräusch, das wie Ächzen klang. Sie betrachtete ihren Koffer mit dem Anflug eines schlechten Gewissens. Dann holte Yoshihiro ihn heraus und trug ihn in die Lobby.

Die Lobby war riesig, überall standen hohe Vasen mit weißen und pflaumenfarbenen Blumen. Auf den Sitzgruppen in der Mitte der Lobby saßen mehrere Personen, die an Laptops arbeiteten oder sich geschäftig unterhielten. Aus dem Augenwinkel nahm sie auch eine Gruppe Europäer wahr, die am anderen Ende des Raumes zusammenstanden. Zuerst nur die Vertrautheit ihrer Haltung, dann eine Schulter, einen Nacken.

Ein Faustschlag in den Magen.

Sein Nacken, seine Schulter. Sie riss sich die Brille aus den Haaren und schob sie hektisch auf die Nase.

Von einer der Blumenvasen verdeckt, sein Hinterkopf.

Victor?

Sie ging weiter. Sie war sich nicht sicher, aber die Haltung der Schulter … Jetzt bloß nicht umdrehen. Das konnte doch nicht wahr sein! Hatte sie ihn schon gefunden? Sie folgte Yoshihiro an die Rezeption, hielt sich am Tresen fest und versuchte, sich auf die Rezeptionistin zu konzentrieren. Sie hatte schiefe Zähne, eine komplizierte Hochfrisur und ganz kurze, weiß lackierte Fingernägel. Victor? Sie versuchte seine Stimme aus der Geräuschkulisse herauszufiltern, aber der Raum war zu groß dafür. Er war es nicht. Er konnte es nicht sein. Ein Phantom. Yoshihiro schaute sie fragend an.

Sie nickte und blieb so lange mit dem Rücken zur Lobby an der Rezeption stehen, bis Yoshihiro für sie die Formalitäten geregelt hatte. Sie knöpfte ihren Mantel auf und zu. Sie konnte sich nicht umdrehen. Aber wenn das ihre letzte Chance war, Victor zu treffen, wenn sie ihn sonst nie wiedersehen würde? Sie versuchte ihren Kopf zu drehen, aber es ging nicht, sie konnte es einfach nicht.

Die Rezeptionistin gab Yoshihiro den Pass aufgeschlagen zurück. Jetzt würde sie gleich in ihr Zimmer dürfen. Das war das Einzige, was sie jetzt noch wollte: in ihr Zimmer, dem Phantom die Tür vor der Nase zuschlagen.

»Sie heißen Alison Ginster?« fragte Yoshihiro.

Sie schaute ihn fragend an.

»Nichts«, sagte er, »schöner Name, passt zu Ihren roten Haaren.«

Sie stockte.

»Ginster: Schmetterlingsblütler. Auch das passt.«

»Ich möchte jetzt«, rang sie sich ab, »erst einmal duschen«, aber ihre Stimme zitterte schon. »Müde«, schob sie nach.

»Natürlich«, sagte er und wurde auf einmal sehr förmlich. Er verbeugte sich und wies mit der Hand auf die Reihe von Aufzügen. »Ich werde in ein paar Stunden nach Ihnen schauen«, sagte er dann und verbeugte sich erneut.

Jetzt würde sie allein bis zu den Aufzügen laufen müssen. Sie bedankte sich murmelnd und blickte zu Boden. Es waren ungefähr zwanzig Schritt. Noch einmal dachte sie kurz, sie sollte doch umkehren, nachsehen, ob es tatsächlich Victors Schulter gewesen war und nicht die eines Phantoms, ob sie tatsächlich in dem Hotel gelandet war, wo Victor war, aber es ging nicht, selbst wenn sie ihn dadurch für immer verlieren würde, es ging nicht. Sie musste alleine in den Aufzug steigen und dem Phantom weiter durch Tokio folgen, bis es sich zeigte oder auflöste.

Eine junge Frau mit graublauen Augen sprach Yoko an, einen Stadtplan und ein deutsch-japanisches Wörterbuch in der Hand. Sie betonte jede einzelne Silbe und schaute ihr dabei auf den Mund, als könnte sie aus der regungslos geschwungenen Linie der Lippen ihre nächsten Worte ablesen. Das Geräusch, das die Worte machten, verband sich mit dem Rattern des Zuges, der gerade vor ihren Augen verschwand. Der Zug wurde immer kleiner, und Yoko stand auf dem Bahnsteig des Flughafens in Tokio. Es war alles so schnell gegangen. Und jetzt stand sie hier, und Alison saß auf einem der glänzenden Zugstühle inmitten von Geschäftsmännern und fuhr nach Tokio, auf der Suche nach der Frau, die es vielleicht gar nicht gab.

Die junge Frau mit den graublauen Augen versuchte es erneut. Und irgendwie gefiel es Yoko, dass sie scheinbar noch japanisch genug aussah, dass man sie auf Japanisch um Hilfe bat. Und obwohl die Frau sogar eine recht passable Aussprache hatte, hätte sie sie am liebsten gefragt, ob es in ihrem Land Jahreszeiten gab.

Sie schaute sich um – das erste Mal seit der Landung: Narita, der Flughafen von Tokio, von dem sie mit den Röntgenbildern ihres toten Vaters aufgebrochen war. Die junge Frau fragte sie nun etwas über die Zugfahrkarten. Yoko schüttelte den Kopf und blickte zu Boden, als verstünde sie nicht. Dann antwortete sie schnell und nicht besonders deutlich auf Japanisch, sie sei Deutsche und habe nicht verstanden, was sie gerade gesagt habe. Auf der Stirn der Deutschen zeigte sich eine steile Falte, sie hielt kurz inne und sagte dann, genauso gehe es ihr auch.

Yoko ging den Bahnsteig entlang Richtung Haupthalle. Langsam begann Japan zu ihr durchzudringen. Zuerst die Geräusche. Die Stimme der Ansagerin tönte, als überdrehe sie jede Sekunde wie die Rotorblätter eines Plastikhubschraubers. Das Schlurfen der über den Boden gezogenen Schuhe, das ferne Kichern einer Schulklasse. Sie ging jetzt tatsächlich auf die Stadt zu, in der all dies passiert war. Neben ihr zog sich ein Mann eine Dose Kaffee aus dem Automaten. Die Stimme des Automaten, das Klackern der fallenden Dose. Wenn ihre Mutter am Telefon nicht gesagt hätte, dass ihr Mann lebe und ihre Tochter tot sei, dann säße sie jetzt am Hackeschen Markt und tränke Milchkaffee. Aus einem hohen Glas, nicht aus der Dose.

Jetzt die ersten Oberflächen. Alles war so glänzend hier, der Boden, die Automatentüren, die Scheiben der Züge – alles glänzte. Aber man sah dem Glanz seine Erschöpfung an. Seit den achtziger Jahren zu glänzen war keine leichte Aufgabe, der Wirtschaftsboom war lange vorbei. Die jungen Männer sahen entspannter aus. Früher gab es die Geschäftsmänner, die punkige Subkultur und ein paar Mutige, die versuchten, den Raum dazwischen zu beleben; jetzt überwucherte dieser Zwischenraum die beiden Pole fast. Zwischen Seitenscheitel und Irokesen wuchsen die Haare in die Stirn, wurden gefranst und gefärbt und durften endlich so fallen, wie sie am schönsten waren: gerade, glatt und schwer. Nichts war unattraktiver als kurzes japanisches Haar. Wer wollte schon mit einer Bürste schlafen?

An einer Säule lehnten gleich zwei dieser langhaarigen Prachtexemplare. Vielleicht sollte sie gleich heute oder morgen mit einem dieser Jungs schlafen, um ein Gespür für die Zeit zu bekommen, die vergangen war; und vielleicht sollte sie danach in ein Teehaus gehen und sich nach allen Regeln der

Kunst benehmen, um der Zeit habhaft zu werden, die nicht vergangen war und niemals vergehen würde.

Sie kaufte sich auch einen Milchkaffee aus dem Automaten und setzte sich auf eine der Bänke, in die jemand mit einem Taschenmesser ein Yen-Zeichen eingeritzt hatte. Ein neuer Zug war angekommen, und die Menschen hetzten an ihr vorbei. Diese Hetze hatte sie fast vergessen. Wie wenig Zeit gab es hier auf wie wenig Raum.

Die Blicke der Menschen blieben nicht an ihr hängen. Wie wenig man sich hier im Laufe des Tages berührte, und wie ausgeschlossen ein Blick in die Augen war. Die Körper der Männer schauten in ihre Richtung, und ihr Gesicht tat gleichzeitig, als ginge es zur Arbeit. Wie sichtbar die Vermeidungsstrategien hier waren.

Sie trank den letzten Schluck aus der Dose, als ihr Alison wieder einfiel – mit einem Stich in die Magengrube wieder einfiel. Sie hatte sie im Stich gelassen. Stich, dachte sie dann. Alison musste ihn selbst machen, nicht sie. Bis der Strom der Vorbeieilenden abebbte, hatte sie noch zwei Bilder im Kopf: ein Kartenspiel und eine Nadel, dann wurde es wieder ruhig auf dem Bahnsteig. Sie hatte nicht geplant, Alison allein zu lassen. Sie war einfach wieder zurückgegangen, obwohl sie die Schwelle schon überquert hatte.

Sie ging an einem Bus entlang, der demnächst nach Kioto aufbrechen sollte, und schaute sich die Passagiere an. Ganz hinten saß ein schöner junger Mann, dessen Haare sich bis auf die Schultern ergossen. Er trug eine Sonnenbrille und ein lässiges weißes Hemd. Er nahm die Brille ab und schaute sie herausfordernd an. Sie kaufte ein Ticket und einen Bento, einen dieser kleinen Kästen mit japanischen Speisen, und stieg ein. Durch den langen Gang entlang bis nach hinten durch spürte sie, wie ihre Beine in ihrer Hüfte drehten, dann setzte sie sich direkt neben ihn, so dass ihre Schulter seine Schulter berührte, und sagte nichts. Sie begann die einzelnen Speisen aus ihrem Bento zu essen: ein eingelegter Rettich, gekochte, gesalzene Edamame-Bohnen, ein kleiner Happen Teriyaki-Lachs. Sein Hemd hob und senkte sich sichtbar, eine Haarsträhne stieß auf ihre Schulter, und seine Augen schauten auf die Speisen, die in den Unterteilungen des Bentos noch auf sie warteten. Sie begann den Duft zu riechen, den seine Haare verströmten.

In der Mitte der Reisfläche, die die größte Abteilung des Bentos füllte, lag eine kleine, sauer eingelegte Pflaume. Der Saft der Pflaume hatte einen dunkelvioletten Hof um die Frucht gelegt, die Farbe war in die weiße Fläche gesickert, hatte einzelne Reiskörner getränkt und seine Säure abgegeben. Als sie die Pflaume mit den Stäbchen anhob, zeigte sich dort eine Form, die dem Mond glich, wenn er sich in bewegtem Wasser spiegelte. Sie biss ein Stückchen davon ab, dann hob sie eine große Portion Reis an und legte sie sich auf die Zunge. Sie schloss die Lippen und schmeckte den Reis. Der milde Geschmack verband sich mit der Säure, umhüllte sie und löste sie von ihrer Zunge. Sie legte die Hand mit den Stäbchen ab und schaute ihm in die Augen. Sein Blick war nun ganz ruhig. Dann beugte er seinen Kopf hinunter, leckte die süßliche Misosauce von der gebratenen Aubergine, kam wieder hoch und küsste sie, als wäre das die übliche Form der Speiseabfolge. Und er schmeckte ziemlich gut.

Sie zerdrückte etwas Wasabi, das in einem kleinen Hügel neben den rohen Thunfischscheiben lag, zwischen den Fingerkuppen, schob ihre Hand unter sein offenes Hemd in den Raum, den sein Herzschlag und sein wieder schwerer gewordener Atem bespielte, und rieb die grüne Paste auf seine Brustwarzen. Er lachte und sagte: »Später«, auf Englisch mit starkem japanischem Akzent. Sie nahm die Stäbchen wieder in die Hand.

Er sprach Englisch. Sie aß das Sashimi. Was an ihr hatte sich so verändert, dass er Englisch mit ihr sprach? Für eine Deutsche sah sie wie eine Japanerin aus und für einen Japaner wie eine Ausländerin. Die Jahre waren doch nicht spurlos vorbeigegangen. Aus irgendeinem Grund wurde sie rot. Das war ihr nicht mehr passiert, seit ihr in der Schule der Rock gerissen war. Aber der Schöne sah es nicht, sondern blätterte in seinem Manga, das ein Pärchen bei allen möglichen Stellungen zeigte, wobei die Frau Stiefel und eine Art Motorradgürtel trug. Er hielt ihr verschiedene Bilder hin und schaute sie fragend an. Manchmal nickte sie, manchmal er, manchmal schüttelte er den Kopf, manchmal lachte sie. Er gefiel ihr. Die Iris ihrer Augen schien für ihn keine mysteriöse dunkle Scheibe zu sein, sondern etwas, in dem er lesen konnte, das ihn reizte, ihr nachzuspüren, hinterherzukommen. Bei deutschen Männern hatte sie immer das Gefühl, dass ihr Blick an dem Schwarzbraun abprallte, so als trüge sie kleine Wehrschilder um die Pupillen herum.

Als sie in Kioto ankamen, stieg sie mit ihm in ein Taxi und zog ihre Unterhose aus, er strich sich das Wasabi von der Brust und fasste ihr dann zwischen die Beine. Es brannte so, wie sie es sich vorgestellt hatte. Sie fragte ihn nach seinem Namen, und er antwortete: »James.«

So wie sie den Mann genannt hatte, der nach Friederikes Fest aus ihrer Wohnung verschwunden war. Schon wieder eine Dopplung. Warum doppelte sich alles, wenn man in der Mitte des Lebens angekommen war? War das ein Zufall, ein Versehen oder ein Hinweis, dass die Zeit, die bis dahin vor einem hergestürmt war, als könnte man sie niemals einholen, nun ablief?

Sie fuhren in ein Hotel, das er ausgesucht hatte und das ganz ohne Umschweife nur dazu da war, einen gemeinsamen Raum zu liefern, in dem es ein Bett und eine Dusche gab. Für ihn schien das ganz normal – diese Abwesenheit von romantischen Verzögerungen. Vielleicht war das japanisch, dachte sie, vielleicht war das die Folge einer Kultur ohne Minnesang und romantischen Kodex?

Der Sex mit ihm war dann nicht wie ein One-Night-Stand mit einem fremden Mann aus einem Bus, der in die falsche Richtung gefahren war. Sie schliefen miteinander, als wüssten sie schon. Seine Haut war so weiß wie ihre. Wenn ihre Beine nebeneinanderlagen, konnte sie mitunter keinen Unterschied mehr feststellen – bis sie irgendwann rötliche Stellen bekam von seinen Küssen. Sie schliefen so lange miteinander, bis sie in Japan angekommen war. Und irgendwann in einem Moment, in dem sie erschöpft auf dem Bett lag, merkte sie plötzlich, wie sie sich anders fühlte. Sie betrachtete den jungen Mann, der sie für eine Ausländerin hielt. Und ein Gefühl keimte in ihr auf, das ganz zart und hellgrün war: Der Film, in dem sie eine Hure spielte, lief nicht mehr.

Sie schaute aus dem Fenster auf die engen Straßen Kiotos. Eine Straßenflucht gab einen Ausschnitt des Flusses frei, der breit und ruhig durch die Stadt floss. Am Ufer liefen ein paar vereinzelte Spaziergänger. Sie stand auf, stellte sich unter die Dusche des kleinen Badezimmers und weinte. Und jetzt, genau jetzt, war sie nicht mehr die Tochter, die ihren Vater getötet hatte; jetzt, genau jetzt hatte sie ihn nicht mehr auf dem Gewissen.

Sie packte ihren Koffer. Sie würde jetzt den Bus zurück nach Tokio nehmen.

Alisons Zimmer lag in der dreiunddreißigsten Etage. Ihr Alter, dachte sie, zum Glück gab es noch unzählige Etagen darüber, sonst hätte sie es jetzt wirklich mit der Angst zu tun bekommen.

Sie ließ sich auf das Bett fallen und schlief ein, mit offenen Vorhängen, hoch über der Stadt. Sie merkte vage, wie sie im Schlaf schwitzte und sich hin und her wälzte, wie sie ein paar Mal Yokos Namen rief, dann ihren Kopf am Kopfende stieß und dachte, sie läge in einem Kofferraum.

Irgendwann lag sie dann in einer pflaumenfarbenen Wiese, über sich riesige Ginsterbüsche, und erwachte von mehrmaligem Klopfen. Ein Page brachte ein Paket. Sie ging noch schwankend zurück auf ihr Bett, das Paket vor sich hingeworfen. Sie traute sich kaum, das Seidenpapier aufzumachen. Als sie es berührte, raschelte es. Eine Schlange. Wer schickte ihr ein Paket? Natürlich keine Schlange. Wer außer Yoshihiro wusste überhaupt, dass sie hier wohnte? Ihre Hände zitterten. Sie klappte die Schachtel auf. Ein grünes Oberteil – schulterfrei. Sie wurde kreidebleich. Das Oberteil glitt durch ihre Hände auf das Laken. Victor.

Ein Satz aus dem Film, den sie im Flugzeug gesehen hatte, fiel ihr ein: *Du hast dich selbst angelockt. Ich warte nicht auf dich. Ich bin da.* Was sollte das? Wer hatte ihr das Paket geschickt? Und dann, so als sei er mit dieser Nachricht verknüpft, der Satz der Sphinx an Ödipus: *Der Abgrund, in den du mich stürzt, ist in dir selbst.*

Sie stand auf, ging zum Telefon und wählte Siris Nummer. Es dauerte ewig, dann knackte und tutete es in der Leitung. Eduard hob den Hörer ab. Sie legte wieder auf. Friederikes Nummer. Diesmal ging es schneller, die Leitung schien schon auf ihren Anruf vorbereitet gewesen zu sein. Das Freizeichen klang ganz nah und greifbar. Dreimal tutete es, dann der Anrufbeantworter. Sie legte auf. Es tutete wieder, diesmal weniger nah. Und mit jedem Tuten kam das Signal zu ihr zurück. Niemand da, außer sie selbst.

Allein.

Der Druck stieg, dann riss etwas in ihr entzwei, riss entzwei, ohne dass es weh tat, einfach so. Sie bewegte ihre Hände hin und her, spreizte alle Finger so weit auseinander, wie es nur ging. Keine Gabelungen mehr, alle Richtungen offen. Ihre Finger zeigten zitternd wie Seeanemonen in den Raum hinein. Keine Zeichen mehr, nichts mehr, was ihr etwas sagte. Raus hier, raus aus diesem Zimmer!

Die Lobby war wie ausgestorben. Victor (wenn es überhaupt Victor gewesen war) war verschwunden, und mit ihm alle anderen. Wo waren die ganzen Menschen hin, wie viel Uhr war es? Sie fragte den Pagen, wie viel Uhr es war, und er verbeugte sich, sagte »yes, yes«, führte sie zurück in den Aufzug und drückte auf den obersten Knopf. Sie merkte, wie ihre Stimmung plötzlich umzuschlagen begann, wie sie große Lust verspürte, in schallendes Lachen auszubrechen. Was war nur los mit ihrem Leben?

Die Tür öffnete sich in eine Bar mit einem Blick über die ganze Stadt. Sie setzte sich schräg an die Bar, schaute aus der Fensterfront auf die langsam funkelnd aus der Dämmerung auftauchende Stadt. Die Bar war fast leer, ein Pärchen und ein paar Einsame, die alleine unterwegs zu sein schienen wie sie auch. Nur Japaner, kein anderer Ausländer. Der Barkeeper stellte ihr, ohne sie zu fragen, ein hohes Glas hin und goss den kalten Sake so lange ein, bis er knapp überlief, dann verbeugte er sich kurz und wendete sich dem japanischen Paar zu. Sie trank so viel ab, bis sie das nasse Glas in die Hand nehmen konnte. Dass man den Sake hier kalt trank und aus großen Wassergläsern, war erstaunlich, aber sympathisch. War das das Oberteil, von dem Victor am Telefon gesprochen hatte? War er es also doch gewesen – vorhin in der Lobby? Und hatte er sie gesehen?

Hinter der rot lackierten Bar standen zehn große Zweiliterflaschen Sake mit wunderschön kalligraphierten Etiketten. Darüber mehrere Whiskey-, Gin-, Wodka- und Martinisorten. Das grüne Oberteil, die Sätze aus dem Film, die Sphinx.

Der Sake lief ihre trockene Kehle hinab. Dann stellte der Barkeeper ihr gesalzene, gekochte Erbsenschoten hin, in Wasabi gehüllte Mandeln und eine Schachtel Marlboro Light.

Ihr Herz fing an zu rasen, sie fürchtete zu ahnen, wieso er sie wort- und tonlos bediente, und fragte: »Sie kennen mich?«

Der Barkeeper nickte. Ihr Herz schlug jetzt so stark, dass es sich fast überschlug: »Verzeihen Sie, aber wissen Sie noch, wann ich das letzte Mal hier war?«

Der Barkeeper stockte kurz, musterte sie und meinte dann teilnahmslos: »Vor einer Stunde.«

»Vor einer Stunde?« wiederholte sie atemlos.

Der Barkeeper schüttelte fast unmerklich den Kopf, wendete sich einem Tablett mit Gläsern zu und begann sie zu polieren.

Vor einer Stunde.

Es gab sie also, und sie sah anscheinend genauso aus wie sie. Alison Ginster hatte ihren Namen, ihre Stimme und auch noch ihr Aussehen. Was hatte Friederike gesagt? Irgendwas von einer Dopplung, und dass sie sich wieder an das Leben erinnern sollte. Aber woran, woran sollte sie sich erinnern?

Das japanische Paar hatte sie nun bemerkt und fing an zu kichern. Sie waren sichtlich betrunken. Die junge Frau winkte ihr zu. Sie winkte zurück. Dann sagte die Frau in brüchigem Englisch: »Sind Sie hier wegen des Films?«

»Welcher Film?« fragte sie.

»Welcher Film? Ist das ihr Ernst? *Lost in Translation* natürlich. Sie sitzen genau auf dem Platz, auf dem Bill Murray gesessen hat. Genau da.«

Sie schüttelte den Kopf und trank einen großen Schluck.

»Sie kennen den Film nicht? Dabei sehen Sie aus wie Scarlett Johansson, jedenfalls ein bisschen. Sie sind doch Schauspielerin, oder?«

Alison schüttelte den Kopf erneut, band ihre Haare zusammen und rückte den Ausschnitt ihrer Bluse zurecht. Yoshihiro hatte sie in das Hotel gebracht, in dem Yoko für sie ein Zimmer bestellt hatte. Sie war genau da, wo sie hinsollte. Yoko würde sie finden, Victor würde sie finden, und sie würde Alison Ginster finden.

Sie kippte den Sake hinunter und bestellte noch einen. Erst einmal trinken. Sie steckte sich eine Zigarette an und schaute durch den Rauch hindurch in ihr neues Leben. Gewollt hatte sie es nicht. Alleine in Japan auf Bill Murrays Stuhl zu sitzen wäre so mit das Letzte, was sie sich hätte vorstellen können, aber … sie zog noch einmal an der Zigarette, aber es hatte was. Und als sie das dachte, spürte sie einen Stich in ihrem Herzen, und ihre Seeanemonen-Finger fingen an zu zittern.

Albert öffnete die Tür und schaute den Fransen seines gelben Schals hinterher auf den Boden. Kein Blick in Siris Richtung, ein leises Hallo, keiner seiner trockenen Sprüche. Er wirkte noch nicht einmal erstaunt, dass sie vor der Tür stand, schien ihren Besuch erwartet zu haben, wie man einen Schiedsspruch erwartet, und er meinte wohl, ihn schon verloren zu haben. Howard, wollte sie rufen, was ist, du bist doch unbesiegbar? Aber sie rief nichts, sie heftete ihren Blick auf die Fransen und trat über die Schwelle. Sie hatte einen kämpferischen Albert erwartet, einen zynischen, und wenn es ganz schlimm gekommen wäre: einen unberührbaren, aber keinen gerupften. Großmutter rupft ihn, dachte sie, Großmutter rupft Howard Hughes wie den Hahn auf ihrem Hof.

Albert trat zur Seite. Etwas in ihr wollte ihn umarmen, sich über ihn und seinen gelben Schal freuen, wie sie es immer getan hatte; etwas in ihr konnte ihm nichts übelnehmen, nicht einmal, dass er Vera betrogen hatte und Großvater. Aber er hatte sie nicht angesehen, und sie hatte nicht versucht, seinen Blick zu erhaschen. Also: nichts. Eine Begegnung, glattgebügelt wie sein Hemd.

Albert deutete den Flur entlang nach rechts, um dann (ohne sich noch eine Geste zu erlauben) links in ein Zimmer einzubiegen. Wie ein Page. Großmutter erniedrigte ihn, er war ein Grandseigneur, kein Page. Aus dem Zimmer, in das er verschwunden war, war ein Sportmoderator zu hören. Albert sah Sport im Fernsehen. Sie hatte immer gedacht, er lese Bücher über Rennfahrer oder Romane von Truman Capote.

Jetzt stand sie allein im Flur. Hinter der Tür dort hinten schien ihre Großmutter zu warten. Wie sie ihr das alles übelnahm – die frische Farbe der Wände, die hohen Räume der Beletage, den Stuck, der himmlische Wesen vorgaukelte – alles. Eigentlich sah es hier aus wie bei ihren eigenen Freunden, nicht wie bei einem Paar, das die Sechzig schon weit hinter sich gelassen hatte. Auf einem kleinen Biedermeiertisch lagen Schlüssel, ein paar Medikamente, die sie nicht kannte, und der blaue Zettel einer Reinigung. Es gab ihn schon – den Alltag, als ob sie nicht gerade erst zwei Leben zerstört hätten. Howard musste also gar nicht so gerupft tun, er war schon bei der Reinigung gewesen, und er schaute eine Sportsendung, weil es nicht nur Alltag schon gab, sondern auch Zeit, die es totzuschlagen galt. Warum also der ganze Aufruhr? Sie schloss kurz die Augen, versuchte tief Luft zu holen und öffnete die Flügeltür zu dem Zimmer am Ende des Gangs.

Kaum stand sie im Raum, hörte sie Großmutter ihren Namen rufen, gleich zweimal hintereinander. Die Stimme überschlug sich dabei fast, klang höher als sonst, schwirrte und traf sie unvorbereitet. Der Ruf ihres Namens heftete sie an die Wand – einmal links und einmal rechts, wie bei einem Messerwerfer, der die Ärmel ihrer Bluse genau unter ihren Achseln getroffen hatte. So stand sie jetzt da. Normalerweise hätte sie den Impuls, Großmutter zu umarmen, nicht unterdrücken können. Großmutter konnte so schön umarmen. Großmutter schmust wie eine Wolke, hatte sie immer gesagt, als sie klein war.

Großmutter saß in einem hellblauen Kostüm mit einem Schal aus hellblauen Lederknoten in einem Sessel. Das Kostüm hatte sie noch nie gesehen, Albert musste es ausgesucht haben. Das Hellblau war so hellblau wie das Gelb seines Schals gelb, nur war ihrer nicht gerupft, sondern verknotet. Großmutter rief ihren Namen noch einmal (ihr schien auch nichts anderes einzufallen), so als machte sie dazu eine ausholende, raumgreifende Geste. Sie zog die Vokale in die Länge und versuchte aus den beiden schmalen ›Is‹ ›Os‹ oder ›Us‹ zu machen, jedenfalls eine Fülle hervorzubringen, eine Lebens- und Leibesfülle, die weder ihr Name noch die Situation hergab.

Siri wartete wieder, und immer noch wollte nichts zu ihr hin, nichts wollte ihr verzeihen, nichts wollte verstehen, was hier los war. Die Rufe hingen nun in der Luft zwischen ihnen. Siri hob vorsichtig den Kopf, aber Großmutter saß immer noch da und schaute in ihre Richtung. Diese Mimik, etwas stimmte nicht mit dieser Mimik.

»Ich hoffe, du hast mich nicht verraten«, sagte ihre Großmutter, und ihr Blick machte Siri Angst.

»Ich meine, ich hoffe, du hast Bernhardt nicht erzählt, dass Albert dich angerufen …«

»Er hat mich nicht …«, flüsterte Siri leise und räusperte sich. Großmutters Blick ängstigte sie wirklich.

»Ich kann nämlich gerade keine weiteren Probleme gebrauchen«, sagte Großmutter und schaute dabei an sich herunter. »Ich habe Lähmungserscheinungen in den Beinen, nur leicht, aber trotzdem vollkommen überflüssig. Wie geht es dir?«

Siri schluckte und schaute auf Großmutters schwarze Glattlederpumps. Ein Tritt in die Magengrube. Der Blick ihrer Großmutter war kalt. Was hatte sie gesagt?

»Wie geht es Felix? Und Eduard?«

»Weiß Vera davon?« fragte Siri plötzlich und schaute Großmutter in die Augen. Sie wollte nichts mehr hören. Sie wusste jetzt, was es war. Großmutters Gestik war warm, deswegen hatte sie alle täuschen können, aber ihre Mimik war süßlich, kalt und vertrocknet wie die Rosinenschnecken in der Küche, die sie einfach verlassen hatte – mit einem Lächeln und diesem Blick.

»Vera?« fragte Großmutter mit unverändertem Ausdruck, »um Gottes willen, nein. Das würde sie zu sehr verletzen.«

Großmutter log. Sie hatte alle getäuscht, Großvater, sie, Felix, alle. Die Wolke war eine Lüge, das Backen war eine Lüge – alles war eine Lüge.

»Du lügst.«

Und dann war es gesagt.

Großmutter starrte sie mit einem Blick an, der aufgeplatzt war, als wäre er irgendwo aufgeschlagen. Oh, Gott! Was hatte sie da nur getan? Was hatte sie da gesagt? Wie konnte sie nur? Das stimmte doch alles gar nicht.

»Es tut mir leid, ich wollte nicht …«, sagte Siri.

Sie wollte so etwas nicht sagen, niemand durfte so etwas zu Großmutter sagen. Sie war keine Lüge, sie war die Großmutter, die alle Kinder liebten, sie hatte all diese Rosinenschnecken gebacken, sie hatte sie umarmt wie eine Wolke, sie hatte sie nächtelang gehalten, als ihre Mutter gestorben war, sie hatte mit ihr geweint, bis nichts mehr kam. Sie und Großvater waren die einzigen Menschen, die jemals zu ihr gehalten hatten. Wie konnte sie nur denken, dass sie kalt war?

Doch der Satz nahm den Raum ein. Sie starrten sich an.

Zwischen ihnen wucherte es.

»Siri«, flüsterte sie.

Siri stand wie versteinert. Die Stimme klang nun ganz anders, vertraut und zärtlich. Sie hatte sich geirrt, es war nur der Schock gewesen und die Angst, alleine zu sein, gar niemanden mehr zu haben. Großmutter wurde kreidebleich.

»Albert«, rief Siri jetzt.

Albert kam ins Zimmer gelaufen und schaute sie fragend an.

»Ich weiß nicht, sie ist auf einmal so bleich geworden. Ich glaube, ihr geht es nicht gut«, sagte Siri, als könnte Großmutter sie nicht mehr hören.

Albert ging zu Großmutter hin, strich ihr über das Haar und stellte sich neben sie. Großmutter schüttelte fast unmerklich den Kopf.

Da nahm Albert Siri an der Hand und ging mit ihr aus dem Zimmer.

Im Gehen sagte er leise: »Wir haben fast alles verspielt, aber glaub mir, wir hatten keine Wahl.« Dann öffnete er die Haustür und schob sie sanft auf den Flur. »Geh jetzt und mach dir keine Sorgen. Sie ist nur müde, es erschöpft sie alles viel mehr, als sie zugibt. Sie ist ein anderer Mensch ohne deinen Großvater.«

Siri umarmte Albert zaghaft, dann schloss er die Tür hinter ihr, und sie stand draußen. Sie blieb eine Weile stehen, an der Tür kein Namensschild. Dann ging sie die Treppe hinunter. *Sie ist ein anderer Mensch ohne deinen Großvater.* Eduard. Sie wollte jetzt nur noch nach Hause. Wie gut, dass sie ihn hatte. Wie gut, dass er zu Hause auf sie wartete. Alles würde gut. Was war nur passiert?

Die Bar füllte sich langsam. Das kichernde Paar, das Alison auf Bill Murrays Stuhl hingewiesen hatte, war zum Glück verschwunden. Der Barkeeper war nun ziemlich beschäftigt. Die wenigen Blicke, die er mit ihr wechselte, waren so unverwandt, als hätten sie noch nie ein Wort miteinander gesprochen.

»Wissen Sie, auf welchem Stuhl Sie da …?« fragte nun eine Stimme von hinten.

Yoshihiro. Sie drehte sich um. Er trug einen schwarzen indischen Anzug mit Stehkragen und sah umwerfend aus. Sie konnte ihr Strahlen nicht unterdrücken. »Was glauben Sie denn?« fragte sie herausfordernd und bat, ihm den Stuhl neben sich an.

»Kennen Sie Scarlett Johansson …?«

»Nein. Wer …?«

Er kannte sie nicht. Er kannte den Film nicht. Aber: was hatte er dann gerade gemeint, als er sie gefragt hatte, auf welchem Stuhl sie gerade sitze?

»Eine Schauspielerin«, sagte sie möglichst nüchtern, »und wer ist mein Stuhl?«

»Ihr Stuhl?« fragte er und setzte sich.

Sie trank einen Schluck.

»Warum?« fragte er und schaute in die Karte.

Er sah wirklich blendend aus, und sie hatte immer gedacht, ihr würden japanische Männer nicht gefallen.

»Sie hat angerufen«, sagte er dann.

Ihr stockte der Atem. Oh, Gott.

»Sie?« fragte sie mit heiserer Stimme. »Alison?«

Yoshihiro schaute von seiner Karte auf: »Alison? Sind Sie nicht Alison?«

»Ja, aber ich dachte …«

»Alison«, sagte er, »Sie sind ganz schön durch den Wind.«

Er bestellte einen Whiskey.

»Aber …«, fing sie an.

»Meine Freundin«, unterbrach er sie, »meine Freundin hat mich angerufen. Und sie möchte mit mir reden.«

Sie schwiegen. Der Sake hatte ihren Kopf träge gemacht, das Durcheinander dieses Gesprächs trieb darin umher, ohne dass sie es zu fassen bekam.

»Kommen Sie mit?« fragte er dann leise, ohne sie anzusehen. »Sie könnten sich einfach an einen Nebentisch setzen, während wir es hinter uns bringen. Ginge das?«

Sie schwieg.

»Warum?«

»Weil ich dann weiß, dass es noch ein anderes Leben gibt.«

»Wohin?« fragte sie.

»In eine Bar im Botschaftsviertel.«

Die Stimme in der deutschen Botschaft. Das Phantom. Hinter jeder Ecke.

Hallo Tom, sollen wir am Wochenende vielleicht zusammen wegfahren? An die Ostsee oder nach Polen? Krakau muss wunderschön sein, und ich war noch nie in Krakau«, sagte Friederike so schnell sie nur konnte.

Sie hatte es sich nicht vorgenommen, so schnell zu sprechen und ihm gleich eine Reise oder sogar zwei vorzuschlagen, sie war aufgewacht und hatte dann ohne viel nachzudenken zum Hörer gegriffen, und dann waren die Sätze aus ihrem Mund gerollt, blindlings ins Tal.

Eine Weile lang hörte sie nichts als den Nachklang ihrer Sätze, und sie pfiffen ihr um die Ohren. Jetzt bloß keine Kurve machen, sondern weiter hinab, so als ob es keinen anderen Kurs gäbe, so als ob man gar nicht anders könnte; eine Kurve, sie verkantete sich, und das Gespräch wäre in kurzer Zeit entgleist.

»Guten Morgen«, sagte Tom in einem Ton, der eher an jemanden erinnerte, der mit einem warmen Becher Kakao auf einer Hütte saß, die Sonne im Nacken, eine karierte Decke über den Beinen.

»Heißt das …?« fragte Friederike, ohne ihren Satz zu Ende zu sprechen, darauf konzentriert, irgendwie die Spur zu halten. Sie würde die Beine zusammendrücken müssen.

»Was?« fragte Tom, immer noch schläfrig und wohlig mit einer von der heißen Schokolade geölten Stimme. Das Bild wurde immer deutlicher, wie er dasaß mit geschlossenen Augen, die Morgensonne genoss und sich die Finger an seinem Becher wärmte.

Sie versuchte das Tempo etwas zu drosseln. Es war wirklich ziemlich früh, vielleicht hätte sie später anrufen sollen, aber sie hatte gestern den ganzen Tag und die Nacht nicht angerufen, und sie hatte einfach nicht nachgedacht.

»Heißt das, du kannst nicht?« fragte sie, und schon nahm sie wieder Fahrt auf.

»Fritz …«, sagte er, aber sie konnte ihn nicht mehr so deutlich hören, weil der Hang sich bereits in Bewegung gesetzt hatte mit einem leisen, tiefen Grollen und der Schnee sie noch überholen würde, der Boden, auf dem sie fuhr, noch unter ihr hinweggleiten würde – mit seiner unaufhaltsamen Kraft.

Das weiße Tal.

Die Farben des gestrigen Tages waren eine Täuschung gewesen. Das alte Spiel.

»Du kannst nicht …«, sagte sie, aber sie wusste schon nicht mehr, ob er das überhaupt noch hören konnte. Auch sie hörte sich nicht mehr, ihn nicht mehr, nur noch den Satz, der ihre Fahrt begleitete wie ein altvertrautes Lied: *Auf alles schneit es herab, wenn es schneit, schneit es auf alles herab, ohne Ausnahme.*

Es war also wieder so weit.

»Ich habe ein Konzert«, rief er mit einer wacheren, fast alarmierten Stimme, so als sähe er das Ende genau vor sich, als wüsste er, dass er es nicht verhindern konnte.

»Ach so«, murmelte sie noch. Und noch einmal diese Stimme in ihrer eindringlichen Melodie, lauter als Toms, einnehmender, wahrer: *Wohin man schaut, ist alles schneeweiß; wohin du blickst, ist alles schneeweiß. Und still ist es, warm ist es, weich ist es, sauber ist es. Sich im Schnee schmutzig zu machen, dürfte sicher ziemlich schwer, wenn nicht überhaupt unmöglich sein.*

Sie war wieder zu Hause.

»Der Bikini sah wirklich …«, versuchte er es noch ein letztes Mal.

Bikini im Schnee. Es war zu spät, das Gespräch würde unten im Tal enden, und sie würde auflegen und Prellungen davontragen und ein paar Tage brauchen, um sich wieder davon zu erholen, und er wäre wieder mal verschwunden, so als hätte er die Lawine losgetreten; so als hätte er sie auf dem Gewissen.

Sie schaute auf das Telefon, das vor ihr lag, als wäre nichts passiert. Die weiße Wand ihres Schlafzimmers, die orangefarbenen Vorhänge, die kleine Vase auf dem Nachttisch. Wieder so ein Morgen mit geprellten Knochen, die im Laufe des Tages heilen würden. Vielleicht hätte sie ihm einfach sagen sollen, dass sie vielleicht schwanger geworden war – gestern im weißen Bikini.

Es war alles ineinander übergegangen: der Abschied von ihrem schlafenden Liebhaber, der Weg zurück nach Tokio, die U-Bahn-Fahrt, das Gartentor, die Klingel mit ihrem Namen (den sie im Vorbeigehen in seine lateinische Schreibweise übersetzt hatte), der sauber gerechte Kiesweg bis zur Haustür. So, als hätte es nie Hindernisse gegeben, als wäre schon seit langem festgelegt worden, dass sie heute zurückkehren sollte. In das Haus ihrer Eltern.

Erst jetzt, mit der Klinke in der Hand, stockte sie. Gleich würde sie die Klinke herunterdrücken, so als wären nicht Jahre vergangen, in denen genau dies unmöglich gewesen war.

Der Wagen ihres Vaters stand vor der Garage.

Sie drückte die Klinke herunter.

Sie – betrat – tatsächlich – gerade – ihr – Haus. Sie. Nicht als Hure, nicht als Tochter, sondern als jemand anderes, den sie noch nicht kannte.

Auf einmal wollte alles in ihr zurück, aus der Tür heraus, den Film zurückspulen, zurück nach Kioto, ins Flugzeug und nach Berlin, wo man ihren Namen in lateinischen Buchstaben schrieb. Sie öffnete die Tür. Und stand im Flur. Sie hatte immer gedacht, genau an dieser Stelle würde es sie übermannen.

Stimmen aus dem oberen Stockwerk. Die Stimmen ihrer Mutter, ihres Bruders. Geklapper in der Küche. Die Stimme ihrer Schwägerin.

Nicht die Stimme ihres Vaters.

Jetzt ein Ruf: Ob jemand gekommen sei?

Jetzt war sie dran. Sie versuchte etwas zu sagen. Es ging nicht. Ihr Blick heftete sich auf die Wand gegenüber, nur die Gerüche schlichen sich in ihre Nase. Es roch anders. Das Rollbild hing noch an der gleichen Stelle. Vaters Schuhe in dem kleinen Regal. Es war der Geruch, den es nur hier zu Hause gab, aber etwas fehlte, irgendeine ganz markante Zutat war herausgestrichen, gelöscht, getilgt. Unheimlich war das. Es roch nach ihrer Mutter und frisch gekochtem Reis, es roch nach dem Blumengesteck, das im Eingang stand, nach den Kerzen, die ihre Mutter immer in dem kleinen französischen Laden kaufte, und den Tatamimatten, die im Teeraum lagen, alles war wie immer, aber irgendetwas fehlte.

»Hallo?« hörte sie es jetzt lauter von oben. »Ist da jemand?«

Sie schloss die Tür hinter sich, hörte jemanden die Treppe herunterkommen, schweren Schrittes. Wer konnte das sein? Wer war so schwer geworden? Die Schritte hielten inne, blieben stehen. Die schwere Gestalt konnte sie weder gehört noch gesehen haben. Sie flüsterte den Namen ihres Bruders – mit einem Fragezeichen dahinter – und wünschte sich nichts mehr, als dass nicht er es sein möge, der so schwer geworden war, dass sie seine Schritte nicht einmal wiedererkennen konnte.

Ein leises Stöhnen, dann ein dumpfes Geräusch. Es schien ihn auf die Treppe gedrückt zu haben, und zwar genau auf der Höhe, auf der sie seinen ganzen Körper sehen konnte, aber nicht seinen Kopf. Sie wich zurück: Es war ihr Bruder, und er war ein Koloss geworden. Durch die Fettlagen hindurch schimmerte der Körper, ein paar Konturen hatten sich tapfer gehalten. Er hatte rot angeschwollene Füße und trug eine Jogginghose, durch die sich mehrere Ringe seiner Oberschenkel abzeichneten. Über seinem gewaltigen Bauch spannte ein schwarzes Hemd, und der Ehering kniff in seinen kleinen Finger wie die Kennmarke eines Schlachtviehs. Ein Koloss ohne Kopf.

Sie schluckte, ihr wurde übel von diesem ganzen Fett, aber sie versuchte mit aller Macht etwas zu sagen: »Ich bin's«, flüsterte sie.

»Was …?« fragte er.

»Ich …«

»Oh, Gott … Gott sei Dank«, sagte er dann, während er nach Luft rang, und seine Stimme klang dabei so viel sanfter, als sie es sich je vergegenwärtigt hatte.

Noch immer sah sie sein Gesicht nicht, aber sein Körper zeigte ihr alles, was sie sehen musste. Ihr Bruder war gebrochen und zusammengehalten von all diesem Fett, doch sein Herz pochte wie das eines Vögelchens.

Sie bewegten sich nicht.

»Mit wem sprichst du?« hörte sie auf einmal ihre Schwägerin in der Nähe. Dann stockte auch sie.

Ihr Bruder erhob sich mit einiger Mühe, dann kam er die nächste Stufe herab.

Jetzt konnten sie sich sehen.

Sein Gesicht war unverändert, seine Wangen waren schmal, seine Augen lagen frei in den Höhlen, und die Haut hatte hier nicht den Anflug des rötlichen Schimmers, der den restlichen Körper überzog. Das Fett stand ihm bis zum Hals. Und in seinem ersten Blick sah sie, wie er auf sie gewartet hatte. Sie schaute zu Boden. All die Tage, in denen sie so unbeschwert durch Berlin gelaufen war, während ihm das Fett bis zum Halse stieg. Sie schämte sich. Sie blickte wieder auf.

Da breitete sich sein Mund zu einem Strahlen, das genauso überschwenglich wie zögernd war: »Gott sei Dank«, wiederholte er. Er hatte ihr nichts übelgenommen, gar nichts, im

Gegenteil: er schien sie geliebt zu haben, immer noch zu lieben. Unverbrüchlich.

Sie hatte einen Bruder gehabt, die ganze Zeit.

Er breitete seine gigantischen Arme aus, sie umarmten sich, und auf einmal verstand sie sein Fett. Es war da, wenn ihre Mutter scharf schießen würde. Er hatte es gehortet, um sie beide zu schützen. Sein Fett war ihre Burg.

Sie hörte, wie ihre Schwägerin auf dem Absatz kehrtmachte und zurück in die Küche lief; hörte, wie sehr sie sich bemühte, nicht in Panik auszubrechen, sondern geraden und langsamen Schrittes zu gehen. Sie hörte sie flüstern, und dann hörte sie sie schweigen. Ihre Mutter schien regungslos dazustehen.

»Sie ist gekommen«, rief die Stimme ihres Bruders aus ihrer Burg heraus die Treppe nach oben. Wie mutig er war! Früher war sie es gewesen. Er zog sie die Stufen hinauf, bis sie vor der Küchentür stand und ihre Mutter sie sah.

Sie konnte nicht.

Sie konnte sie nicht ansehen.

Sie merkte, wie ihre Mutter ihr auf die gesenkten Lider schaute, wie sie durch die Lider hindurchschaute auf den weißen Teil ihres Augapfels; wie sie ihren Blick in das Weiß ihres Augapfels bohrte, als würde sie dort Einlass finden. Aber sie konnte sie nicht öffnen, konnte ihren Blick nicht heben, konnte sie nicht anschauen.

»Sie ist wieder da«, sagte ihr Bruder leise – wieder in dieser Mischung aus unbändiger Freude und Zögern.

»Wer?« fragte ihre Mutter.

»Wer?« wiederholte ihr Bruder.

»Wer?« fragte ihre Mutter erneut, drehte sich um und machte sich wieder an ihre Arbeit.

Mutters Stimme war gefasst, kühl, beherrscht, aber jetzt zitterten ihre Hände, und sie hätte fast eine Tasse fallen gelassen. Vaters Lieblingstasse.

Yoko hätte ihr in die Augen schauen müssen.

Ihr Bruder ruderte mit seinem freien Arm: »Aber ...« Er lockerte die Umarmung ein wenig und zog sie ins Wohnzimmer: »Hast du gesehen? Sie braucht Zeit.«

Danach ging er in Deckung. Sie wusste, warum: In ihrer Jugend war sie die Scharfschützin gewesen, und ihr Bruder hatte die meisten Salven abbekommen. Sie hätte ihm am liebsten über den Kopf gestreichelt und ihn umarmt, so wie er sie gerade umarmt hatte. Sie nickte.

Er entschuldigte sich und verschwand wieder in die Küche. Sie hörte ihren Bruder flüstern, dann hörte sie einen lauten, dumpfen Schlag. Nach ein paar Sekunden sah sie ihren Bruder den Körper ihrer Mutter, klein und biegsam wie eine Katze, ins Schlafzimmer tragen.

Sie blieb sitzen und starrte an die Wand. Dort hing ein neues Bild. Ein Kranich, so zart hingetuscht, dass seine Beine fast unsichtbar waren. Sie schloss die Augen.

In der Küche klapperte wieder jemand mit Geschirr. Dann begann die Schwägerin den Tisch zu decken und zwischen der Küche und dem Wohnzimmer, in dem Yoko immer noch regungslos auf dem Sofa saß, hin und her zu laufen. Als sie schon das dritte oder vierte Mal hereingekommen war, hauchte ihre Schwägerin ein »Hallo« in ihre Richtung.

Sie nickte ganz sachte, obwohl sie sicher war, dass ihre Schwägerin es nicht sehen konnte, weil sie es vermied, sie anzusehen. Das Atmen fiel ihr schwer. Sie hörte ihren Bruder aus dem Schlafzimmer ins Wohnzimmer kommen. Als er vor ihr stand, fasste er sie am Arm: »Du kannst jetzt zu ihr, sie schläft.«

Sie zögerte.

»Sie schläft«, wiederholte er.

Sie schaute ihn an.

»Es wird dauern«, sagte er und blickte zu Boden.

Sie nickte, stand auf und ging ins Schlafzimmer.

Ihre Mutter lag auf der Seite mit angezogenen Beinen. Ihr Körper unter der Decke war immer noch der einer schlafenden Katze, weich, kein bisschen steif oder hart. Ihre Lider waren geschlossen, die Haut so durchsichtig, dass man ein ganzes Netz von Adern erkennen konnte.

Auf dem Nachttisch stand ein Bilderrahmen mit einem Photo von ihr, auf dem sie vielleicht vierzehn Jahre alt war. Es war keines der Photos, wie sie auf Familienfesten entstanden. Es war aufgenommen, als sie gerade vom Volleyball kam, verschwitzte Haare hatte und eine kurze grüne Hose trug. Ihre Knie waren verschrammt, sie hatte ihre zerschlissene Sporttasche über der Schulter und strahlte mit dem ganzen Gesicht. Man hätte sie für einen Jungen halten können. Jedenfalls hatten alle ihre Freundinnen anders ausgesehen. Niemals hätte sie gedacht, dass ihre Mutter so ein Photo aufstellen würde, niemals; viel eher eines, auf dem sie gekämmt war, gescheitelt und ordentlich gekleidet. Es war ein Photo vor ihrer Zeit mit den Ausländern, aber es zeigte sie so, wie sie sich in dieser Zeit gefühlt hatte, wenn sie frei war.

Als Siri zu Hause ankam, war Eduards Cousine mit den Kindern zu Besuch. Es war laut, das Wohnzimmer sah aus wie nach einem Kindergeburtstag, und Felix rannte mit einem neuen Feuerwehrhelm auf dem Kopf an ihr vorbei. Er war vergnügt, und sein Spaß trieb ihr ein Lachen ins Gesicht, auch wenn Eduard versprochen hatte, dass er seiner Cousine absagen würde, auch wenn er so getan hatte, als hätte er verstanden.

»Da ist sie ja! Hallo. Eduard meinte zwar, ich solle nicht, aber ich dachte, du könntest etwas Hilfe gebrauchen – in deinem Zustand.« Die Cousine kam auf sie zu, so handfest, wie man nur sein konnte.

In ihrem Zustand? Sie versuchte Eduard einen Blick zuzuwerfen, der ihm zu verstehen gab, dass er die Situation irgendwie in den Griff bekommen musste.

»Wirklich kein Problem, du kennst mich, ich helfe gern, und die Kinder sind froh, Felix mal wieder …«

»Ich …«, sie versuchte den Redefluss zu stoppen, der auf sie zielte, als wolle er sie gießen, wässern, düngen, »muss mich hinlegen«, als sei sie verdorrt.

»Ja, klar, deswegen bin ich ja da«, antwortete die Cousine und nahm sie in den Arm. Und Siri war erstaunt: Die Umarmung war weich genug, dass sie diese Geste sogar annehmen konnte.

Die Cousine sagte: »Kinder, wir brauchen einen Krankentransport, kommt alle her.«

Und sie kamen mit Sirenengeheul, die drei kleinen dicken Cousins und Felix, und jeder nahm einen Zipfel ihrer Kleidung und zog sie ins Schlafzimmer. Als sie dort angekommen waren, sagte Eduards Cousine: »So, und jetzt lasst sie in Ruhe und kommt in die Küche, wir backen einen Kuchen für die Patientin, ja?«

Jubel brach aus, Felix warf ihr einen ganz kurzen zögerlichen Blick zu, dann aber drehte er sich um und rannte der Horde hinterher in die Küche. Er liebte es, wenn Kinder zu Besuch waren, sie würde das wirklich öfter machen müssen.

Die Cousine flüsterte ihr zu: »Erhol dich«, und als sie die Tür schloss, drehte sie sich noch einmal um und seufzte, als wisse sie, wie sie sich fühlte.

Als sie Eduard ein paar Minuten später den Gang entlang in ihre Richtung gehen hörte, drehte sie sich um und stellte sich schlafend. Glaubte er wirklich, er meinte es gut? Er öffnete leise die Tür und steckte seinen Kopf herein. Glaubte er wirklich, dass er ihr einen Gefallen tat, wenn er ihr auf diese Weise Lebendigkeit demonstrierte? Er schloss die Tür wieder und ging den Gang weiter in die Küche. Er verstand sie einfach nicht. Und sie hatte ihn nicht verdient.

Sie nahm ein paar Schlaftabletten, die auf dem Nachttisch lagen, schloss dann die Augen, hörte, wie Indianer vor ihrer Tür Kampfschreie ausstießen, und sah Großmutter, die sich an ihrem verknoteten Schal aus ihrer Wohnung abseilte. Der Morgenmantel war nur noch schemenhaft an der Tür zu erkennen, aber er hatte auch einen Gurt, an dem man sich abseilen konnte – ins Leben oder aus dem Leben heraus. Erst einmal schlafen. Der Schlaf war im Moment das einzige Wesen, das sie verstand.

Irgendwann wachte sie wieder auf, weil es so ruhig war in der Wohnung. Der Gang war übersät mit Spielzeug, in der Küche stand ein Nusskuchen mit Sahneherz und auf dem Esstisch mehrere halbvolle Saftgläser. Auf ihrem Telefon war ein Anruf von Vera, ohne Nachricht. Sie zog sich an und fuhr los.

Die Tür war einen Spalt weit offen. Vera war nicht zu sehen. Sie zögerte kurz und trat dann ein. Die Wohnung sah aus wie immer, nur dass Vera nicht in der Tür stand und sie hereinwinkte. Sie schloss die Tür. Was auch immer jetzt passierte, es ging niemanden etwas an.

»Vera?« rief sie leise. Es kam keine Antwort, aber sie hatte keine Angst, schlimmer als bei Großmutter konnte es nicht werden. Sie war vorgewarnt. Sie hörte ein Geräusch, rief noch einmal Veras Namen und hörte nun deutlichere Geräusche, ein Rascheln, ein Knistern. Sie stieß die Tür zum Schlafzimmer auf und sah Vera auf dem Bett sitzen. Auf ihren seidenen Morgenmantel wäre Bette Davis neidisch gewesen. Ihre Augen waren leicht gerötet, aber sie lächelte und richtete sich die Haare.

«Siri …«, rief sie mit ihrer rauen Stimme. »Verzeih, ich wollte nicht in diesem Aufzug im Korridor stehen und diesen Spießern hier eine Freude machen.«

Sie lief auf Vera zu, so wie sie es bei ihrer Großmutter nicht gekonnt hatte, und nahm sie in die Arme.

»Weißt du, nicht dass er mich sitzenlässt, dass er mit meiner besten Freundin abhaut und dass er alles mit Füßen tritt, nicht das ist die Schweinerei, sondern wie er es getan hat. Sang- und klanglos, ohne Stil, ganz ohne Stil, so als sei er ein Portier, ein Nachtwächter, ein Schmierfink«, sagte Vera. Dann schüttelte sie sich, als wollte sie diesen ganzen Unrat abwerfen, von sich werfen, loswerden: »Und irgendwie hat Charlotte das einzig Richtige getan.«

»Was meinst du?« fragte sie.

»Sich aus dem Staub machen«, antwortete sie und nahm einen Schluck aus dem Sherryglas, »ich hätte das auch machen sollen, vor zwanzig Jahren, bevor es zu spät war.«

Gerade als sie etwas sagen wollte, hob Vera wieder die Hand: »Irgendwann hatte ich die Kraft nicht mehr.«

»Vera …«, versuchte sie erneut, doch die schnitt ihr das Wort ab: »Nein, Siri, das verstehst du nicht, in deinem Alter hätte ich schwören können, dass ich genau in dem Moment gehe, in dem es vorbei ist, aber ich habe die Grenze ein paar Mal verschoben, und dann habe ich sie irgendwann nicht mehr gefunden. Und alleine ziehen konnte ich sie nicht. Aber weißt du, das ist es gar nicht, das ist es nicht.« Sie brach ab, fuhr sich durch die Haare und dann mit den Zeigefingern die Augenbrauenbogen entlang.

Siri hielt den Atem an und dachte, dass es mit Eduard schon lange vorbei war, wenn es überhaupt je angefangen hatte, und dass sie ihre Grenzen auch nicht wiederfand und auch nie wiederfinden würde, und dass sie schon längst in einem Land war, aus dem sie nie wieder herauskam, und dass es für ihren Geschmack heute schon genug Neuigkeiten gegeben hatte.

»Weißt du, was das einzig wirklich Traurige ist: dass ich keine Kinder mehr bekommen kann«, fuhr sie fort und schaute sie nachdrücklich an. »Aus und vorbei.«

Was? Was redete sie da?

»Ich weiß, das klingt verrückt, und vielleicht ist es auch verrückt, aber ich hatte den Wunsch irgendwie noch nicht aufgegeben«, sagte sie und lehnte sich zurück, als sei sie erleichtert, diese Sätze gesagt zu haben, »solange Albert und ich noch zusammen waren, hatte ich den Wunsch …«, sie brach kurz ab, holte Luft, »hatte ich ihn noch nicht aufgegeben.«

Was?

»Ich weiß schon, dass ich keine Kinder mehr bekommen kann, allein diese ganze demütigende Schwitzerei hat es mir mehr als deutlich gezeigt, aber trotzdem.« Sie versank eine Weile in Gedanken. »Wir hatten beide immer Kinder gewollt. Beide. Und jetzt? Jetzt ist nicht nur mein Körper, sondern auch noch mein Wunsch entgleist.«

Jetzt lehnte Vera sich zurück auf das Kissen und schaute sie mit einem Blick an, der voll kindlicher Sehnsucht war.

Sie nickte.

»Und jetzt?«

Sie hob die Schultern.

»Jetzt werde ich mir keine Kinder mehr wünschen können, weil ich jetzt nicht nur zu alt dafür bin, sondern auch keinen Mann mehr dafür habe«, sagte Vera und lächelte sie schräg an, mit einem Lächeln, das allen Witz und alle Traurigkeit der Welt in sich trug.

Siri schüttelte den Kopf.

»Du glaubst also auch, dass es das jetzt war?« fragte Vera.

»Was?« entgegnete Siri.

»Das Leben. Das, worum es immer ging?«

Siri legte ihre Hand auf Veras Knie.

Vera schüttelte sich, zog sich den seidenen Gürtel ihres türkisfarbenen Morgenmantels enger und stieß einen Seufzer aus: »Das hättest du nicht gedacht, was? Dass deine Tante Vera so verquere Ideen hat? Wir haben alle unsere Abgründe, aber das heißt noch lange nicht, dass wir uns unterkriegen lassen, oder was meinst du, mein Täubchen?«

Sie lachte Vera an: »Du nicht, Vera.«

Vera schaute aus dem Fenster und wiederholte: »Ich nicht und du auch nicht.«

»Tee?« fragte sie.

»Tee?«

»Sherry?« fragte Siri nun.

Aus Veras Gesicht schimmerte ihr alter verschmitzter Ausdruck.

Sie ging den Gang entlang Richtung Salon. Was für ein Drachenfels Vera war, was für ein riesiger, großartiger Drachenfels.

Vera und Siri tranken den Sherry wort- und tonlos. Und Siri musste die ganze Zeit an Felix denken, dass er ihr irgendwie entschwand über die letzten Tage, dass sie nichts für ihn getan hatte, dass sie seit der Fahrt in den Kindergarten gestern Morgen kaum Kontakt mit ihm gehabt hatte, dass sie nicht einmal wusste, wer ihm etwas gekocht und ob er es gegessen hatte. Wo war er überhaupt? Hatte Eduard ihn vielleicht sogar zu seiner Cousine gebracht – in das Land der Handfestigkeit und Sahneherzen? Sie wollte so gerne einmal wieder einen ruhigen Nachmittag mit ihm verbringen, beim Schlittenfahren oder im Park.

»Siri?« fragte Vera jetzt leise. »Glaubst du, dass Albert …«

Siri schwieg.

»Glaubst du, dass Albert zu Charlotte gegangen ist, weil sie Kinder und Enkel hat, weil sie dich hat, weil sie eine Zukunft …?«

Siri schaute Vera an.

»Ist es so?« fragte Vera.

Siri würde ihre Frage nicht beantworten können, egal, was sie jetzt sagte. »Natürlich nicht«, sagte sie.

»Das sagst du nur, weil du selbst ein Kind hast, weil du mich nicht …«

»Vera«, sagte sie, »Albert liebt dich. Ich liebe dich.«

»Aber…«, sagte Vera, dann verlor sich ihr Blick wieder, und sie schaute auf die Bettdecke. »Nein. Wir haben viel gestritten, dieses Thema hat in unsere Liebe ein riesiges Loch gefressen. Wir hatten immer Spaß miteinander, das schon, aber….«

»Vera«, sagte sie erneut.

»Lass nur, ich weiß es. Es ist in Ordnung, wir haben das Beste daraus gemacht.«

Sie wollte ihr von Yoko erzählen und davon, dass diese wirklich keine Kinder haben wollte und dass sie damit glücklich werden würde, sie wollte ihr davon erzählen, wie unglücklich sie war, dass sie Felix nicht gerecht wurde, und von all den Statistiken, die zeigten, dass kinderlose Paare glücklicher waren als Paare mit mehreren Kindern. Auch wenn sie Statistiken nicht glaubte, noch nie geglaubt hatte, wollte sie ihr davon erzählen und nicht einen leisen Zweifel an ihrer Aussagekraft zulassen. Aber Veras Ohren hätten ihre Worte direkt aus dem Fenster umgeleitet, sie wären nur verflattert, ohne irgendeinen Trost zu spenden.

Sie blieb schweigend sitzen, dann stand sie auf und rief Eduard an.

»Hallo«, sagte sie.

»Hallo, wo bist du?« fragte er.

»Bei Vera. Hat Felix was gegessen?«

»Wie bitte?«

»Hat er was gegessen?«

»Ja. Nudeln mit Salat.«

»Mit Salat?«

Er mochte keinen Salat, er wurde hysterisch, wenn ein Salatblatt an seinen Nudeln klebte.

»Wann kommst du?« fragte Eduard.
»Deine Cousine …«
»Sie geht, wenn du …«
»Salat«, sagte sie und legte auf.

Es ging immer so weiter, auch wenn nichts mehr stimmte, auch wenn sich nichts mehr so anfühlte, als wäre es stimmig, als harmonierte es in irgendeiner Weise mit den letzten verbliebenen Klängen in ihr. Ganz kurz schrillte es disharmonisch, laut, wenn Eduard etwas sagte, was nicht sein konnte, was gelogen war, was für etwas anderes stehen musste, das sich vielleicht Trost nannte oder Liebenswürdigkeit, ganz kurz zerrte die Disharmonie an ihren Trommelfellen, und danach rauschte es schon wieder, leise, vernehmlich, doch ganz anders als das Meer. Und seit einigen Monaten pfiff es auch manchmal, so wie der Wind durch ein kaputtes Fenster in ein leeres Haus pfiff – so pfiff es. Und wieder glaubte ihr keiner. Auch das war gelogen.

Alison und Yoshihiro hatten sich verspätet. Yoshihiros Freundin saß in einer Ecke an einem kleinen Tisch und rauchte. Alison erkannte sie sofort, weil ihr Blick so viel Erwartung in sich trug, dass er ihnen fast die Tür eingedrückt hätte. Eigentlich war sie eine schöne Frau, aber die Verbitterung hatte ihre Augäpfel gelblich gefärbt, und die Färbung ließ auch alles andere an ihr vergilbt erscheinen.

Alison setzte sich abseits an einen Tisch und bestellte einen Whiskey, weil sie Yoshihiro vorhin das Wort Whiskey hatte aussprechen hören und es machbar geklungen hatte. Der Kellner nickte und brachte einen Kaffee. Sie löste das Band aus ihren Haaren und beobachtete die Szene. Die Auseinandersetzung an Yoshihiros Tisch war unauffällig. Er sagte fast nichts, seine Freundin steckte sich eine Zigarette nach der anderen an und rieb sich zwischendurch den Rauch in die Augen.

Alison trank ihren Kaffee. Es war ihr nicht unangenehm, hier alleine zu sitzen, nicht einmal die verhohlenen Blicke der Männer um sie herum waren ihr unangenehm.

Yoshihiro wollte offenbar seine Freundin nicht einmal davon abhalten, ihn zu verlassen. Das Ganze wirkte wie die Szene aus einem französischen Film, nur dass die Protagonisten wie Japaner aussahen und die Statisten ziemlich durcheinandersprachen, in Japanisch, Englisch und Spanisch. Erst jetzt fiel ihr auf, dass in dieser Bar fast so viele Ausländer wie Japaner saßen. Sie hatte fast vergessen, dass sie in Tokio war. Konnte es wahr sein, war sie erst heute angekommen? Ein Tag, ein einziger Tag?

Da krachte auf der anderen Seite des Cafés plötzlich ein Stuhl zu Boden, und Yoshihiros Freundin stürmte auf sie zu. Ihr schoss das Blut in den Kopf, sie umklammerte ihren Löffel und hielt ihn senkrecht in die Höhe.

»Glauben Sie eigentlich, ich kapiere gar nichts?« schrie die Frau mit den gelblichen Augäpfeln auf Englisch. »Sie brauchen nicht so unschuldig zu tun, Sie rote Hexe! Ich durchschaue Ihr Spiel! Seit Wochen geht das schon, seit Wochen!«

Die Frau drehte sich um und änderte schlagartig ihr Tempo. Langsam und gebeugten Hauptes ging sie aus der Tür. Alison wollte ihr nachlaufen und sagen, dass es gar nicht so schlimm würde, wie sie es sich jetzt ausmalte, aber da stand schon Yoshihiro vor ihr und bat sie, ihn nach Hause zu begleiten. Sie stand auf und wunderte sich – über alles.

Im Taxi murmelte er: »Habe ich mich wirklich so verändert?«

Sie antwortete nicht, weil sie sicher war, dass er nicht mit ihr sprach, sondern Sätze des Streits mit seiner Freundin wiederholte.

»Keine Antwort?« murmelte er dann. Sie schwieg und schaute aus dem Fenster, um ihn nicht zu beschämen.

Die Fahrt dauerte lange, Yoshihiros Wohnung lag anscheinend am anderen Ende von Tokio. Nach einer Weile lichtete sich die Stimmung etwas, er lächelte sie an und zeigte ihr durch die Fensterscheibe einen Tempel. Draußen wurde es langsam dunkler, und sie fasste den Mut zu fragen: »Haben Sie mir das Päckchen …?« und er antwortete: »Nein.« Er sagte nicht: »Welches Päckchen?«

Alison legte ihren Kopf in den Nacken und dachte, dass sich alles wieder aufklären würde, dass es vielleicht doch eine Erklärung gäbe für das Päckchen, für den Barkeeper, für ihr Leben.

Friederike hatte Stasiuk im Gepäck, alle Bücher von Andrzej Stasiuk, die sie im Bücherregal gefunden hatte, und drei dicke Schals, die sie sich um ihren Bauch wickeln würde, falls es ungemütlich werden sollte. Wenn sie Stasiuks Bücher las, kam sie sich immer so vor, als betröge sie die ganze Welt mit ihm – so anziehend war er, und so stark fesselte er ihre Einbildungskraft. *Um vier Uhr früh hebt die Nacht langsam ihren schwarzen Hintern, steht vollgefressen vom Tisch auf und geht schlafen.* So eine Sprache brauchte sie jetzt, so eine Reise und so einen Kerl.

Im Auto hörte sie Hochzeits- und Begräbnismusik von Goran Bregović. Erst wenn sie in Polen angekommen war, würde sie wieder halten. Dann würde sie sich in eine der Bars *hinter Dukla* setzen, die Stasiuk beschrieben hatte, und dem Wirt erzählen, dass sie schwanger war, dass sie eine Tochter bekam und der Vater ein Nichtsnutz sei, ein Versager, jemand, der sich aus der Verantwortung stahl, der sie auf dem Küchentisch in ihrem Laden geschwängert hatte, ohne Sinn und Verstand. Und dann würde sie ihn bitten, ein Lied für ihre Tochter zu singen, und er würde ein Lied singen, ein trauriges Lied, das ein bisschen so klang, als ob er weinte, und sie würden einen Schnaps auf ihre Tochter trinken, und dann würde sie wieder zurückfahren und ihren Laden so in Schwung bringen, dass er sie und ihre Tochter ernährte. Und ihre Promotion zu Ende schreiben, in sechs Monaten, bis ihr Bauch nicht mehr zwischen sie und ihren Laptop passte. Als Erstes würde sie über Siri Hustvedts *Was ich liebte* schreiben, über Mark, den abgründigsten Lügner, der ihr je in einem Buch begegnet war.

Den Laden würde sie behalten, und dann würde sie jemanden anstellen, der ihn machen könnte, wenn ihr Kind die Masern hatte oder Geburtstag. Und sie würde sich nicht mehr bei Tom melden, bis sie da war, ihre Tochter. Da wäre es wieder Winter, so wie jetzt, nur früher, der erste Schnee würde fallen, so weiß wie nie zuvor.

Bregovićs Trompeten spielten eine Fanfare, und genauso erhaben fühlten sich ihre Pläne an. Im nächsten Winter wäre alles neu, ihr Leben und ihre Arbeit, der Schnee. Eine herrliche weiße Fläche, durch die sie zwei Schlittenspuren ziehen würde, mit ihrer eingepackten kleinen Tochter im Schlepp.

Der Verkehr stockte. Ein paar Autos waren über die Ampel gefahren, doch als sie an der Reihe war, schaltete es wieder um, und sie musste halten. Sie kannte diese Ampel, sie war lange rot. Sie holte Stasiuks *Neun* heraus und blätterte auf die zweite Seite. Auch da Schnee. *Draußen fuhr ein Räumfahrzeug vorbei und hobelte einen Schneespan aus dem bläulichen Asphalt … Er empfand Bedauern, die Art von Trauer, die eine Erinnerung begleitet, die man sich nicht mehr vollständig ins Gedächtnis rufen kann, eine Erinnerung, die nur noch als Spur existiert.* Das hatte sie nicht für die weißen Texte kopiert, sie wäre nie im Traum darauf gekommen, bei Stasiuk nach Weiß zu suchen; nach Sex, Brutalität, Saufexzessen, verloren geglaubten Landschaften und größter Zärtlichkeit ja, aber nicht nach Weiß. Hinter ihr hupte es, sie legte das Buch aufgeklappt auf den Beifahrersitz und fuhr los. Sie würde die Schlittenspur nicht bedauern, kein bisschen, sie würde so stolz sein wie noch nie, eine Spur hinterlassen zu haben.

An der nächsten Ampel klingelte ihr Telefon. Sie stand vor dem Kreisverkehr am Straußberger Platz. Der Springbrunnen war trocken, die Häuser hellgrau und Bregović zwischen zwei

Liedern. Sie kramte ihr Telefon aus der Tasche mit den Büchern und Schals, hob ab und hörte Toms Stimme: »Kannst du bis morgen warten?«

»Was?« fragte sie heiser.

»Kannst du bis morgen warten – mit der Reise?«

Die Ampel schaltete auf Grün, sie fuhr los. Wohin? Sie wechselte auf die Innenspur.

»Vorhin hatte ich es versucht, aber du … ich habe heute Abend mein Konzert, morgen«, sagte er.

Sie umrundete den trockenen Springbrunnen. Jetzt spielte ein Lied, das weder Hochzeit noch Begräbnis sein konnte. Sie drehte leiser.

»Ich bin schon am Straußberger Platz.«

Pause.

»Manchmal bist du einfach nur zu schnell.«

Pause.

Die Astrologiesendung an dem Tag, an dem sie Tom kennengelernt hatte. Das Steuer und das Gaspedal, immer Vollgas und immer nur die eigene Spur. Bisher hatte sie immer gedacht, mit Tom wäre alles anders gewesen als zuvor. Zum dritten Mal umrundete sie nun den trockenen Springbrunnen.

»Ich …« Sie würde irgendwie von diesem Kreisverkehr hier herunterkommen müssen, ohne mehreren Autos den Weg abzuschneiden. Nur wie?

»Ja?« fragte Tom noch einmal, und dann schloss sie die Augen und zog das Lenkrad nach rechts. Hinter ihr ein Hupkonzert, sie zog weiter nach rechts, bis sie wieder auf der Frankfurter Allee war, in Richtung Fernsehturm. Zurück. Bregović verstummte. Stasiuk lag aufgeklappt auf dem Beifahrersitz. *Er empfand Bedauern, die Art von Trauer, die eine Erinnerung begleitet, die man sich nicht mehr vollständig ins Gedächtnis rufen kann, eine Erinnerung, die nur noch als Spur existiert.* Auf einmal bedeutete dieser Satz etwas für ihr Leben. Im Rückspiegel der Straußberger Platz. Keine Kneipe, kein trauriges Lied, keine Reise. Der aufgeklappte Stasiuk auf ihrem Beifahrersitz konnte sich ein Grinsen nicht verkneifen.

»Fritz?« fragte Tom. Sie fuhr rechts ran, hielt direkt unter dem großen Plakat des Kinos *International* und schloss die Augen.

»Ja?«

»Ich weiß, dass ich so was nicht am Telefon fragen sollte, aber …«

Sie schwieg und zog langsam einen Schal aus der Tasche, den dicksten, wärmsten.

»Sollen wir ein …? Ich meine, sollen wir eine …?«

Er hatte es nicht gesagt, aber sie hatte es trotzdem gehört.

»Eine Tochter«, sagte sie.

»Eine Tochter«, sagte er.

Sie öffnete die Augen, schaute auf das Kinoplakat, auf dem neben Brad Pitts und Cate Blanchetts umwölkten Blicken das Wort BABEL stand, dann sank der Hörer in ihren Schoß. Eine Tochter.

Eigentlich hätte das einer der schönsten Momente ihres Lebens sein können. Aber mit den schönsten Momenten in ihrem Leben war das so eine Sache.

Toms Stimme kam leise und unheimlich aus dem Hörer, und es klang so, als ob er es auf ihrem Schoß immer wiederholen würde: Eine Tochter, eine Tochter, eine Tochter. Und mit jeder Wiederholung kam es ihr unglaubwürdiger vor, dass es geschehen war oder dass es geschehen würde. Sie nahm den Hörer wieder auf: »Ich fahre zurück.«

»Was ist?« fragte er.

»Ich weiß nicht genau. Aber ich bin schon umgedreht.«

»Fritz«, sagte er noch einmal zögernd.

Sie murmelte etwas wie »Ja«.

»Kommst du zum Konzert?«

Sie murmelte wieder etwas, und er sagte: »Danke.«

Sie legte auf. Natürlich war sie umgedreht, natürlich würde sie auf das Konzert gehen, natürlich wollte sie eine Tochter mit ihm haben. Aber wenn es real wurde … Vielleicht war sie das nur einfach nicht gewöhnt, dass er auf sie zuging, vielleicht schlug sie das sofort in die Flucht, vielleicht mochte sie das auch gar nicht so gerne, vielleicht mochte sie das, was sie sich immer gewünscht hatte, gar nicht so gerne. Vielleicht war sie viel besser im Wünschen als im Leben.

Sie startete den Motor und fuhr los. BABEL im Rückspiegel, Bregović im stillen Abseits, Stasiuk auf dem Beifahrersitz, der immer noch grinste, denn er hatte es von Anfang an gewusst: Sie war ein Papiertiger.

Es klopfte, und Siri antwortete nicht, auch wenn sie schon am Klopfen gehört hatte, dass es keine der Krankenschwestern sein konnte. Nachdem die Tür aufgegangen war, hörte sie seine Schritte, hatte das Bild seiner polierten schwarzen Schuhe vor Augen. Es war sein erster Besuch, oder besser gesagt: der erste, den sie bei Bewusstsein erlebte. Man hatte ihr gesagt, er sei schon einmal da gewesen, lange sei er da gewesen, als sie noch bewusstlos gelegen hatte, und sie hätte einen sehr fürsorglichen Ehemann. Als sie die Augen aufschlug, war er nicht da.

Die Schritte in seinen polierten schwarzen Schuhen wurden langsamer, gleich würde er an ihrem Bett stehen. Sie bewegte ihren Kopf nicht zur Seite, keinen Zentimeter, sie zuckte nicht einmal. Sie konnte nirgends in sich einen Impuls finden, der sie reagieren ließ. Das Treffen mit ihm ängstigte sie nicht. Er blieb vor ihrem Bett stehen, murmelte etwas und verstummte dann. Sie roch Lilien. Seine Schuhe waren braun, nicht schwarz, vielleicht hatte er Schuhe gekauft, während sie hier wieder zu sich gekommen war, Schuhe und Blumen. Vielleicht sollte sie sich jetzt einmal drehen, aufrichten, irgendeine Geste machen. Aber sie richtete sich nicht auf. Es war ihr gleichgültig, was für ein Bild sie abgab. Die Tabletten hatten ganze Arbeit geleistet.

Aus den Augenwinkeln nahm sie wahr, dass er einen bunten Strauß mitgebracht hatte, so als hätte sie ein Kind zur Welt gebracht oder irgendetwas anderes geleistet, was es zu feiern galt. Die Blumen verdeckten Teile seines Gesichts. Sie sah seine alte Uhr am linken Arm, das braune Lederarmband und sein schönes, männliches Handgelenk. Wenn er gewusst hätte, dass er in der Lage war, sie zu ängstigen, wäre er zutiefst bestürzt gewesen. Er hatte diesen Gedanken mit Sicherheit noch nie gedacht. Er war niemand, der andere ängstigte, schon gar nicht seine Frau.

Jetzt wendete sie den Hals langsam, wie in Zeitlupe: Die Blumen hatten alle möglichen Farben: rosa, veilchenblau, hellgelb, weiß, und die Blätter waren von unterschiedlichem Grün. Die Kombination der Farben erinnerte sie an etwas.

In seinem Ausdruck konnte sie weder Angst noch Schock, noch Erleichterung erkennen, sondern irgendeine Emotion, die blasser war, flüchtiger, mit etwas anderem verdünnt, was sie nicht kannte. Was war das hier für ein absurdes Theater, und wo war Felix?

Er drückte ihr einmal kurz die Hand und stellte dann den Blumenstrauß in eine Vase. Er hatte immer noch nichts gesagt, er, der sonst immer etwas sagte, immer an tröstende Worte und klärende Gespräche glaubte, er hatte immer noch nichts gesagt. Vielleicht ängstigte sie ihn jetzt, das konnte schon sein.

Wort- und tonlos rückte er den Stuhl neben ihr Bett und setzte sich, seinen Blick auf den Boden gerichtet. Er benahm sich so, als hätte er all die Beruhigungsmittel eingenommen, die sie ihr verabreicht hatten. Wenn sie etwas anders gelagert gewesen wäre, dann hätte sie ihm sein Schweigen hoch angerechnet, dann hätte sein Schweigen ihr Hoffnung gegeben, dass sie vielleicht doch die Chance hatten, miteinander behutsam umzugehen.

Doch die Blumen rochen stark und nahmen das ganze Zimmer für sich ein, so wie Lilien das tun, wenn man sie gewähren lässt. Sie mochte weder den Geruch noch die Farben, und sie konnte sich einfach nicht daran erinnern, wo sie solche

Farben schon einmal gesehen hatte. Genauso wenig wie an die Stunden vor dem Krankenhaus. Als gäbe es nur noch Geheimnisse um sie herum, die kaum gehütet und trotzdem nicht aufzudecken waren.

Schnell sprechen: »Und Felix?«

Er zuckte kurz zusammen, dann setzte er sich aufrechter hin und räusperte sich: »Im Kindergarten.«

»Gut«, sagte sie, »du sagst ihm nichts, bitte?«

»Blinddarm«, sagte er.

»Blinddarm«, sagte sie, »und die Narbe? Wird er die nicht ...?«

»Minimal invasiv«, sagte er.

»Minimal invasiv«, sagte sie und wunderte sich, wie merkwürdig sich ihre Verachtung durch die Schicht der Medikamente anfühlte, fast als wäre sie etwas Positives.

»Macht man jetzt immer so«, sagte er.

»Ach so«, sagte sie und wendete ihren Kopf wieder.

Er drückte ihre Hand noch einmal, diesmal etwas fester, verbindlicher. Sie gab seinem Druck nach, und es schmerzte, auch wenn sich das natürlich nicht beweisen lassen würde. Genau wie alles andere.

Wenn er gewusst hätte, dass er sie verletzte mit seinen Berührungen, dann wäre er bestürzt gewesen. Alles, was er tat, meinte er gut.

Hier in der Psychiatrie hatte man ihr erklärt, dass sie zu viele Medikamente genommen habe. Aber das konnte nicht sein, das hätte sie Felix nie angetan, niemals. Wie waren dann aber diese ganzen Medikamente in ihren Magen gekommen, und warum war sie bewusstlos gewesen, und wieso lag sie jetzt hier? Ihr Kopf dröhnte.

»Kannst du die Blumen bitte auf den Gang stellen?« fragte sie.

Er stellte die Vase auf den Gang und setzte sich wieder auf seinen Stuhl. Er sah gut aus, hatte einen weichen grauen Pullover an und rieb sich seine leicht gebräunten Finger. Wenn sie etwas anders gelagert wäre, dann hätte sie heute vielleicht sogar ein zweites Kind von ihm bekommen; er war ein Mann, der mehrere Kinder verdient hatte, für den schon immer klar gewesen war, dass er mehrere Kinder haben würde und eine schöne, komplizierte Frau. Er liebte schöne, komplizierte Frauen. Das letzte große Abenteuer hatte er sie einmal genannt und gedacht, sie hätte das nicht gehört.

Es klopfte, die Tür ging auf, es war die rothaarige Krankenschwester, die ihr ein kleines Schälchen mit Pillen brachte. Sieben verschiedene Pillen, kleine und große, runde und ovale, mit kleinen Kügelchen gefüllte und pulvrige in allen möglichen Farben. Sie nahm, unter den aufmunternden Blicken der Krankenschwester, eine nach der anderen in den Mund und schluckte sie herunter. Die Krankenschwester verabschiedete sich von ihr und schenkte Eduard ein Augenzwinkern. Die Kellnerin in dem Café – genau der gleiche Typ, immer die gleichen roten Feen, diese hübschen kleinen Giftwolken.

»Kannst du Alison sagen, dass sie mich anruft?« fragte sie.

»Ist sie nicht verreist?« fragte er mit einer anderen Stimmlage.

»Ja«, sagte sie.

»Hast du eine Nummer?« fragte er.

»In Japan?«

»In Japan«, wiederholte er.

»Nein, deswegen …«, sagte sie.

»Wie soll ich sie dann …?« fragte er.

»Lass es«, sagte sie, und ein zweites Mal zeigte sich das Zerrbild ihrer Verachtung, die sich jetzt ganz deutlich positiv anfühlte, so als wäre sie ein berechtigtes, lebenswichtiges Gefühl.

Übelkeit stieg in ihr auf. Sie legte ihre Hand auf den Bauch. Es war ihr, als könnte sie die Pillen noch orten, als lägen sie noch unverdaut in ihrem Magen – schwer und bunt wie kleine Murmeln. Kleine bunte Murmeln. Vielleicht würde sie es schaffen, sie einfach unverdaut wieder auszuscheiden: hellgrün, dunkelgrün, lindgrün, rosa, veilchenblau, hellgelb und weiß.

Die Blumen.

Eduard.

Eduard hatte ihr Blumen geschenkt, die genau die Farben der Pillen hatten, mit denen sie sie hier festhielten. Und was bedeutete das? Bedeutete es überhaupt etwas, oder war es wieder nur ein Zufall?

Die Übelkeit verflog, so als könnte ihr Körper nichts und niemandem mehr Halt bieten, nicht einmal einer leichten Übelkeit. Die braunen Schuhe.

Schnell etwas sagen: »Hat Felix gut geschlafen?«

»Es geht so«, sagte er kurz angebunden.

»Es geht so?« wiederholte sie – was sollte das denn heißen?

»Ich muss …«, antwortete er plötzlich unruhig, so als wäre ihm etwas eingefallen, »ich muss mal kurz raus – mit dem Arzt sprechen.«

Dann gab er ihr einen Kuss auf die Stirn und folgte der roten Fee, bevor sie sich aus dem Staub machen konnte.

»Wünsch dir was«, rief sie ihm nach.

Sie würde gleich mit Alison sprechen müssen, bevor er wieder zurückkam. Alison würde sie hier herausholen müssen, sie konnte unmöglich länger hierbleiben, und sie konnte unmöglich zu Eduard zurück.

Im Hausflur hatte Alison sich noch zugesehen, wie sie mit einem Mann in seine Wohnung ging, den sie kaum kannte. Jetzt stand die Wohnungstür weit offen und gab den Blick in einen Raum mit riesiger Fensterfront frei, der direkt in die Stadt überzugehen schien. Kein Halt von hier bis zum Horizont, nur glitzernde Häuser und ein sich schwärzender Himmel. Atemberaubend. Schön. Der offene Raum.

Yoshihiro bedeutete ihr, zuerst einzutreten, und seine Geste hatte etwas von einem Geschenk, das (wenn sie es denn annehmen würde) einer Entscheidung gleichkäme. Sie zögerte nicht. Sie konnte es selbst kaum glauben, aber sie zögerte tatsächlich keinen Augenblick, sie ging einfach durch die Tür, durch den Flur, durch das große Zimmer mit der Panoramascheibe. Sie spürte jeden Schritt und streckte sich in sich hinein. Sie legte ihre beiden Handinnenflächen an die Glasscheibe und schaute auf dieses Bild der Welt, und ihr war, als stünde sie mit geschlossenen Augen da, so inwendig war das Erleben, und plötzlich dachte sie: Das ist einer der Momente, an dem man sein Leben in der Hand hatte.

Sie presste nun ihren ganzen Körper gegen die Scheibe und hörte, wie Yoshihiro hinter sie trat. Sie drehte sich um und lehnte sich mit dem Rücken an das Glas. Er stand einen halben Meter von ihr entfernt. Die Kühle der Scheibe drang zu ihr durch. Sie schaute an sich herab: nichts verrutscht, kein Blusenzipfel zu sehen. Ihre Kleider saßen wie angegossen, sie bewegte ihren Rücken an der Scheibe entlang, wunderte sich ein wenig und lächelte.

Er machte einen Schritt auf sie zu und begann mit dem Finger die Konturen ihres Körpers auf der Scheibe nachzuzeichnen. Zuerst ihr linkes Ohr, dann ihre Haarlinie, ihr rechtes Ohr, ihren Hals, ihre Schulter, Arm, Hüfte, rechtes Bein. Er ging in die Knie, fuhr die Innenseite des rechten Beins herauf, hielt kurz inne und wechselte die Seiten, fuhr das linke Innenbein wieder herunter und die Außenseite herauf, bis er wieder da angekommen war, wo er angefangen hatte.

Yoshihiro trat wieder zurück und schaute ihr noch einmal in die Augen, diesmal aber so, als hätte er etwas entdeckt; gleichzeitig blieb sein Blick diskret, rätselhaft, sanft. Er atmete schwerer, dann strich er ihr eine Haarsträhne hinter das Ohr und ging in die offene Küche. »Grünen Tee?«

Sie nickte.

Er kochte den Tee und füllte ihn in zwei schöne Schalen. Sie löste sich von der Scheibe und stand nun auf dem Teppich. Von hier aus spiegelte die Scheibe. Er setzte sich auf eines der großen Bodenkissen und bot ihr das zweite an. Auf einmal schien alles wieder ganz selbstverständlich. Sie tranken den Tee, und die Spannung hatte sich restlos entladen, als hätte es die Situation zuvor gar nicht gegeben.

Nach einem tiefen, traumlosen Schlaf erwachte sie am nächsten Morgen im Hotel. Ihre Berührung am Fenster erschien nun wie eine rote Erhebung auf einer weißen Fläche, und sie war sich nicht mehr sicher, ob sie nicht im Nachhinein auf das Bild gesetzt worden war.

Das Telefon klingelte. Der Rezeptionist sagte, man hätte eine Nachricht für sie, und fragte, ob man sie ihr zustellen könne. Ja, antwortete sie und meinte nein. Sie zog einen der dünnen weißen Baumwollkimonos über und wartete an der Tür. Der Kimono passte genau, die beiden Enden des Gürtels waren gleich lang und hingen links und rechts auf ihren Oberschenkel. Sie schaute in den Spiegel neben dem Eingang: nichts von einer kleinen, schlampigen, rothaarigen Elfe. Nach ein paar Minuten klopfte es. Sie öffnete, und ein Page brachte ihr einen kleinen Brief auf einem Holztablett. Auf dem Umschlag stand: *Mr. Ginster*. Sie gab dem Pagen ein paar Münzen und hielt den Umschlag in den Händen. Wer war Mr. Ginster? Wahrscheinlich hatten sie sich nur verschrieben, aber die Frage stellte sich trotzdem. Sie war es nicht, und Victor war es auch nicht.

Sie öffnete den Brief: ein Hotelvordruck mit einer maschinengetippten Nachricht.

Alison – wo bist du?
V.
9.45 Uhr Berlin, Deutschland

Victor? Berlin? Die Sätze aus dem Film im Flugzeug: *Du hast dich selbst angelockt. Ich warte nicht auf dich. Ich bin da.*

Sie wählte die Nummer der Rezeption. Der Rezeptionist meldete sich mit: »Was kann ich für sie tun, Mr. Ginster?« Sie legte auf.

Sie öffnete die Minibar und nahm einen kalten Milchkaffee heraus. Die gleiche Dose wie auf dem Bahnsteig. Hatte Yoko jemandem in Berlin erzählt, in welchem Hotel sie gebucht hatte? Sie wählte Siris Nummer. Es dauerte, bis sich die Leitung aufgebaut hatte. Jemand stellte ihr eine Frage, die sich durch das Senden der Frage selbst beantwortete. Wenn dieser Jemand nicht wusste, wo sie war, dann konnte er ihr die Frage auch nicht stellen. *Du hast dich selbst angelockt.* Sie warf die leere Dose in den kleinen Papierkorb unter dem Schreibtisch. *Ich warte nicht auf dich. Ich bin da.*

Der Telefonhörer an ihrer Wange fühlte sich kalt an. Das Knacken. Eduard.

»Hallo, hier ist Alison«, sagte sie erleichtert.

»Hallo, Alison«, antwortete er, und sie hielt den Atem an. Seine Stimme klang so niedergeschlagen, wie sie sie nie gehört hatte. Es musste die Entfernung sein, die seine Stimme so hinabzog, jeden anderen Gedankenfetzen verscheuchte sie sofort.

»Ist was passiert?« fragte sie zögernd.

»Wo bist du?« fragte er.

»In Japan. Du klingst so ...«

»Siri ...«, begann er, dann erstarb seine Stimme. Es war nicht die Entfernung.

»Was?«

»Sie liegt im Krankenhaus.«

»Was?«

»Ich bin gerade dort. Sie ist fast ...«

»Nein«, rief sie, dann leise: »Nein.«

»Sie kommt durch, Bernhardt hat sie gefunden.«

»Bernhardt?«

»Ihr Großvater.«

Schweigen.

»Sie sagt, sie wollte nicht sterben.«

»Aber ...«

»Es war knapp.«

Pause.

»Warum?«

Schweigen am anderen Ende der Leitung.

»Warum«, wiederholte Eduard.

Warum?

»Sie fragt nach dir«, sagte Eduard.

»Oh, Gott, Eduard, das tut mir so leid.«

Eduard sagte: »Ist schon gut.«

»Kann man sie anrufen?« fragte sie.

»Ja, sie fragt nach dir.«

Eduard gab ihr eine Nummer. Bevor sie auflegte, wollte sie noch nach Felix fragen, aber sie wusste nicht, wie. Sein Name wäre ihr in der Kehle steckengeblieben.

»Was?« fragte er dann. »Im Kindergarten.«

Sie hatte nichts gefragt. Im Kindergarten. Sie sagte »Gott sei Dank«, als sei der Kindergarten das Heilige Land. Dann legte sie auf und ließ sich zurück auf ihr Bett fallen.

Sie konnte jede einzelne Latte des Lattenrosts durch die Matratze spüren. Eine Latte drückte in ihren Nacken, eine gegen ihre Brustwirbel und eine auf das Steißbein. Als läge sie auf einer Pritsche. Irgendwie hatte Eduard so geklungen, als hätte Siri sich das Leben genommen, aber so etwas würde sie nie tun, niemals. Schon allein wegen Felix. Sie schaute auf den Rauchmelder an der Decke und steckte sich eine Zigarette an.

Nach einer Weile richtete sie sich wieder auf und wählte die Nummer, die Eduard ihr gegeben hatte. Siri meldete sich mit einer leisen, klaren Stimme; sie meldete sich mit ihrem Vornamen, ließ den Namen weg, den sie von Eduard übernommen hatte.

»Siri, mein Gott, was …?«

»Alison, wie gut, dass du anrufst«, antwortete sie.

»Wie …?«

»Du musst mir helfen«, sagte Siri drängend, gehetzt und so leise, dass sie es fast nicht hören konnte.

»Natürlich, wie …?«

»Die Blumen, die Blumen waren von Eduard. Die Blumen und die Pillen hatten die gleichen Farben. Genau die gleichen. Ich war es nicht, hörst du? Ich habe mich nicht umgebracht.

Ich weiß nicht, was passiert ist, aber die Blumen, verstehst du? Bitte!«

»Was? Was meinst …?«

»Ich habe es nicht getan, hörst du, du musst mir glauben, ich habe es nicht getan«, ihre Stimme überschlug sich fast, so leise sie auch war, »ich weiß nicht, was das alles zu bedeuten hat, aber er hat sich heute Morgen Schuhe gekauft. Zwischendurch hat er sich Schuhe gekauft.«

»Aber …«, versuchte sie.

»Nein, ich weiß auch nicht, aber ich weiß, ich war es nicht. In meinem Magen wurden lauter Medikamente gefunden. Ich kann mich nicht erinnern, so viele Medikamente genommen zu haben. Ich war krank, ich habe die üblichen Pillen genommen, Antibiotika, Kopfwehtabletten, Schlaftabletten, und irgendwas Neues gegen die Angst, das Eduard mir mitgebracht hat. Sie meinten, die Kombination hätte fast ausgereicht …«

Es raschelte in der Leitung.

»Siri?«

»Ich muss aufhören, es kommt jemand rein, gib mir deine Nummer.«

Gerade konnte sie ihr noch den Namen ihres Hotels sagen, da klickte es, und die Leitung wurde getrennt.

Alison drückte die Zigarette aus. Sie rieb sich die Augen. Das alles passierte wirklich. Siri hatte sich nicht umgebracht. Ein Unfall? Wusste Eduard mehr, als er zugab?

Es war schon dunkel draußen, als Yoko wieder erwachte. Ihre linke Seite schmerzte ein wenig. Sie musste neben ihrer Mutter eingeschlafen sein. Sie sah den Nachttisch, den halboffenen Schrank, den alten Feiertagskimono. Auf der anderen Seite, auf der Seite, auf der Vater geschlafen hatte, das Bücherregal mit einer alten, ledergebundenen Goethe-Gesamtausgabe und einigen Bänden Schiller und Lessing.

Es war still im Haus. Sie ging durch den Flur an der Küche vorbei bis zum Wohnzimmer. Wieder stieg ihr der vertraute Geruch in die Nase, der ihr gleich beim Eintreten aufgefallen war, dieser Geruch, dem etwas fehlte – etwas Rauchiges, Staubiges. Sie drehte sich einmal um die eigene Achse. Das Haus hüllte sich weiter in Schweigen. Es war ein japanisches Haus, dachte sie, auch wenn es hier kiloweise deutsche Bücher gab, war es ein japanisches Haus. Sie musste fast lachen: In Japan pflegten selbst die Häuser ihre geheimnisvolle Seite. Sie schaute die Treppe hinab, auf der sie vorhin ihren Bruder wiedergesehen hatte. Wo war er nur, und wo waren ihre Mutter und ihre Schwägerin?

Sie fasste all ihren Mut zusammen und schaute ins Wohnzimmer, und für einen kurzen Augenblick meinte sie ihren Vater dort sitzen zu sehen. Aber gleich war dieses Bild wieder weg, und das Wohnzimmer lag genauso leer und geheimnisträchtig da wie die anderen Zimmer. Wo waren sie nur alle hingegangen? Und wieso hatten sie sie hier zurückgelassen? Sie konnten doch nicht einfach weg sein. Irgendjemand musste sie doch bewachen. Ihr Blick fiel erneut auf das Bild des Kranichs an der Wand des Wohnzimmers. Sie trat näher heran. Es war kein Rollbild, aber es hing trotzdem einfach so an der Wand, ohne Rahmen, ohne Glas. Der Kranich sollte fliegen können, nicht eingesperrt sein hinter Glas.

Das Papier war schon leicht vergilbt. Ihre Nase stieß fast an, so nahe beugte sie sich vor. Und als sie so dicht vor dem Bild stand, stieg ihr von dort aus der Geruch entgegen, der im ganzen Haus fehlte. Diese Mischung aus Staub und Rauch.

Sie wich zurück.

Der Geruch war in dem Bild gefangen. Sie wusste nicht, was das zu bedeuten hatte. Sie rührte sich nicht von der Stelle.

Dann näherte sie sich dem Bild noch einmal und sah, dass das Weiß des Bildes ganz und gar von Fingerabdrücken übersät war, so als hätte jemand jeden Zentimeter davon abgetastet. Sie ging ein paar Schritte zurück und sah die Fingerkuppen ihres Vaters vor sich, die von den vielen alten Büchern ganz grau und staubig geworden waren.

Das war es.

Dieser Geruch fehlte. Der Geruch der Fingerkuppen ihres Vaters.

Auf einmal hörte sie Schritte von draußen. Die Haustür ging auf, jemand streifte seine Schuhe ab, zögerte etwas, kam dann die Treppe herauf.

Sie legte ihre Finger auf den fiederigen Körper des Kranichs. Ihre Schwägerin kam ins Zimmer, blieb stehen und schaute sie unverwandt an. Ihr stockte der Atem, sie drückte ihre Finger gegen das Papier.

»Du hast mein Leben zerstört«, sagte ihre Schwägerin, »du hast es einfach zerstört.«

Yoko löste ihre Finger wieder etwas, um die Federn nicht zu beschädigen, um den Vogel nicht zu verletzen.

»Du hast alles zerstört«, fuhr sie fort, ohne eine Miene zu verziehen.

Die Worte bauten sich vor ihr auf.

»Glaubt Mutter, dass er noch lebt?« fragte Yoko und löste ihre Hand von dem Bild.

»Ha«, sagte ihre Schwägerin mit einem Lachen, das sie noch nie an ihr gesehen hatte. »Es war mir immer klar, dass du dachtest, auch ihn auf dem Gewissen zu haben. Du hast dir immer schon eingebildet, sein Tod zu sein, sein Tod und sein Leben. Aber so war es nicht. Du warst nicht sein Tod, weder sein Tod noch sein Leben. Was glaubst du eigentlich? Es dreht sich nicht alles um dich.«

»Glaubt sie, dass er noch lebt?« wiederholte Yoko.

»So einfach ist das nicht«, sagte ihre Schwägerin und lachte wieder dieses Lachen, das sie nicht kannte. »Frag sie. Deine Mutter ist der einzige Mensch, den du nicht getäuscht hast, deine Mutter weiß, was passiert ist, sie sieht klar, sie denkt nicht nur an sich. Du täuschst alle, aber sie nicht.«

Täuschen? Etwas in ihr verband sich mit diesem Wort, und etwas anderes in ihr wusste überhaupt nicht, wovon ihre Schwägerin sprach.

»Meine Mutter«, flüsterte sie und nickte.

Ihre Schwägerin blieb stehen, schaute sie an und schien auf etwas zu warten, auf eine Reaktion von ihr.

Yoko blieb stehen und konnte zusehen, wie sich ein großes, weißes Loch in ihr ausbreitete. Das Gesicht ihrer Schwägerin glättete sich wieder, das Lachen verschwand aus ihren Gesichtszügen; es zog ab, wie es aufgezogen war.

Und weiß und leer, wie es in ihr war, machte sie eine tiefe Verbeugung.

5 Alles andere war früher

Die pflaumenfarbenen Blumen in der Lobby waren plötzlich gelb, und der Page trug eine andere Uniform und einen Schnauzbart, der ihm selbst suspekt vorkam, denn er schielte auf die Spitzen links und rechts neben seinen Nasenflügeln, als fielen sie jede Sekunde ab. Gelb also. Der Taxifahrer verstand offenbar Englisch, denn er nickte, als ihm Alison die Adresse der Deutschen Botschaft nannte, und fuhr los. Der Taxifahrer nahm ihre Geldscheine mit seinen weißen Handschuhen und legte kurz das Kinn auf seine Brust. Das war die Minimalversion einer Verbeugung und wahrscheinlich das Pendant zu dem rotzigen Rauswurf eines Berliner Kollegen. Sie fragte den Taxifahrer: »Mögen Sie Haiku?« und er sagte: »Nein, danke.« Was hatte sie erwartet?

In der Botschaft sagte sie »Alison Ginster«. Der Pförtner ließ sie ein, sagte eine Zahl, die wie »103« klang, und schaute wieder zu Boden. Er trug ein Toupet, und man konnte einzelne Haare sehen, die an einem beigefarbenen Stoff angenäht waren. Sie dachte an das 103, eines ihrer Lieblingscafés in Berlin, in dem Maxim Biller herumschlich und die Kastanienallee endete. Gab es hier überhaupt Kastanien? Aus dem Aufzug kam eine Gruppe junger deutscher Männer und grüßte. Bis hierhin hatte sie nicht bemerkt, was sie gerade tat.

Sie ging den Flur entlang bis Zimmer 103. Sie klopfte, es war niemand da. Sie öffnete die Tür, der Schreibtisch war aufgeräumt. Sie setzte sich und wartete. Ihr Herz schlug. Sie musste nicht lange warten. Das Telefon klingelte, als hätte es auf sie gewartet.

Sie hob ab, eine Frauenstimme sagte, es gebe eine Vermisstensuche, die Anfrage käme aus Berlin. Dann erklang kurz Beethoven, der Beethoven, den sie in dem Café in der Linienstraße gehört hatte, in dem die rothaarige Kellnerin Schmetterlinge an Eduard geschickt hatte. Sie musste Siri anrufen. Dann knackte es, das Knacken, das sie in dem Café in der Linienstraße gehört hatte, wo Siri so bezwingend schön vor dem Fenster gestanden hatte. Dann hörte sie eine Stimme, die niemand anderem gehörte als – Victor: »Hallo?«

Sie dachte, es müsste ihr die Sprache verschlagen, aber sie sagte leise: »Ja?«

Und er fragte: »Können Sie mir helfen?«

Nein, dachte sie, kann ich nicht.

»Ich suche meine Frau.«

Sie versuchte etwas zu sagen, aber es gelang ihr nicht, er fuhr fort: »Sie heißt Alison Ginster.«

»Ich …«, fing sie an.

»Sie ist allein«, sagte er leise.

»Nein«, sagte sie.

»Was?« fragte er. »Wer?«

»Ich …«, sagte sie wieder.

»Hallo? Ich verstehe Sie so schlecht, die Leitung …«, sagte er. Das Knacken. Er hörte es auch.

»Ich habe sie gefunden«, sagte sie dann.

»Was? Sie? Wer sind Sie? Wo ist sie?« fragte er. Ihre Stimme. Er erkannte sie nicht.

»Hier«, sagte sie und: »jetzt«, und legte auf.

Dann erhob sie sich, ging hinaus und öffnete die Tür des Taxis, das vor der Botschaft wartete. Im Fond des Wagens saß Yoshihiro und schaute zu Boden: »Fahren wir?«

Sie nickte.

Die Kreuzungen mit den Menschenmassen, die sie passierten, kamen ihr jetzt schon vertrauter vor. Die Ordnung der Menschen, wie sie an den Ampeln standen, wie die Autos sich einreihten, in welchen Intervallen die Leuchtreklamen blinkten – alles erschien ihr jetzt wie ein Refrain, den sie mitsummen konnte. Es war nicht ihr Lieblingslied, und es würde auch nie ihr Lieblingslied werden, aber sie konnte es wenigstens mitsummen.

Yoshihiro ließ das Taxi halten.

»Wollen Sie baden?« fragte er.

Baden?

Ja, sie wollte baden. Sie wollte sogar unheimlich gerne baden, baden war genau das, was sie jetzt wollte.

»Dann warte ich hier auf Sie«, sagte er und deutete mit dem Gesicht auf das kleine alte Haus, vor dem das Taxi gehalten hatte. Gerade waren sie noch an einer Reihe von Hochhäusern vorbeigefahren, von denen Berlin nur träumen konnte. Das war Japan. Hier gab es Automaten für gebrauchte Mädchenunterwäsche und den erotischen Kult um entblößte Nacken, das bis zur Verzerrung verlangsamte Tempo der Teezeremonie und das *Fast-Forward* der Supermarktkassiererinnen. Es gab beide Enden des Spektrums und wenig Greifbares dazwischen. Baden. Langsam fühlte sie sich sogar aufgehoben in diesem Land, in dem die Menschen in der Bahn schliefen, als wären sie allein und bräuchten keine Kopfkissen. Sie stieg aus. Er rief ihr noch nach, sie solle am Empfang seinen Namen nennen.

Die alte Dame verbeugte sich tief und schaute sie eindringlich an. Alison sagte Yoshihiros Namen, und die alte Dame verbeugte sich erneut, dann deutete sie mit einer langsamen Handbewegung nach links, und sie gingen durch eine Schiebetür in einen kleinen Raum. Dort entkleidete sich Alison, duschte in der mit ungeschliffenem Granit ausgelegten Dusche und wickelte sich in einen Leinenbademantel. Dann öffnete sie die Tür in das Bad hinein. Die alte Dame wartete hinter der Tür, verbeugte sich erneut, gab ihr einen kleinen weißen Lappen und zeigte dann auf ein dampfendes Becken, das in dem kleinen Garten hinter der Glasscheibe lag.

Sie ging barfuß über die kalten Steine und stieg in das Becken, das so heiß war, dass sie anfangs dachte, sie könne es niemals aushalten, aber sie stieg einfach hinein, so wie sie einfach in die Botschaft marschiert war. Sie tränkte den Lappen und legte ihn sich auf den Kopf, wie sie es in japanischen Filmen gesehen hatte.

Die Luft war klar und kalt. Sie saß nackt in dem heißen Wasser, und in diesem Moment vollendete sich ein Kreis, der in dem Schwimmbad in Berlin angefangen hatte. Einzelne Tropfen rannen von dem nassen Lappen über ihre Stirn.

Vielleicht war Victor gar nicht verschwunden, sondern sie.

Sie bewegte ihre Zehen durch das heiße Wasser. Alles, was vor diesem Augenblick hier in diesem Garten in diesem Becken war, verschwamm. Ihr Blick weitete sich, und sie sah, wie die alte Dame sie durch die Glasscheibe hindurch mit einem tiefen Lächeln anschaute. Sie musste nicht zurücklächeln, denn sie hatte damit angefangen.

Das Leben ändert sich in einem Augenblick. Von einem Moment zum anderen hört das Leben, das man kennt, auf. Ihr Leben, das sich so wohlig angefühlt hatte, dass sie es manchmal gar nicht mehr bemerkt hatte, hatte in dem Moment aufgehört, als Victor nicht am Flughafen angekommen war; und in dem Moment, in dem sie durch die offene Tür von Yoshihiros Wohnung der glitzernden Stadt entgegengelaufen war, da hatte ihr Leben noch einmal aufgehört und gleichzeitig ein anderes angefangen. Sie hatte viel weniger zu verlieren gehabt, als sie gedacht hatte.

Und jetzt wusste sie auf einmal, dass sie keine Angst mehr davor haben musste, diese andere Frau zu treffen, dass es diese Doppelgängerin anders gegeben hatte, als sie gedacht hatte.

Die alte Dame hinter der Glasscheibe des Badhauses wandte ihren Blick ab und nahm ihre Arbeit wieder auf, begann mit feinen Bewegungen erneut die Handtücher zu falten, die neben ihr lagen, eines nach dem anderen, so als wäre die Zeit nie in Sekunden geteilt worden. Alle Zeit der Welt in diesem Augenblick. Die Gedanken spulten sich langsam und ruhig in ihrem Kopf ab und irritierten sie nicht. Sie waren einfach da, wie das Plätschern des Wassers und das Rascheln der Blätter um sie herum. Sie formte mit ihren Lippen ihren Namen.

Alison Ginster badete in einem hölzernen Wassertrog in einem Badehaus in Tokio. Alles andere war früher.

Friederike hatte Stasiuk umgedreht, mit dem Kopf nach unten auf den Beifahrersitz gedrückt, und fuhr nun langsam auf der rechten Spur zurück nach Mitte. Stasiuk war nicht wie sie, er lebte nicht in seinen Texten, er war ein solches Mammut an Lebenskraft, dass er niemals in seine Bücher passen würde. Er schrieb seine Bücher nicht, um sich ein Leben zu erfinden, er schrieb seine Bücher, wie er soff, liebte und in alten Autos durch vergessene Landschaften fuhr.

Der Alexanderplatz lag vor ihr, der umgedrehte Stasiuk neben ihr – beide schwiegen, beide taten teilnahmslos, die teilnahmslosen Tataren.

Dass es auch noch *Neun* hieß, Stasiuks Meisterwerk, neun Monate, neun Monde, Neumond, neuer Mund, neues Leben. Würde sie wirklich ein Leben zur Welt bringen? Eines, das atmen konnte? War es wirklich möglich, dass man nicht spürte, wenn in einem drin, mitten in der Mitte des eigenen Körpers, ein neues Leben entstand?

Stille. Keine Antwort. *In den kurzen Augenblicken, in denen man umsonst spricht, ist es so, als stürbe man.* Freud hatte es gewusst. Noch ein Text, und gleich würden noch mehr kommen, das war immer so, wenn es erst einmal anfing, dann kamen sie einer nach dem anderen, die Texte, die sie in sich gehortet hatte, um ihre Sehnsucht zu umranken. Wenn erst einmal ein winziges Wesen mit grauen Augen auf ihr herumsprang, würde sich das vielleicht ändern, dann wären die Texte vielleicht in einem kleinen Raum verstaut und der Rest von Bullerbü erfüllt. Ein schöner Gedanke, aber auch einer, der ihr Angst einflößte. Traum und Tod, dachte sie. Noch einmal Freud.

Auf der rechten Seite der Plattenbau, auf dem Stellen aus Döblins *Berlin Alexanderplatz* in dunkelgrauen, graphischen Buchstaben aufgemalt waren. Eigentlich waren für sie diese Buchstaben der richtige Alexanderplatz, und nicht der Platz, über den man fahren konnte. Dieser Platz kam einer Farce gleich, über die Döblin gelacht oder geweint hätte, wahrscheinlich eher geweint. Aber jetzt dachte sie, dass sie damit vollkommen falsch lag, weil sie selbst es war, über die er geweint hätte, weil sie mehr in seinen Buchstaben lebte als auf der Straße und das kein richtiges Leben war. Traum und Tod. Freud ließ sich nicht vertreiben, nicht so schnell, nicht so einfach.

Noch mit zwanzig hatte der Tod einen Ausgang dargestellt, eine denkbare Option, einen Ausweg, aber nun bekam er immer mehr einen sentimentalen Anstrich, wurde immer mehr zu etwas, das sie sich nicht mehr abkaufte. Je älter sie wurde, desto weniger kaufte sie sich den Tod als mögliche Freiheitsoption ab; je älter sie wurde, desto mehr wurde der Gedanke denkbar, dass Tod etwas war, das sowieso passieren würde, und dieser Gedanke wäre mit zwanzig der allergrößte Skandal gewesen, den man sich überhaupt ausmalen konnte, oder etwa nicht?

Genau drei Jahre war es her, dass ihr eine einzige Szene aus einem einzigen Buch den Freitod vermasselt hatte. Es war nur eine Szene, aber ihr Ton würde als Hintergrundmusik spielen und alles zunichtemachen, jeden noch so mutigen Versuch.

Die junge Frau aus dem Buch konnte sich nicht aus dem Fenster stürzen, weil von irgendwoher die falsche Musik spielte und sie es mit *diesem allerschlechtesten Folksong der Welt* einfach nicht tun konnte, weil sie sich mit *Mhairis Wedding, diesem besonders misslungenen Beispiel pseudokeltischer Kitschkost* einfach nicht aus dem Leben verabschieden konnte.

Sterben konnte sie also nicht, und nach Hause konnte sie auch nicht, weil das ein Verrat wäre – an Stasiuk und seinem singenden Kneipenwirt. Vielleicht in den Laden. Weit war es nicht. Gerade fuhr sie durch die Münzstraße, die noch vor ein paar Jahren karg gewesen war, eine Durchgangsstraße vom Hackeschen Markt zum Alexanderplatz mit ein paar skurrilen Kneipen, Dönerbuden und einem Kleinstadt-Italiener, aber inzwischen boomte es hier, und jeden Monat eröffnete ein neuer Shop. Vielleicht sollte sie also in ihren Laden fahren und sich die Lippen schminken mit dem brombeerfarbenen Lippenstift, den ihr Tom am ersten Tag von den Lippen geküsst hatte. Aber auch im Laden würde sie nur darauf warten, dass es endlich Abend wurde. Er wartete nie. Es war immer sie, die wartete.

Inzwischen stand sie am Rosenthaler Platz auf der Linksabbiegerspur an der roten Ampel, um in die Invalidenstraße einzubiegen. Dann erschien auf der rechten Seite das Naturkundemuseum, und durch die Fensterfront konnte man ein Dinosaurierskelett sehen. Wenn sie ihre Tochter schon nicht nach Polen brachte, wo ihr Vater beweint werden konnte, dann würde sie jetzt wenigstens mit ihr ins Museum zu den Dinosauriern gehen.

»Ein Erwachsener, ein Kind«, sagte sie zu der Frau an der Kasse.

Die Kassiererin erhob sich etwas von ihrem Drehstuhl und lugte hinter ihrem Tresen hervor: »Wo …?«

Sie fasste sich mit der flachen Hand auf die Lippen, wie um die Wörter zurück in ihre Mundhöhle zu schieben.

Die Kassiererin schaute sie zögernd an.

»Eine Person«, sagte sie, legte einen Schein auf den Tresen, nahm die Karte und ging hinein, dem Dinosaurier entgegen.

Das Gerippe war so groß, dass sie ihren Kopf gar nicht weit genug in den Nacken legen konnte. Auf einer Animation riss ein kleinerer Dinosaurier einem anderen Tier ein Bein aus. Vielleicht nicht das richtige Begrüßungskomitee für ein Neugeborenes, dachte sie und ging durch die große Halle hindurch in die wunderbar verstaubten Räume mit den ausgestopften Tieren – schon besser.

Als sie an dem Nilpferdbaby vorbeikam, stand ein kleines, dunkel gelocktes Mädchen mit offenem Mund davor, das ihre Tochter gewesen sein könnte. Sie konnte nicht anders, sie strich dem kleinen Mädchen über die Locken.

»Mami, warum hat das Nilpferd so viele Zahnlücken?« fragte das Mädchen, drehte sich um und bekam einen Schreck.

Eine blonde, großgewachsene Frau mit langen glatten Haaren kam um die Ecke und nahm das Mädchen auf den Arm. Die Kleine schmiegte sich an die Blonde und fragte noch einmal flüsternd nach den Zahnlücken, wobei sie Friederike aus den Augenwinkeln musterte.

Sie ging weiter in die Räume, wo Berglandschaften hinter Glas aufgebaut waren. Den Pappmascheehügeln sah man ihr Alter an, den gemalten Himmeln die Pinselstriche – nicht einmal der Versuch eines Als-ob, ganz klare Schaukastenwelt, herrlich. Vielleicht gefiel ihr das alles deswegen so gut, weil es so etwas wie eine Entwirklichung darstellte, die sternenferne Welt, die sich immer dann vor ihr auftat, wenn Tom da und dann wieder weg war.

Der Raum mit den Planeten. Jeder einzelne wunderschön, einzigartig und allein. Selbst die kleinen, weniger spektakulären Sterne, Kometen und Meteoriten waren allein, und wenn sie sich mal trafen, dann zerstörte dieses Aufeinandertreffen den einen, vernichtete den anderen. Jede Begegnung hinterließ einen tiefen Krater, wenn überhaupt noch etwas von ihnen übrig blieb.

Sie schaute auf die Uhr: gerade mal zwei. Was war nur mit ihr los? Sie konnte nicht einmal das Planetensystem betrachten, ohne sich gleich irgendwelche Katastrophen vorzustellen. Sie sollte lieber wieder gehen, vielleicht doch in den Laden, das neue Thema voranbringen, an der Promotion schreiben, über die Lüge nachdenken, aber nicht das Naturkundemuseum dramatisieren.

Gerade gestern Abend hatte sie darüber nachgedacht, was die Lüge mit dem Tod zu tun hatte und die Wahrheit mit dem Leben; und dass die Suche nach der Wahrheit genauso bedrohlich war wie die Suche nach der Lüge; und dass die Welt der Lüge jeden in ein unfassbares Netz verstrickte und die Welt der Wahrheit so lange trennte und teilte, bis man eingemauert war zwischen diesen Grenzen.

Vielleicht sollte sie zu Tom fahren und einfach nur bei ihm sein. Wenn er sie sehen wollte, wie er vorhin gesagt hatte (schließlich hatte er angerufen, nicht sie), dann würde er nichts dagegen haben, wenn sie jetzt schon kam.

Sie klingelte an Toms Haustür. Die Stimme aus der Gegensprechanlage klang ein bisschen gehetzt, oder täuschte sie sich? Schließlich wollte er eine Tochter mit ihr, er hatte das gesagt, heute, sie hatte sich das nicht eingebildet.

Als sie vor ihm stand, flirrte sein Blick. Vielleicht war es doch nicht so gut gewesen zu kommen.

»Fritz, ich …«, stotterte er.

»Ich war in der Gegend«, sagte sie.

»Komm rein«, sagte er, blieb aber im Türrahmen stehen.

Erst jetzt merkte sie, dass sie ihn eigentlich gar nicht sehen wollte, dass es nur nicht anders gegangen war, dass ihre Sehnsucht sie wie einen Geisterfahrer in die falsche Richtung gelenkt hatte. Sie gab ihm einen Kuss und drehte sich wieder um: »Das war's auch schon.«

Schlagartig beruhigte sich sein Blick, er schaute sie an und räumte den Durchgang. Sie zwang sich, die Treppe wieder herunterzusteigen, Schritt für Schritt, Stufe für Stufe. Er wollte eine Tochter mit ihr, aber das hieß nicht, dass er nicht mehr allein sein durfte. Sie würde das nie verstehen, aber etwas in ihr ließ sie so handeln, als täte sie es.

Als sie wieder im Auto saß, ließ sie ihren Kopf auf das Lenkrad sinken. Sie war zu alt, um zu fliehen, und zu jung, um nach Hause zu fahren. War man an einem Punkt, an dem man genau dort bleiben musste, wo man nicht mehr weiter wusste?

Ihr Blick fiel auf das umgedrehte Buch auf dem Beifahrersitz. Sie nahm Stasiuk hoch, drückte ihn an die Brust und flüsterte die Frage, die sie niemandem vorher je gestellt hatte: »Wie machst du das, leben?«

Ich habe die Blumen der Krankenschwester gegeben«, sagte Eduard, als er wieder in ihr Zimmer kam, »für das Schwesternzimmer. Sie meinte, sie könne es gar nicht sehen, dass Blumen einfach so auf dem Gang rumstünden.«

Sie reagierte nicht.

Er schaute sie fragend an.

»Und was hat sie gesagt?« fragte sie mit monotoner Stimme.

»Bedankt hat sie sich«, sagte er. »Was sollte sie denn sagen?«

»Vielleicht dass sie am Leben bleiben möchte.«

Er schaute sie entsetzt an: »Was?«

»Dass sie leben möchte, einfach nur, weil leben besser ist als sterben.«

»Siri ...?«

»Was ist?«

»Willst du vielleicht ein bisschen schlafen?« fragte er.

»Ich weiß, was ich sage«, sagte sie, »und du weißt es auch.«

»Was weiß ich?« fragte er zögerlich.

»Es gibt Menschen, die gerne leben.«

Er ging ans Fenster, schaute hinaus. Auf dem Krankenhaushof schob eine Mutter ihren Sohn im Rollstuhl über den Weg.

»Oh, Gott, die Armen«, murmelte er.

»Wer?«

»Die Mutter.«

»Wovon sprichst du?« fragte sie.

»Da draußen schiebt eine Mutter ihren Sohn im Rollstuhl durch die Gegend. Wie müde sie aussieht.«

Schweigen.

»Wie geht es Felix? Hat er was gefragt?«

»Hat er.«

»Und?«

»Ich habe ihm gesagt, dass er dich nicht besuchen kann, weil du Ruhe brauchst, um schnell gesund zu werden. Und er hat es verstanden. Du kennst ihn doch. Er versteht schon so viel.«

Ihre Verachtung für ihn nahm wieder Fahrt auf.

»Wenn er dich doch besuchen kommt, dann möchte ich, dass du dich ein bisschen zusammenreißt und sitzt«, sagte er.

»Sitzt?«

»Ist das zu viel verlangt?« fragte er, und seine Stimme bekam einen Unterton, den sie noch nie gehört hatte. Gemein war er noch nie zu ihr gewesen, er war kein gemeiner Mensch.

»Eduard?« fragte sie jetzt mit sanfterer Stimme, dann machte sie eine lange Pause: »Ich habe mich nicht umgebracht.«

Er drehte seinen Kopf, schaute ihr in die Augen und sagte: »Ich weiß.«

Sie schwiegen, dann sagte er mit einem Zittern in der Stimme: »Ich möchte dich so gerne …«

»Umbringen?« fragte sie.

»Glücklich machen«, antwortete er, als hätte er ihre Frage nicht gehört.

Felix kam nicht ins Krankenhaus, kein einziges Mal. Eduard fand, es war besser so, und vielleicht hatte er sogar recht. Solche Dinge konnte sie immer weniger beurteilen.

Plötzlich stand ihr Bruder vor ihr.

»Mutter ist wieder wach«, sagte er.

»Ich weiß«, sagte Yoko. »Wo wart ihr?«

»Wir wollten dich ein bisschen alleine lassen. Du warst lange nicht hier. Wir wollten dich von Vater Abschied nehmen lassen.«

»Denkt Mutter, dass er noch lebt?« fragte sie.

»Manchmal, aber meistens denkt sie, er hätte sich umgebracht, weil sie ihm keine gute Gesprächspartnerin war.«

»Ich ...«

»Und du denkst, du hättest ihn umgebracht«, sagte er.

»Aber ...«

»Und beides stimmt nicht. Er ist gestorben, weil er krank war. Schon seit Jahren, er hatte diesen Krebs schon lange, bevor das mit dir und den Ausländern anfing.«

»Lange bevor ...«

»Er hätte sich nie umgebracht, und er hätte sich auch nie umbringen lassen.«

»Ich war es nicht«, sagte Yoko zu sich selbst, »ich war es nicht.«

»Sollen wir jetzt zu ihr?« fragte er. »Sie will so gerne hören, wie es dir geht.«

Sie nickte und fragte: »Wo ist sie?«

»Im Wohnzimmer.«

Yoko schaute ihn fragend an.

»Alles ist anders, seit du weg bist. Und nichts lässt sich mehr so erklären, dass es einen einzigen Sinn ergibt. Dein

Weggehen hat einen Riss hinterlassen, mitten durch alles hindurch – und seitdem ist alles gleichzeitig links und rechts, wahr und unwahr, Tag und Nacht.«

»Aber …«, flüsterte Yoko.

»Am Anfang bin ich fast verrückt geworden, aber inzwischen …«

Yoko setzte sich aufs Bett und schaute an ihren nackten Beinen hinunter.

»Inzwischen fühle ich mich wohler als vorher, wo alles noch an seinem Platz war, wo die Logik groß genug war für alles«, er machte eine kleine Pause. »Sollen wir jetzt zu Mutter gehen? Sie ist so weit.«

Yoko blieb sitzen. »Ich …, es tut mir leid«, flüsterte sie, »es tut mir so leid. Ich wusste nicht, was …«

»Nein«, sagte er und griff sie sanft am Arm, »du hast mir das Leben gerettet. Ohne dich wäre ich an meinem Weltbild erstickt.«

Yoko lehnte ihren Kopf an seine Schulter. Nach ein paar Minuten sah er sie fragend an, und sie gingen ins Wohnzimmer.

Ihre Mutter saß auf dem Sofa und schaute wieder durch sie hindurch, aber diesmal mit einem gänzlich anderen Ausdruck in den Augen.

»Yoko, bist du das? Bist du allein gekommen?« fragte sie, und ihre Stimme klang sanft, interessiert, mütterlich.

Yoko schluckte, schüttelte dann den Kopf. Alison schoss ihr durch den Kopf.

»Hast du deinen Mann mitgebracht? Willst du ihn uns nicht vorstellen?« fragte ihre Mutter.

Ihr Bruder erhöhte den Druck auf ihren Arm. Yoko dachte an James, den Mann, der aus ihrer Wohnung verschwunden war, an seine Augen, seinen Blick, dann sagte sie: »Er konnte leider nicht kommen, er hat in Berlin zu tun, aber er schickt Grüße.«

»Schade, das ist schade«, sagte ihre Mutter, »das nächste Mal musst du ihn aber mitbringen, weil … war er denn schon einmal in Japan?«

Yoko schüttelte den Kopf.

»Dann müsst ihr zur Kirschblüte kommen, dann müsst ihr kommen, wenn die Kirsche blüht. Gibt es denn da, wo seine Familie herkommt, auch Jahreszeiten?« fragte ihre Mutter, immer noch den Blick durch sie hindurch auf einen Punkt gerichtet, der zu verschwinden, der ihr keinen Halt zu geben schien.

Yoko schüttelte den Kopf.

Diese Frage. Es war alles anders geworden und doch alles gleich geblieben. Sie lächelte und senkte den Kopf. In ihrem Ohr klang der Satz ihres Vaters von den Alpen wie ein Echo wider.

»Kinder wolltest du ja nie«, sagte ihre Mutter dann leiser.

Yoko richtete ihren Blick wieder auf. Nein, Kinder wollte sie nie.

»Siehst du, das wusste ich«, sagte ihre Mutter, »und dein Vater hat es auch schon immer gewusst: Du bist ein Blatt im Wind, eine Feder, ein Vogel. Wann geht dein Flug?«

»Morgen«, sagte Yoko.

»Schön, dass du mal wieder hier warst. Wir hatten gedacht, du wärst gestorben«, sagte die Mutter, ohne ihren Tonfall abzuändern, dann wartete sie eine Weile: »Und was machst du dann, wenn du keine Kinder hast? Ich meine, den ganzen Tag.«

Yoko hatte große Lust, laut zu lachen, aber sie riss sich zusammen: »Ich arbeite. Ich habe eine Stelle in einem Architekturbüro. Ich bin Architektin. Die Deutschen kennen Tadao Ando.«

»Wen?« fragte ihre Mutter, dann fuhr sie fort: »Architektin? Das ist ..., keiner von uns war Architekt. Und schon gar keine Frau. Dein Mann muss sehr verständnisvoll sein. Baust du denn schöne Häuser?«

»Gerade bauen wir ein Krankenhaus«, sagte Yoko.

»Ein Krankenhaus. Das ist ja schrecklich«, sagte ihre Mutter.

Dann griff sie hinter sich und holte ein kleines, aufwendig verpacktes Geschenk hervor: »Bring das hier deinem Mann mit, es ist Vaters Füllfederhalter, er hat dir damit all die Briefe geschrieben, die er nicht abgeschickt hat. Vielleicht kann dein Mann ihn ja benutzen, wenn du wieder mal ein Krankenhaus baust.«

Yoko schluckte, die Sätze ihrer Mutter machten keinen Unterschied zwischen Kirschblüten und dem Tod.

Sie stand auf, kniete vor ihrer Mutter nieder, nahm das Etui entgegen, hob es einmal kurz an, verneigte sich, bis ihr Kopf den Boden berührte, dann drehte sie sich zu ihrem Bruder, küsste ihn, flüsterte ihm etwas ins Ohr und ging aus dem Zimmer, die Treppe hinunter, aus der Tür zum Bahnhof, und jeden Schritt, den sie zwischen sich und das Haus legte, dachte sie an Berlin und das Weiß ihrer Wände, dass sie ihre Wände in zarten Farben streichen würde und ihrem Chef einen Kuss geben, diesen Kuss, der schon so lange zwischen ihnen schwebte.

Dann würden sie weitersehen.

Kurz vor dem Bahnhof blieb sie an einem kleinen Weiher stehen, packte das Geschenk aus, wickelte es aus all seinen Lagen und Faltungen teuersten, feinsten Papiers, öffnete es und drehte den smaragdgrünen Füllfederhalter ein paar Mal zwischen den Fingern. Sie würde dieses Geschenk niemandem mitbringen, schon gar nicht irgendeinem künftigen Schwiegersohn. Es gehörte ihrem Vater, und er hätte sich niemals gewünscht, dass sein Füllfederhalter seinen Schwiegersohn gemeuchelt hätte. Sie schaute ihn noch einmal an, dann warf sie ihn wie einen Pfeil durch die Luft ins Wasser. Er tauchte mit der Spitze ein, als machte er einen eleganten Kopfsprung, dann glitt er durchs Wasser des Weihers, bis er auf den hübschen runden Steinen liegen blieb. Seine goldene Federspitze funkelte, die Arme einer olivgrünen Wasserpflanze schwebten über seinen Stiel, und von der anderen Seite kam ein Karpfen geschwommen. Jetzt hatte er ein Grab.

Kaum war Siri aus der automatischen Tür des Krankenhauses auf die Straße getreten, fühlte sie sich gestärkt, ihr Kopf dröhnte noch etwas, aber daran hatte sie sich inzwischen gewöhnt. Und schon nach ein paar Schritten kamen ihr die letzten Tage wie ein Spuk vor. Sie hatte ihre Nachbarin gebeten, sie abzuholen, sie wollte dieses Kapitel ihres Lebens so beiläufig wie möglich beenden. Ihre Nachbarin hatte direkt vor der Tür geparkt und das Valium mitgebracht. Im Auto redeten sie kaum. Von der Charité zum Wittenbergplatz.

»Haben Sie eigentlich Felix …?« fragte Siri, als das KaDeWe im Rückspiegel verschwunden war.

»Ich war mit ihm im Aquarium, er wollte unbedingt zu den Giftfröschen. Er ist stark. Er weiß, dass etwas nicht in Ordnung ist, er weiß, dass das mit dem Blinddarm nicht so ganz stimmt, aber er weiß auch, dass sie alles versuchen, um es wieder hinzubekommen. Und das, obwohl er noch so klein ist«, sagte sie, ohne ihren Blick von der Straße zu nehmen. »Vor den Smaragdfröschen hat er mich gefragt: Ist Mama so schön, weil sie so gefährlich ist, oder ist sie so gefährlich, weil sie so schön ist? Ich habe ihn gefragt, warum seine Mama gefährlich sei, und er hat geantwortet: Ist sie doch gar nicht.«

Siri schluckte. Felix war noch im Kindergarten. Heute Nachmittag würde sie ihm in die Augen schauen müssen und ihm die Narbe erklären, die es nicht gab.

»Können Sie da vorn bitte abbiegen?« fragte sie.

Vera stand in der Tür, beide Türflügel geöffnet. Sie sah erschöpft aus. Das Licht in der Wohnung war von den schweren Vorhängen zu beiden Seiten der Fenster gedimmt.

»Siri, Gott sei Dank bist du hier. Komm rein!« Und wieder winkte sie sie hinein, nur dass das Geklacker der vielen Armreifen fehlte. Auch an ihren Fingern, Ohren und ihrem Hals klackerte und funkelte nichts.

»Wo ist denn dein ganzer Schmuck?«

»Warst du noch gar nicht zu Hause?« fragte Vera.

»Nein«, antwortete Siri.

»Ich habe ihn dir schicken lassen, heute Morgen per Fahrradkurier. Das war ein Spaß. Ich habe dem jungen Mann mit den verfilzten Haaren noch gesagt, dass er einen Schatz transportiert, dass er einen ganzen Korb voll Edelsteine auf seinem Rücken trägt, aber er hat nur gelacht und gesagt: Schätze sind meine Spezialität, und dann ist er abgerauscht. Eduard war zu Hause, weil er ja auf dich warten wollte, und so nehme ich an, dass der Korb mit meinen Diamanten jetzt bei dir gelandet ist. Dem jungen Mann vertraue ich voll und ganz. Er war verschmitzt und witzig, kein Spießer, der einer alten Dame ihre Diamanten neidet.«

»Du …?«

»Nein, du brauchst sie, du brauchst jetzt alles, was funkelt. Die Saphire passen gut zu deinen blauen Augen, und die Rubine zu deinem Blut. Ich brauche das alles nicht mehr«, sagte Vera.

Siri nahm Vera in den Arm, und sie hielten sich eine Weile fest. Das Klackern fehlte, aber der Geruch war der gleiche geblieben.

Im Wohnzimmer fragte Vera: »Siri?«

»Ja.«

»Was ist passiert?«

»Ich weiß es nicht«, sagte Siri und räusperte sich.

»Das habe ich mir gedacht«, sagte Vera leise, »das habe ich mir gedacht.«

Siri suchte erneut das panikartige Gefühl, das sie überkommen hatte, als sie die Farben der Blumen und die Farben der Medikamente überblendet hatte; sie suchte das, was die braunen Schuhe von Eduard und der Po der rothaarigen Krankenschwester in ihr ausgelöst hatten, aber es war weg.

»Ich weiß nicht«, sagte sie. »Vorhin war mir noch so, als hätte …, aber jetzt, jetzt weiß ich nicht mehr genau, was überhaupt war. Die Ärzte haben was von zu vielen Medikamenten gesagt, aber das glaube ich nicht. Ich habe nicht viel mehr genommen als sonst auch, vielleicht ein bisschen. Diese neuen Tabletten, die Eduard mitgebracht hat.«

»Natürlich hast du das nicht«, sagte Vera, holte eine Karaffe mit Sherry: »Wir brauchen also keinen Detektiv.«

»Einen Detektiv?« Siri musste lachen.

»Um den Fall aufzuklären. Den brauchen wir also nicht. Was wir brauchen, ist ein Grund zum Leben, und das kann nicht nur dein Sohn sein – auch wenn er es ist, der Grund muss auch noch woanders liegen, Eduard …«

»Eduard tut alles, was er kann«, sagte Siri, um ihn aus dem Kopf zu bekommen.

»Aber er meint es zu gut. Du musst …«, sagte Vera und stellte ihr ein Sherryglas hin.

Siri trank einen Schluck: »Ich kann ihn nicht verlassen.«

Vera schwieg, trank, rauchte.

»Felix … Ich kann das nicht. Er ist das einzig Stabile, was er hat«, sagte Siri.

Vera schwieg.

»Außerdem: Ob es woanders besser wird? Ich hab dieses Spiel schon so lange mitgespielt, ich bin doch längst Teil des Spiels. Da habe ich wenigstens meinen Platz. Und weißt du noch: Als ich Eduard geheiratet habe, war ich so stolz auf mich, weil ich mich für das Leben entschieden hatte …, weil er so gerne lebt, weil er das Leben liebt. Und jetzt?«

»Jetzt hat er dich in den Tod …«

»Nein«, sagte Siri.

»Aber in die Psychiatrie hat er dich gebracht, dein toller Mann – hingebracht, aber nicht abgeholt. Er hat dich nicht abgeholt. Ich habe dich aus dem Fenster gesehen. Oder fährt Eduard jetzt einen Sportwagen?«

»Ich wollte nicht, dass er …«

»Gut wär's, wenn er einen Sportwagen fahren würde, dann hätte er wenigstens endlich auch mal eine Krise, eine sichtbare Krise, meine ich. Bei aller Liebe, das geht nicht. Er kann dich nicht um den Verstand bringen und dich dann nicht wieder nach Hause holen. Er hätte sowieso verhindern müssen, dass man dich in dieses Krankenhaus schleppt. Hast du dort auch diese demütigenden Kittel getragen? Da sollte man mal einen Designer ranlassen, einen, der was kann, einen Franzosen oder so was. Als ob man in dieser Kluft gesund werden könnte!«

»Vera …«

»Nein, Siri, nein. Du weißt, dass ich deinem feinen Herrn Eduard immer die Stange gehalten habe, obwohl er seit eh und je diese bourgeoise Charakterstärke vor sich hergetragen hat, aber genug ist genug.«

»Ich … Ich weiß nicht, wie ich … Irgendwie konnte man doch noch mit Mitte zwanzig den Zug so schnell wechseln, man konnte einfach auf- und wieder abspringen, aber jetzt kann man gar nicht mehr aussteigen, auch wenn man im vollkommen falschen sitzt.«

Der nächste Bahnhof kam nicht. Der Zug fuhr und fuhr, obwohl weder die Richtung noch der Platz noch die Geschwindigkeit stimmte.

Vera schwieg eine Weile, dann sagte sie mit gesenktem Blick: »Doch, Siri, du kannst aussteigen. Und dann könnt ihr …«, sie machte eine Pause und fragte dann: »Wollt ihr zu mir ziehen – Felix und du? Ihr könnt hier schalten und walten, wie ihr wollt. Ich könnte euch ernähren, wozu brauche ich all mein Geld? Wenn ihr nur hierherkämt und …«

»Vera«, Siri traten die Tränen in die Augen.

»Ich würde sogar auf der Terrasse rauchen und ab und zu irgendeinen Auflauf produzieren. Ich würde Felix zum Fußball bringen und abends auf ihn aufpassen, damit du ausgehen kannst und den Männern den Kopf verdrehen. Und dann würde ich sie abwimmeln, deine Verehrer, wenn sie scharenweise vor unserer Tür ihre Zelte aufschlagen, um dich im Morgengrauen zu besingen.«

»Das klingt alles so schön, so wunderschön, aber … ich würde mit Felix aus dem fahrenden Zug springen müssen, und das würden wir, glaube ich, nicht überleben. Felix vielleicht, seine Knochen vielleicht, aber ich nicht. Ich würde es nicht überleben.«

Sie schwiegen. Vera trank aus, stand auf, ging zum Fenster.

»Vielleicht war es das«, sagte Siri plötzlich und blickte auf.

»Was?« fragte Vera und blickte sich um.

»Vielleicht war ich deswegen im Krankenhaus.« Siri schwieg eine Weile, dann sagte sie: »Vielleicht hatte ich genau das probiert, ohne es gemerkt zu haben, vielleicht hat mein Lebenswille versucht, mich aus dem Zug zu schmeißen.«

Vera schaute wieder aus dem Fenster und nickte.

Plötzlich hörte Siri einen Schlüssel im Schloss. Wer war das? Albert? Vera drehte sich um. Siri formte Alberts Namen mit den Lippen, und Vera nickte ein müdes, erleichtertes Nicken.

»Ja, er ist wieder da, wir können nicht anders. Es ist zu spät«, flüsterte sie.

»Und Großmutter?« Siri wurde bleich, bis auf die Wangen, wo sich blitzschnell zwei rote Kreise gebildet hatten.

»Das weiß ich nicht. Das konnte ich ihn nicht fragen, aber …«, sagte Vera.

Siri stand auf.

»Siri – wohin gehst du?«

»Ich muss zu Großmutter, sie … es tut mir leid.«

»Geh zu ihr, Siri, natürlich.«

»Ich liebe dich, Vera, Albert gehört zu dir, du sollst nicht …«

»Ich dich auch, mein Täubchen, ich dich auch.«

Als Siri auf dem Weg zur Tür war, rief Vera: »Und wage es nicht, auch nur einen einzigen Klunker zurückzuschicken. Sie gehören dir.«

Siri hielt kurz inne, bog um die Ecke, als Albert vor ihr stand. Er schaute ihr in die Augen mit angeschlagener Nonchalance: »Gehst du schon? Kein Glas mehr?«

»Ich muss …«, sagte Siri und brach ab, sie würde ihm nicht sagen, wohin sie ging, sie würde es ihnen allen ersparen. Wenn sie Theater spielen wollten, dann sollten sie es tun. Sie wusste sowieso nicht mehr, ob es noch etwas anderes gab.

Herr Kowachek, der ihrer Großmutter schon seit Jahren bei allem Möglichen half, öffnete die Tür. Auf dem Tisch im Eingang lag nichts mehr, der Reinigungszettel und die anderen Utensilien des Alltags mit Albert waren verschwunden. Herr Kowachek schaute sie strahlend an, machte ihr ein Kompliment und rief in das Wohnzimmer hinein: »Ihre Enkeltochter kommt zu Besuch!«

»Der Spuk ist vorbei«, sagte Großmutter und breitete die Arme aus.

Siri ging langsam auf sie zu.

Großmutter machte ein paar vorsichtige Schritte, schielte einmal kurz auf die Turnschuhe, die sie trug, und murmelte: »Sie gefallen mir auch nicht, aber ich bin noch etwas wackelig«, und nahm sie in die Arme, als hätte es den Nachmittag nie gegeben. »Und weißt du was, du hast uns gerettet.«

Siri schaute sie fragend an.

»Weil es eine Lüge war, und weil du mich erlöst hast mit deinem Satz.«

»Erlöst?«

»Vielleicht hast du auch was anderes gemeint, aber egal. Es war eine Lüge, das mit Albert und mir, dass wir miteinander leben können. Und dass man mit siebzig noch mal von vorne anfangen kann. Man kann es nicht. Die Weichen sind gestellt. Vor allem dann, wenn es einen Zug gibt, der fährt und dessen Geratter einem in den Ohren liegt. Die große Aufregung trägt zwei Tage. Das vertraute Geratter aber bleibt, und wir haben es beide zu Hause – dieses Geratter. Dein Großvater ist überhaupt ein Großmeister des Ratterns. Wir hatten das unterschätzt. Albert und ich lieben uns, aber wir können nicht miteinander leben. Ich brauche jemanden, der steht und steht, weil ich sonst falle. Und das ist nicht Albert, das ist dein Großvater. Jetzt muss ich es ihm nur noch sagen. Wie ein Schulmädchen komme ich mir vor. Wie ein Schulmädchen, das etwas Schlimmes verbrochen hat.«

»Aber warum …?«

»Die Kraft. Die Kraft hat genau für den Aufbruch gereicht, und dann war sie weg. Aber weißt du was?«

Siri schaute sie an.

»Es hat sich trotzdem gelohnt. Ich habe das Leben wieder, ich spüre es wieder. Ich musste es mir wohl einmal von außen anschauen, um es zu sehen. Dafür war es noch nicht zu spät.«

Siri ging ein paar Schritte zurück. Herr Kowachek rief aus dem Nebenzimmer: »Soll ich auch die Küchensachen einpacken?«

»Alles, Pavel, alles. Wir fahren nach Hause.«

Siri blieb stehen, lauschte den Worten nach.

»Du bist blass, geht es dir nicht gut?« fragte ihre Großmutter plötzlich und zog die Augen zu Schlitzen zusammen.

»Ach …, nichts«, antwortete Siri.

»Du hast es so gut mit deinem Eduard, hörst du, dir wird so etwas nie passieren. Er ist so ein Glück für dich, so ein Glück, oder?«

»Großmutter …«, sagte Siri und hatte Mühe, sich auf den Beinen zu halten.

»Er ist so ein großzügiger Mann.«

»Großmutter …«, sagte Siri noch einmal, »mir wird schlecht.«

Siri setzte sich.

Ihre Großmutter schaute sie forschend an und setzte sich dann neben sie: »Hast du mir was verschwiegen?«

»Was?« fragte Siri und merkte, wie ihr das Blut langsam wieder in den Kopf stieg.

»Darf ich raten?«

Siri drehte den Kopf zur Seite.

»Ich weiß es: Du bist wieder schwanger. Stimmt's? Was für ein Glückskind du bist. Gleich, als du reinkamst, habe ich mir das gedacht, weil du so blass bist.«

Siri wendete den Kopf wieder ihrer Großmutter zu und lächelte sie an.

»Vielleicht wird's ja eine Tochter oder noch ein Sohn. Noch ein Sohn wäre doch auch schön«, sagte ihre Großmutter.

Der Zug, in dem sie saß, fuhr weiter, immer weiter von dem Leben weg, das ihres war, aber er fuhr, und wie ihre Großmutter gerade gesagt hatte, er ratterte in den Ohren. Sie würde einfach weiterfahren. Vielleicht war das die Lösung: einfach weiterfahren. Immer weiterfahren.

Friederike stand im Untergeschoss des Lafayette-Kaufhauses vor der Theke mit den Törtchen. Vielleicht war Stasiuk auch der falsche Weg gewesen, vielleicht hatte sie die Latte für den Wegweiser in ihr Leben damit einfach zu hoch gehängt. Vielleicht sollte sie sich lieber an Barbara Cartland halten, die rosagefärbte, Schmonzetten schreibende Stiefgroßmutter von Lady Di. Und wo, wenn nicht hier, nur eine Glasscheibe vom Törtchenhimmel entfernt, wäre der beste Ort, um mit dem Leben à la Cartland anzufangen? Für jemanden, der diese Theke noch nie gesehen hatte, war es wahrscheinlich schwer, sich vorzustellen, welche Formen und Farben Törtchen haben konnten, die man tatsächlich kaufen und essen konnte. Friederike stand jedenfalls immer erst einmal eine ganze Zeitlang davor, bevor sie sich schweren Herzens und mit der metaphysischen Gewissheit der Brutalität von Entscheidungen für mindestens zwei von ihnen entschied, an Tagen wie heute für drei. Es gab aufgetürmte, perfekt geformte, exakt gleichgroße Himbeeren in einem Oval aus Maracujacreme; es gab bestäubte Schokoladeniglus mit einer Füllung aus drei verschiedenen Mousses mit hauchdünnen Krokantplättchen dazwischen; und kleine, vollmondrunde Tartes aus Blätterteig, auf denen kleine Aprikosen wie geblähte Engelbäckchen schlummerten, eingehüllt in ein süßes, die Aprikosenfarbe lackierendes Gelee.

Sie kniete sich neben ein Mädchen, das hinter ihr in der Schlange stand, und fragte: »Was meinst du, was soll ich nehmen?«

Das Mädchen schaute sie erst schüchtern, dann schelmisch an: »Na, die Schokobombe natürlich.«

»Gute Wahl. Ich hatte schon Sorge, dass du keine Schokolade magst.«

Das Mädchen lachte und blähte die Wangen, wie Kinder das manchmal tun, wenn sie etwas besonders Sonderbares hören oder Erwachsene bei einem Witz ertappt haben.

Die Mutter der Kleinen sagte: »Als ich mit ihr schwanger war, waren wir beide manchmal jeden Nachmittag hier. Sie kannte das ganze Sortiment also schon, bevor sie überhaupt auf die Welt gekommen ist. Wenn es eine Expertin für diese Theke gibt, dann dich, nicht wahr, Lulu?«

Lulu strahlte und fragte: »Bekommst du auch ein Baby?«

Die Mutter zog Lulu am Ärmel: »Das fragt man nicht, wenn man's nicht sieht, Lulu.« Sie entschuldigte sich bei Friederike, und Friederike sagte zu dem Mädchen: »Was glaubst du – Mädchen oder Junge?«

»Mädchen natürlich. Jungs mögen doch keine Törtchen.«

»Klar«, sagte Friederike, »Jungs mögen keine Törtchen.«

Sie ließ sich die Törtchen in die gelackten Schachteln einpacken, hängte sich die Tüte über den Lenker ihres Fahrrads und fuhr von der Friedrichstraße ins Regierungsviertel. Dort gab es direkt an der Spree eine große, breite, hellgraue Steintreppe, von der man den Fluss, den Reichstag und die Wipfel des Tiergartens sehen konnte. Ein Ort, an dem die Entscheidungen schon gefallen waren und an dem sie die Törtchen essen und den Gedanken aufschieben konnte, dass es irgendwann an der Zeit wäre, einen Schwangerschaftstest zu machen.

Eine japanische Reisegruppe von circa zwölf huttragenden Damen ging am Fuß der Treppe vorbei. Die Damen blieben stehen, schauten sie an und tuschelten, bis eine von ihnen sie in Staccato-Englisch bat, ein Photo von ihr machen zu dürfen. Sie machte das Photo, und die Japanerinnen zogen mit den nach innen geknickten Knien und ihrem schlurfenden Gang ab, als trügen sie keine Hosen und Burberry-Mäntel, sondern Kimonos und Holzpantoffeln. Friederike schaute ihnen eine Weile nach und dachte, dass es ein weiter Weg gewesen war für Yoko, diesen Gang abzulegen und mit wiegenden Hüften und schlenkernden Schenkeln die Berliner Männerwelt auf den Kopf zu stellen.

Und mit jedem Bissen schmolz der groteske Vorsatz mit dem Schwangerschaftstest in ihrem Kopf wie die Mousse auf ihrer Zunge, und sie vertagte ihn auf später oder nirgendwann. Sie dachte an Salman Rushdies Tante und dass die niemals einen solchen Test gemacht hätte; sie hätte sich mit kardamom- und zimtgewürzten Plätzchen vollgestopft und der Dinge geharrt, die da kommen sollten. Und irgendwann hätte der kleine Salman dann eine Cousine bekommen – oder auch nicht.

Wie gut, dass sie das nicht wusste. Wie gut, dass sie nicht wusste, ob das süße Hoffen bei der Tante von Rushdie jemals eingelöst worden war. Es hätte ihr heute den Boden unter den Füßen weggezogen, wenn sie kinderlos gestorben wäre.

Nun fühlte sich jeder Handgriff für Yoko so an, als wäre sie nie fort gewesen: Das Lösen der Fahrkarte an dem U-Bahnhof, das Anstehen vor dem überfüllten Zug, das Senken des Kopfes im Abteil, das Stehen neben all diesen Menschen auf engstem Raum, ohne sich beengt zu fühlen und ohne Passanten als Einzelpersonen wahrnehmen zu müssen. All das ging wie von selbst. Sie war Japanerin. Und als solche würde sie jetzt wieder nach Hause fliegen. Und ihre Wände anstreichen. Und mit Friederike zu dem See mit dem Steg fahren, auf dem sie in ihrem Schoß eingeschlafen war, und Milchkaffee in der *Milchhalle* trinken und ihren Chef küssen und für Siri einen neuen Mann finden.

Doch vorher, vorher würde sie in das Hotel aus dem Film fahren, in dem sie für Alison und sich ein Zimmer bestellt hatte, und dort nach Alison suchen.

Nach dem nächsten Halt wurde ein Sitzplatz frei, und sie setzte sich. Gegenüber saß ein dicker Japaner mit ausgedünntem Vollbart und irrem Blick. Er sah dem Chef der Aum-Sekte zum Verwechseln ähnlich. Auf seinem Schoß saß ein kleines Mädchen und flocht kleine Zöpfe in die langen Barthaare. Der Mann wandte sich dem Mädchen zu und flüsterte ihr etwas ins Ohr. Das Mädchen lachte und schmiegte sich an ihn. Das Leben findet auf einem schmalen Grat statt, dachte sie.

Die Lobby war geschmückt mit weißen Lilien. Die hohen, schmalen Vasen waren aus rotem, fast undurchsichtigem Glas in unterschiedlichen Höhen. Der Geruch war so betäubend, als wollte das Hotel seine Gäste ködern und in einen Dämmerzustand versetzen. Die Luxusversion eines Giftgasanschlags, dachte Yoko und ging durch die riesige Halle hindurch auf die Rezeption zu, hinter der ein Japaner stand, der wie der Antagonist des Bärtigen aus der U-Bahn aussah: glattrasiert und durchtrainiert, mit gezupften Augenbrauen und manikürten Fingernägeln – der machte ihr Angst. Also stellte sie sich an den anderen Schalter hinter einen blonden Mann. Der jungen Rezeptionistin dort wuchsen nervöse Flecken aus dem Kragen.

»Sind Sie Mr. Ginster?« fragte die Rezeptionistin und schürzte ihre Lippen so, als wolle sie dem blonden Gast die Antwort abnehmen. »Ginster? Nein. Wieso?« fragte der auf Englisch mit einer angenehm tiefen Stimme und deutschem Akzent, der sie elektrisierte, als hätte sie befürchtet, nie wieder ein deutsches Wort zu hören. Er trug einen kurzen blonden Bart, hatte dunkelgrüne, weihergrüne Augen, volle Lippen und einen gut sitzenden Anzug.

Der Blick, der Name.

»Verzeihung, oh, Verzeihung, Mr ..., das tut mir leid«, stammelte die Rezeptionistin und stülpte ihre Vögelchenlippe nun so nach innen, wie sie sie vorher nach außen gestülpt hatte. Die Flecken leuchteten als lodernde Atolle auf dem Weiß ihrer Haut.

»Jacker.«

»Jagger?« fragte die Rezeptionistin japsend.

»Sehe ich so aus?« fragte der Blonde und drehte sich erneut zu Yoko um.

»Zu jung«, sagte Yoko auf Deutsch, »der Bart ..., aber einige Details ...« und schaute ihm lange auf die vollen, weichen Lippen.

Der Mann schenkte ihr einen Blick, der tiefer ging als einiges, was erlaubt war, und antwortete: »Dachte ich's mir doch, dass Sie keine echte Japanerin sind.« Dann wieder zur Rezeptionistin: »Also: Hab ich Nachrichten?«

»Nein, Mr. Jagger, nichts.«

Der Mann lehnte sich nun rückwärts an die Rezeption, so dass sein ganzer Körper Yoko entgegenschaute. Der Körper unter dem Anzug.

Yoko wartete einen Augenblick. Wer war Mr. Ginster? War Victor auch hier abgestiegen? Und, noch viel wichtiger in diesem Moment: Wer war Mr. Jacker?

»Hallo Mick«, sagte Yoko.

»Hallo Yoko«, sagte der Mann.

»Ha! Guter Instinkt. Auch wenn das Ono fehlt.«

»Dafür haben Sie einige Details, die Ono fehlen«, sagte der Mann und musterte sie mit einem Lächeln und einer Seelenruhe, als hätte sie ihn eingeladen, auf ihrem Körper spazieren zu gehen.

»Tragen Sie den Bart, weil Sie gehört haben, dass Japanerinnen das sexy finden, Mick?« fragte Yoko und schob sich an ihm vorbei Richtung Rezeption.

»Tun Sie das denn?« fragte der Mann und wich nicht von der Stelle. Ihre Schultern berührten sich fast.

»Ich weiß nicht«, sagte Yoko, »noch nicht, aber wenn Sie noch länger so stehen bleiben, dann könnte ich vielleicht ein Urteil fällen.«

»Hatte nicht vor, ohne Sie zu gehen«, sagte der Blonde.

Die Rezeptionistin flatterte mit ihren Blicken zwischen Yoko und dem Blonden hin und her und versuchte dem Gespräch zu folgen.

»Ich bin Mrs. Ginster«, sagte Yoko jetzt mit einem klaren Blick, geradeaus auf die Rezeptionistin gerichtet.

»Sie sind Mrs. Ginster?« stammelte die Rezeptionistin.

»Ja, Sie können mir die Nachricht für meinen Mann gerne geben«, sagte sie, die leuchtenden Flecke auf dem Hals einmal kurz, aber merklich fixierend.

Die Rezeptionistin fasste sich mit der Hand an den Kragen und schaute sich suchend um.

»Gibt es ein Problem?« fragte Yoko strenger.

»Ja, aber ...«, sagte die Rezeptionistin und fing an, in einem Fach zu kramen. »Hier, aber ...«

»Danke«, sagte Yoko, nahm den Umschlag und sah dem Blonden neben ihr in die Augen: »Sollen wir mal schauen, um was es geht?«

»Nichts lieber als das«, sagte der Blonde und zeigte Yoko den Weg zur Bar. In ihrer Tasche der Umschlag für Mr. Ginster. »Blüht mir im Gegenzug eine nackte Pressekonferenz in Ihrem Hotelzimmer, Mrs. Ono?«

»Pressekonferenz?« fragte Yoko und trank einen Schluck Kaffee.

»Ich werde Ihnen aber nicht den Gefallen tun, mich von Ihnen unterdrücken zu lassen«, sagte er und lächelte wieder, »es sei denn ...«

»Es sei denn – was?« fragte Yoko.

»Für wen ist eigentlich dieser Umschlag?«

»Vielleicht für den Mann meiner Freundin, der verschwunden ist.«

»Und wo ist Ihre Freundin?«

»Das ist eine lange Geschichte«, sagte Yoko.

Er schaute sie an, sie schaute ihm lange auf den Mund, küsste ihn und stand auf. »Sie kratzen«, sagte sie. »Haben Sie einen Rasierer in Ihrem Zimmer?«

Er stand auf, grinste sie an und flüsterte ihr ins Ohr, wobei er ihre Ohrmuschel mit den Lippen berührte: »Sie wollen mir meinen Bart abnehmen? Ich brauche ihn nicht mehr. Er hat seinen Auftrag schon erfüllt. Sie sind eben doch eine Japanerin.«

Im Bad seines Hotelzimmers bat sie ihn, sich auf den Stuhl zu setzen, dann zog sie sich nackt aus und rasierte ihn. Er schaute ihr dabei auf die Lippen, in die Augen und wartete, bis sie ganz fertig war.

Als Alison aus dem Badehaus der alten Dame kam, war Yoshihiro weg, nur das Taxi wartete noch an der Stelle, an der sie ausgestiegen war, und fuhr sie zurück ins Hotel. Sie ging direkt in ihr Zimmer und rief Siri an.

Ein paar Momente später stand sie kreidebleich im Lift auf dem Weg in die Bar. Sie hatte einen furchtbaren Fehler gemacht, sie hatte Siri auf den Anrufbeantworter gesprochen, sie hatte ihre schlimmsten Befürchtungen geäußert, kein Blatt vor den Mund genommen, etwas ausgesprochen, was sie nie hätte aussprechen dürfen. Sie hatte all das auf den Anrufbeantworter gesprochen, der im Flur der Wohnung stand. Wenn Eduard die Nachricht als Erster abhörte, dann würde ein Großbrand ausbrechen. Ein Großbrand in einer Familie, in der ein Kind versuchte, groß zu werden.

Der Barkeeper begrüßte Alison mit kurzem Nicken. Sie wollte sich vorstellen, wie Siri allein nach Hause kam, die Nachricht hörte, sie löschte und sich im Wohnzimmer einen Drink machte. Dass Siri ihr diese Ehrlichkeit nicht übelnahm, es immer geschätzt hatte, wenn jemand die Dinge beim Namen nannte, wusste sie. Dann wäre alles halb so schlimm, aber was, wenn Eduard ihre Nachricht zuerst hörte?

Der Barkeeper brachte das Gleiche wie gestern. Nach den ersten paar Schlucken beruhigte sie sich etwas und schaute sich um. Sie hatte schon zwei dieser Augenwinkel-Erscheinungen, und in ihrem Magen formierte sich eine harte Scheibe, die sich glatt und scharf anfühlte wie ein Spiegel. Als der Barkeeper die Wasabi-Erbsen vor sie hinstellte, griff sie (überraschend für ihn und auch für sie selbst) sein Handgelenk und fragte: »Verzeihen Sie, aber …?«

Der Barkeeper starrte auf sein Handgelenk: »Kann ich Ihnen noch etwas anbieten?«

»Ja, das können Sie, ich möchte wissen, ob heute schon jemand da war, der aussieht wie ich.«

»Ich …«, stotterte der Barkeeper.

»Gestern fiel Ihnen die Antwort nicht so schwer.«

»Gestern?« sagte der Barkeeper, »gestern hatte ich keinen Dienst.«

»Ach so«, sagte Alison und ließ sein Handgelenk los, »ach so.« Sie atmete einmal tief durch. »Dann bringen Sie mir doch einfach noch ein Glas Sake, das so voll ist, dass es überläuft«, sie lächelte ihn an, als wäre nichts geschehen.

Der Barkeeper verbeugte sich kurz, rieb sich das Handgelenk, brachte ihr das zweite Glas Sake und stellte es neben das erste, das sie erst halb getrunken hatte.

Noch vor einer Woche hätte sie nicht einmal die Krawatte eines Fremden angefasst, geschweige denn sein Handgelenk; noch vor einer Woche hätte sie zwei Stunden an diesem Tresen gesessen und darüber nachgedacht, was der Barkeeper wohl wusste und wie sie es ihm entlocken könnte, ohne ihm zu nahe zu treten. Vor zwei Wochen war vielleicht in ihrem Leben auch genug so klar gewesen, dass ein paar blinde Flecken erträglich oder sogar aufregend gewesen wären. Jetzt war es genau andersherum. Und das Oberteil ruhte auf ihren Schlüsselbeinen, als hätte sie es eben erst angezogen.

Drei junge, gutgekleidete Japanerinnen nahmen neben ihr Platz und bestellten Bier. Die drei lächelten sie an, sie lächelte zurück, und die eine sagte dann: »Steht Ihnen gut. Das grüne Oberteil, meine ich. Ihr Mann hat nicht eine Sekunde gezögert. Er ist in unsere Boutique gekommen, hat es vom Bügel genommen und bezahlt. Wisst ihr noch?« fragte sie, und die anderen beiden nickten. »Jetzt weiß ich, warum. Es ist wie für Sie gemacht. Ich fand immer schon, dass Grün am besten an rothaarigen Frauen aussieht.«

Alison nickte, schluckte, trank einen großen Schluck und versuchte sich auf dem Stuhl zu halten. Ihr Mann? Sie atmete einmal tief durch und fragte dann mit halbgeschlossenen Augen: »Darf ich Sie was fragen?«

Der Barkeeper zuckte zusammen und ging ans äußerste Ende seiner Bar. Die junge Verkäuferin antwortete: »Ja, natürlich, alles, nur nicht den Preis, den darf ich Ihnen nicht verraten, schließlich war es ein Geschenk, oder?«

»Nein, keine Sorge. Es geht um etwas anderes. Ich will Sie was …, was fragen, was seltsam klingt, und Sie müssen mir versprechen, dass Sie mich nicht fragen, was das soll: Können Sie mir beschreiben, wie mein Mann aussah?«

Die jungen Frauen schauten erst sie, dann sich untereinander entgeistert an, dann kicherten sie und fragten: »Meinen Sie, ob er gutaussehend war?«

»Nein, nein, ich meine: War er Europäer, braunhaarig, groß mit blauen Augen, oder war es ein Japaner?«

Die Verkäuferinnen konnten nun ihr Lachen nicht mehr unterdrücken und prusteten los.

»Nein, nein, verzeihen Sie, aber bitte antworten Sie: Wie sah er aus?«

»War das gar nicht Ihr Mann?«

Alison schüttelte den Kopf: »Ich weiß es nicht, bitte …«

Der Barkeeper murmelte etwas Japanisches in die Richtung der Japanerinnen, woraufhin die eine, die losgeprustet hatte, nun ganz ernst und forschend in ihre Richtung schaute.

Gut, dachte Alison, alle hier im Raum denken nun, ich bin eine Psychopathin, aber das ist egal, ich muss jetzt wissen, wer das Paket geschickt hat.

»Er sah aus wie ein König«, sagte nun die eine, die am weitesten weg saß und bisher noch gar nichts gesagt hatte, »er war groß, braun, hatte blaue Augen und sah aus wie ein König, wie ein wahrhaftiger König.«

Victor.

Victor hatte das grüne Oberteil gekauft, Victor hatte sie in der Lobby gesehen und war dann aus welchen Gründen auch immer ohne sie nach Berlin zurückgeflogen. Warum nur?

»Danke«, sagte sie zu den drei Japanerinnen, »Sie haben mir sehr geholfen.«

Der Barkeeper kam aus seiner Ecke hervor, und erst jetzt sah sie, dass er ein blaues Auge hatte, das ihr gestern noch nicht aufgefallen war. Er blieb bei den jungen Frauen stehen, und alle schauten nun in Alisons Richtung.

Sie machte eine ruckartige Bewegung, und die ganze Gruppe zuckte zusammen. Sie legte Geld auf den Tresen, kippte den Sake herunter und wollte gerade die Bar verlassen, als Yoshihiro hinter ihr auftauchte und sie in den Arm nahm. Er küsste ihr die nackte linke Schulter und sagte: »Spielen Sie gerade *Japaner erschrecken?* Das spiele ich auch sehr gerne, vor allem wenn es sich um einen angeschossenen Barkeeper und drei Hühner handelt. Sollen wir ausgehen und es weiterspielen?«

Alison lachte und ging Arm in Arm mit Yoshihiro aus der Bar.

»Haben Sie Ihr Rätsel gelöst?« fragte er dann.

»Welches Rätsel?« fragte Alison.

»Das müssen Sie mir sagen«, antwortete er.

»Wenn ich das könnte«, sagte sie, »dann wäre es keins.«

Yoshihiro schwieg, dann sagte er: »Lassen Sie uns U-Bahn fahren.«

Felix stand auf der Brücke des Aquariums über dem Bassin mit den Krokodilen. Die Krokodile regten sich nicht, hatten die uralte Reglosigkeit der Reptilien an sich, das dicke Fell, das keine Fliege kitzelte. Felix hatte sich auf das Geländer gelehnt und wartete nun schon fast eine halbe Stunde ebenso regungslos, aber es tat sich nichts.

Sie waren schon seit einer knappen Stunde im Aquarium, hatten schon die leuchtenden Quallen und die Zitteraale bewundert und vor dem hin und her schwimmenden Hai gewartet, ob er seinen Kiefer ausklappte, aber er tat es nicht, schien keine Lust zu haben auf sein Kieferkunststückchen und schwamm nur hin und her und schaute böse und war auch so monströs genug.

Felix hatte ihr noch nicht einmal in die Augen geschaut, seitdem sie ihn abgeholt hatte, einmal, ganz am Anfang, hatte sein Blick den ihren kurz gestreift, aber nur, um ihn dann schnell wieder zurückzuziehen. Seitdem hielt er ihn an kurzen Zügeln, damit er nicht ohne seinen Willen zu ihr hinübersprang. Er wusste also etwas, er hatte die Geschichte mit dem Blinddarm natürlich nicht geglaubt, alles sprach gegen Blinddarm, Blinddarm klang schon so, als könne es nicht sein, und Felix war der Seismograph der Familie. Er schien noch Zeit zu brauchen, und sie war dafür sehr dankbar – auch wenn es weh tat, weil sie dann auch etwas Zeit bekam, sich auf den ersten Blick vorzubereiten, der sie treffen und ihr seine ganze Trauer und Wut präsentieren würde.

»Anna hat mir erzählt, dass ihr zusammen hier wart?« fragte sie nun.

»Anna?« fragte er.

»Unsere Nachbarin von oben«, sagte Siri.

»Ach so, ja.«

»Und wie war's?« fragte Siri.

»Gut«, er machte ein Pause, »aber auch nicht so gut. Sie weiß nicht, was hier ist.«

Sie blieb stehen: »Wie meinst du das?«

»Sie weiß nicht, warum wir hier so gerne sind, du und ich.« Sein Blick zitterte jetzt ein wenig in ihre Richtung, so als zöge er an den Zügeln, die ihn zurückhalten wollten.

Sie schluckte: »Warum sind wir denn hier so gerne?«

»Weil hier das ganze Gift ist«, sagte er und schaute auf den Punkt zwischen ihren Augen, dort, wo der Steg einer Brille sitzen würde.

»Und…«, fragte sie.

»Und ich dann immer weiß, wo es wohnt«, antwortete er.

Sie kniete sich nieder und nahm ihn in den Arm.

»Dann müssen wir zu Hause keine Angst haben, stimmt's? Weil das Gift hier wohnt«, sagte Felix und schaute ihr nun in die Augen.

Sie hielt kurz den Blick, dann drückte sie ihn an sich, so lange wie er es sich gefallen ließ, und flüsterte dabei: »Das stimmt. Dann müssen wir zu Hause keine Angst haben.«

Er drückte sie auch einmal und löste sich dann.

Sie versuchte ihre Tränen herunterzuschlucken, nahm ihn an die Hand und ging zu den Terrarien mit den Giftfröschen.

»Genau deswegen mag ich es hier so gerne«, sagte sie noch einmal und ließ ihre Hand auf seiner kleinen Schulter ruhen: »Es ist gut zu wissen, wo das ganze Gift wohnt.«

»Siehst du«, sagte Felix, »du weißt das, weil du meine Mami

bist. Aber Anna weiß das nicht, weil sie nicht meine Mami ist. Sie denkt wahrscheinlich, ich grusele mich hier.«

»Deine Mami«, sagte Siri und schluckte wieder.

»Und weißt du noch was: Ich mag die Anna schon, aber ich mag ihre Haare nicht, ich mag keine roten Haare, weil ich immer denke, die brennen. Rote Frösche mag ich und rote Autos. Ferraris und so was, aber rote Haare mag ich nicht. Ich mag deine Haare, ich mag's, wenn die Haare so sind wie deine – so glatt und blond.«

Felix.

»Mami«, fragte er jetzt, »bist du wirklich gestorben?«

Sie kniete sich wieder hin (jetzt bloß nicht weinen, keine einzige Träne!) und versuchte das Zittern in ihrer Stimme zu unterdrücken: »Wer sagt denn so was?«

»Ich meine: fast.«

Sie schüttelte den Kopf.

»Haben die Ärzte wirklich gesagt, dass du fast gestorben wärst?« fragte er.

»Felix: woher hast du denn so was?«

»Von Papi. Ich hab ihn telefonieren gehört. Es war ganz dunkel draußen, und ich konnte gar nicht schlafen. Ich weiß auch nicht, aber ich glaube, er hat mitten in der Nacht telefoniert. Und da hab ich's gehört.«

»Aber …«, sie atmete, setzte noch einmal neu an: »Ja, die Ärzte haben wahrscheinlich so was gesagt, aber wir glauben ihnen nicht. Die Engel wissen es viel besser, und die haben dafür gesorgt, dass ich bei dir bleiben kann. Du musst ganz fest an die Engel glauben.«

»Papi glaubt nicht an Engel«, sagte er mit Tränen in den Augen. »Das hat er mir mal erzählt. Und Paul aus dem Kindergarten hat das auch gesagt.«

»Manche Sachen kann man auch nicht wissen, manche

Sachen kann man nur glauben. Und Paul und Papi glauben nicht an Engel, aber das heißt nicht, dass es sie nicht gibt. Es gibt sie, und du kannst an sie glauben. Sie können fliegen und glitzern.«

Seine Augen funkelten durch die Tränen hindurch. »Dann können sie ja immer am Tod vorbeifliegen, oder?«

»Ja, das können sie, und dann schaut der Tod dem Glitzern hinterher und vergisst, was er wollte«, sagte sie.

»Toll«, sagte er, »er vergisst es einfach.«

Sie schwiegen eine Weile, dann fragte er leise: »Vergisst du es dann auch? Ich meine, dass du sterben wolltest?«

Oh, mein Gott.

»Ich wollte leben«, sagte sie und schaute ihn mit ganz festem Blick an, »leben.«

Sein Gesicht erhellte sich ganz langsam, dann strahlte er und sagte: »Ich hab's mir schon so gedacht. Genau so hab ich's mir gedacht.« Er fuhr mit dem Finger an der Glasscheibe des Terrariums mit den Pfeilgiftfröschen entlang: »Und jetzt hab ich Hunger.«

»Na, dann los. Froschschenkel oder Pommes frites? Was willst du?«

Er grinste, nahm ihre Hand und sagte: »Jetzt weißt du, was ich denke. Stimmt's?«

»Froschschenkel«, sagte sie, und er boxte ihr ins Bein.

Sie drehten den Gifttieren den Rücken zu und gingen aus dem Aquarium heraus, die überfüllte Straße entlang ins Parkhaus. Sie hielten sich die ganze Zeit an den Händen und schauten sich an, zitternd und froh. Vielleicht sollten sie doch zu Vera ziehen, vielleicht könnten sie es schaffen, wenn sie nur nicht mehr nach Hause müssten.

Es dämmerte schon, als sie in der Wohnung ankamen. Eduard war noch nicht da. Siri warf Mantel und Handschuhe über den Sessel, half Felix aus seinen Stiefeln und drückte auf den Knopf des Anrufbeantworters. Mit einigem Knarzen und Rauschen erklang Alisons Stimme: »Siri, ruf mich an, ich mach mir Sorgen, ich kann dich im Krankenhaus nicht erreichen, deswegen ruf ich jetzt auf dem Handy an, obwohl du das ja im Krankenhaus nicht benutzen kannst, oder? Jedenfalls … Eduard, Eduard – was soll ich sagen? Ich sag's jetzt einfach, weil ich es fragen muss: Glaubst du, dass er was damit zu tun hat? Ich meine, dass er dir was antun wollte? Die neuen Medikamente, die er dir mitgebracht hat …«

Dann plötzlich: »Oh, Gott, ich sehe gerade: das ist nicht deine Handynummer, das ist … es tut mir leid, oh, Gott, ich hoffe nur, dass …« Dann knackte und tutete es.

Felix stand wie angewurzelt in seinen dunkelblauen Strumpfhosen. Sein rechter Strumpf hatte ein Loch. Der nackte Zeh bohrte sich durch das Loch und starrte genauso regungslos in ihre Richtung wie er selbst.

Aus ihrem Gesicht war alle Farbe gewichen. Sie überlegte keine Sekunde, sondern kniete sich vor ihn hin, nahm ihn an beiden Schultern und sagte: »Alison ist in Japan. Ich habe sie aus dem Krankenhaus angerufen, direkt nach der Operation. Ich war ganz durcheinander von der vielen Medizin. Das ist so, wie wenn man schlimm träumt. Ich habe da Sachen gesagt, die ich jetzt schon nicht mehr weiß und die so wenig stimmen, wie wenn man von schlimmen Sachen träumt. Dein Vater wäre der letzte Mensch auf der Welt, der mir was Böses tun würde. Und ich und du, wir beide, sind doch die Menschen, denen er am wenigsten was Böses tun würde, wir sind doch die Menschen, die er am meisten beschützt. Es war ein schlimmer Traum, hörst du? Ein schlimmer Traum. Jetzt müssen wir schnell alle Lichter anmachen, und nachher rufe ich Alison an, und dann lachen wir uns über meinen schlimmen Traum kaputt.«

Felix nickte und schluckte einmal – und in diesem Schlucken lag so viel Tapferkeit, wie ein Mensch nur aufbringen konnte, egal wie groß er war oder wie klein.

Felix schaute auf das Loch in seinem Strumpf und fragte mit belegter Stimme, die sich von Wort zu Wort freizukämpfen versuchte: »Warum sagst du eigentlich immer Kartoffel dazu, wenn ich ein Loch im Strumpf habe?«

Sie lachte: »Siehst du? Deine Mami sagt manchmal komische Sachen, die keinen Sinn haben, aber: Sie hat dich lieb, und sie wird dir jetzt einen großen, warmen Kakao machen. Willst du?«

Er nickte wieder, dann flüsterte er vor sich hin: »Du hast mir aber nicht geantwortet.«

Sie machte die Milch warm und rührte zwei gehäufte Löffel Kakaopulver hinein – in einer großen, kreisenden Bewegung. Und mit jedem Kreis, den ihre Hand vollzog, rundete sich ihr Gedanke: Jetzt war es endgültig vorbei, jetzt würde sie für immer hierbleiben müssen, bis an ihr Lebensende. Jetzt würde sie es einfach aushalten müssen. Denn wenn sie jetzt gehen würde, dann würde Felix denken, sein Vater hätte doch versucht, ihr etwas anzutun.

Sie schluckte, füllte den Kakao in zwei Tassen, stellte Felix seine Tasse auf den Küchentisch, holte die Rumflasche aus dem Schrank und goss ihren Kakao damit auf.

»Mit einem Schuss«, sagte Felix.

Sie schaute ihn fragend an.

»So nennt man das doch: Kakao mit einem Schuss, oder? Das, was du da trinkst.«

Sie nickte: »Ja, mein Schatz, so nennt man das. Mit einem Schuss.«

»Schluss«, sagte Felix.

Sie schaute ihn wieder fragend an, setzte den Becher ab und hielt den Atem an.

»Das reimt sich doch: Schuss und Schluss«, sagte Felix.

Sie nickte, ließ den Kopf in beide Hände sinken und versuchte dabei eine Haltung zu finden, mit der sie weitermachen konnte.

Friederike lag angezogen auf ihrem Bett und strich sich über den Bauch, in dem jetzt die Törtchen schlummerten. Die orangefarbenen Vorhänge waren zugezogen. Es dämmerte. Vielleicht sollte sie einfach mehr essen. Wenn man so satt war wie sie, dann hatte die Sehnsucht es schwer durchzukommen; dann sprudelte das Blut nicht durch den Körper und überlieferte die Botschaft in jede Zelle, sondern trieb langsam in seinem Kreislauf herum.

Heute fühlten sich sogar ihre Rundungen weich an und nicht wie etwas, was eigentlich nicht zu ihr gehörte, was sie sich immer wegdachte, wenn sie an ihren Körper dachte. Noch hatte sie keinen Schwangerschaftstest gemacht, aber … sie hatten ohne Verhütung miteinander geschlafen an einem der gefährlichen Tage, und sie fühlte sich schwanger. Vielleicht sollte sie es Tom heute nach dem Konzert schon einmal sagen. Warum sollte sie warten, bis sie sicher war, wieso sollte er nicht mitbekommen, wie es sich anfühlte mitten im Leben?

In der Akademie der Künste.

Als sie ihren Sitzplatz gefunden hatte, weit hinten im großen Saal, ließ sie sich in den Sessel sinken und beobachtete, wie Tom auf der Bühne stand und seine Trompete für den großen Auftritt hätschelte. Noch war das Konzert nicht losgegangen. Es war gut besucht. Das Publikum war ziemlich verstaubt, aber gutwillig. Auf ihrer rechten Seite saß ein älteres Ehepaar, das sich Kinderphotos anschaute, die in einem großen Umschlag steckten. Die Großmutter war sichtlich gerührt, und der Großvater deutete auf dieses oder jenes Bild und grummelte etwas vor sich hin, das seine Frau nicht einmal zu verstehen versuchte. Irgendwann beugte sich die Frau zu Friederike hinüber und fragte: »Und wie alt sind ihre?«

»Ich …«, sagte Friederike und wurde schlagartig rot, »ich …, wir haben noch keine«, sagte sie dann und versuchte das Gespräch damit zu beenden.

Die alte Dame schaute sie mitleidig an, hob die Schultern und drehte sich wieder um.

Sie atmete aus und strich sich über den Bauch.

Tom war nun fertig mit seinen Vorbereitungen und schaute ins Publikum, zuerst ungerichtet, dann suchend. Sie duckte sich noch etwas weiter in den Sessel. Es war ihr gar nicht unrecht, wenn er noch ein bisschen zweifelte, ob sie gekommen war. Von weitem war er gar nicht so attraktiv, von weitem sah er sogar etwas unscheinbar aus. Außerdem war sie keine Frau, die einen Musiker wollte, ein handfesterer Beruf wäre ihr viel lieber gewesen, einer, der eine Familie ernährte – auch wenn sie sich das wahrscheinlich auch wiederum ungern aus der Hand nehmen lassen würde.

Das Konzert begann und endete. Sie hatte nicht wirklich zugehört, hatte über alles Mögliche nachgedacht, über das neue Thema für den Laden und ein paar Stiefel, die sie sich kaufen wollte. Sie verstand nichts von Musik und konnte sowieso nicht beurteilen, ob es ein gelungener Abend war. Sie machte Tom auch nichts mehr vor, sie wiederholte keine Kommentare mehr, die sie irgendwo aufgeschnappt hatte, um ihn zu beeindrucken. Sie küsste ihn nach dem Konzert, und das war's, und er konnte anscheinend damit leben. Sie taugte nun einmal nicht zur Muse.

Sie holte sich noch etwas zu trinken, dann ging sie hinter die Bühne.

Tom stand im Gang, rauchte und unterhielt sich mit einem Kollegen. Als er sie kommen sah, winkte er sie zu sich und legte seine Hand auf ihre Hüften. »Kennst du meine Frau eigentlich?« fragte er seinen Kollegen.

Der Kollege stockte kurz, schüttelte dann den Kopf und sagte: »Ich wusste gar nicht, dass du …«

»Sie lebt nicht in unserer Welt. Sie lebt in ihrem Laden und in ihren Texten«, sagte Tom, »deswegen sieht man sie so selten hier draußen im Leben.«

Friederike schaute zu Boden. Das sollte ein Kompliment sein. Vielleicht. Und dass der Kollege nichts von ihr wusste? Niemand wusste, dass es sie gab. Tom hatte sie selten mitgenommen, und wenn, dann so, als sei sie eine Bekannte oder eine Affäre, und vielleicht war sie das auch. Er könne seine Gefühle nicht in der Öffentlichkeit zeigen, hatte er immer gesagt. Aber Sex im Park.

»Das Einzige, was ich heute gelesen habe, waren die Namen der Torten im Lafayette«, sagte sie, um die Situation zu entspannen, »ansonsten habe ich nur gegessen und geschlafen.«

»Wenn Sie nicht so schlank wären«, sagte der Kollege lachend, der ihr von Moment zu Moment unsympathischer wurde, »dann könnte man meinen, Sie wären schwanger. Bei meiner Frau ging es jedenfalls in allen drei Schwangerschaften so zu.«

»Ich bin schwanger«, sagte Friederike.

Toms Miene versteinerte, er starrte Friederike an. Friederike schaute weiter auf den Kollegen, wendete sich dann Tom zu und sagte: »Kleiner Scherz.«

Tom schaute auf die Uhr, murmelte irgendetwas von einer Verabredung und zog sie hinter sich her nach draußen.

Am Fahrradständer fragte er sie: »Was sollte das denn?«

Sie schaute auf seinen Gepäckträger. Dümmer hätte man es nicht anstellen können.

»Fritz?« fragte er, »hörst du mir zu? Was sollte das?«

»Nichts«, sagte sie, »ich konnte ihn einfach nicht leiden.«

»Und ich kann so etwas nicht leiden«, sagte Tom, »tut mir leid.« Dann schloss er sein Rad auf und schob es davon.

Sie blieb stehen.

Heute hätte einer der schönsten Abende ihres Lebens werden können. Der Anfang von einem neuen Leben. Und jetzt? Jetzt stand sie wieder am Anfang, immer wieder am gleichen Punkt, irgendwie schickte sie sich immer wieder zurück zum Anfang. Sie wusste wirklich nicht, wie das ging, einen Abend aushalten, von dem aus es weiterging. Und wahrscheinlich war sie nicht einmal schwanger, wahrscheinlich war sie so wenig schwanger wie die hundert Male davor.

Zu Hause ließ sie immerhin die Erdnüsse im Schrank. Stattdessen griff sie in ihr Bücherregal. Was hatte er gesagt? *Sie lebt in ihrem Laden, ihren Texten.* Vielleicht hatte er sogar recht damit. In ihren Händen lag Emile Zola, das Buch, das sie bei ihrer Weiß-Recherche entdeckt hatte. Das *Paradies der Damen* in einem französischen Kaufhaus konnte wenigstens die Erinnerung an ihren Nachmittag wieder aufleben lassen.

Das zauberhafte Bild der Weißwaren fesselte die Blicke der Damen. Im Vorraum, einer Halle mit großen Spiegelscheiben und Mosaiken, war die Ausstellung der billigen Artikel für die breite Masse untergebracht. Dahinter bildeten in blendendem Weiß die Galerien eine schneeige Landschaft, gewissermaßen Gletscher in hellem Sonnenlicht. Man fand hier die gleichen Weißwaren wie draußen in den Schaufenstern, aber in einem kolossalen Ausmaß, von einem Ende dieser ungeheuren Halle bis zum anderen war alles weiß. (…) Eine Verschwendung von Weißem, dessen Helle so blendete, dass man Einzelheiten kaum unterscheiden konnte. (…) Im Gewühl dieser weißen Artikel, in der scheinbaren Unordnung dieser Gewebe, die wie aus den Fächern herausgerissen schienen, lag unendliche Harmonie.

Der weiße Rausch der Waren. Aber das Weiß erschreckte sie heute, als sei es leblos und abgestorben. Sie hatte nicht einmal Lust auf Schnee. Sie wollte Frühling, endlich Frühling. Weiß erschien ihr auf einmal wie ein Erstarrungsmittel, Welten entfernt von dem Entgrenzungszauber, den es so lange für sie innegehabt hatte. Das Weiß der Lawine. Im Bauch des weißen Wals. Und sie mittendrin. Kein Horizont mehr. *Lauert doch in der innersten Vorstellung von diesem Farbton etwas Ungreifbares, das die Seele stärker in Panik versetzt als jenes Rot des Blutes.* »Sie lebt in ihren Texten … Lebt sie denn dann überhaupt?« flüsterte sie.

»Morgen ist ein neuer Tag«, hörte sie die Stimme von Salman Rushdies Tante antworten.

Sie seufzte und flüsterte zurück: »Danke.«

Hinter ihren Lidern verschwand das Schwarz, und die Farben des golddurchwirkten Saris schimmerten hindurch, den die Tante extra für sie angezogen hatte und der alle Farben des Regenbogens in sich trug.

Als Alison mit Yoshihiro die Rolltreppe zur U-Bahn hinunterfuhr, stand er hinter ihr und fragte, indem er sich etwas über ihre Schulter beugte: »Wissen Sie inzwischen, was Sie hier suchen?«

»Zwischendurch …«, sagte sie, dann brach sie den Satz ab. Sie konnte nicht weitersprechen. An ihr zog ein Plakat vorbei. Auf dem Plakat saß Bill Murray in einem Sessel und hielt ein dickwandiges Whiskeyglas in die Kamera. Es war genau dieser Blick, über den sie im Film so gelacht hatte. Sie fuhr fort: »Jetzt weiß ich es nicht mehr so genau. Zwischendurch wusste ich es. Da habe ich meinen Mann gesucht und eine Frau …«

»… die ihr Mann gefunden hat?« fragte er.

Sie machte eine Pause. Hatte sie ihm schon etwas von dieser Geschichte erzählt?

Ihn schien nichts zu wundern, alles war für ihn gleich wahrscheinlich, die allergrößten Mysterien und der U-Bahn-Fahrplan. Die Ausdruckslosigkeit, die zwischen seinen Handlungen lag, war dabei so transparent, als könne er sich vollkommen entleeren, ohne dabei verloren zu gehen.

Die Ansage einer japanischen Maschinenstimme war inzwischen erklungen und dauerte immer noch an. Was waren das nur für Ansagen, die hier dauernd aus den Lautsprechern tönten?

»Wozu braucht ihr diese langen Sätze eigentlich?« fragte sie.

»Finden Sie sie lang? Wir geben schließlich nicht nur Informationen weiter wie die Amerikaner. Wir sagen, was wir sagen wollen und wo wir stehen. Dann schwächen wir den Satz wieder etwas ab, um den anderen entwischen zu lassen, falls ihm etwas unangenehm ist. Lang? Ich finde das elegant. Mögen Sie Miniröcke? Ich finde sie schrecklich. Ich mag lange, schmale Röcke mit langen, verdeckten Öffnungen, von denen man nicht einmal ahnen kann, wo sie enden. Und ungefähr so sind unsere Sätze. Und ungefähr so sind Sie auch.«

Was? Gleich waren sie unten angekommen. Wer?

»Wer sind Sie eigentlich?« fragte sie jetzt, ohne sich umzudrehen.

Er wartete, bis die Lautsprecherstimme seine letzte Volte geschlagen hatte, dann sagte er: »Wenn ich irgendetwas sein möchte seit gestern, dann das, was Sie suchen.«

Die Rolltreppe entlud sie im Untergeschoss der U-Bahn, sie hatte keinen Schritt getan, sie war über die kleine Schwelle geglitten und stand nun da. Und auf einmal waren überall Menschen, die ihre Wege gingen und Geraden und Diagonalen in den Raum schnitten. Sie drehte sich um und sprang mit einem Satz auf die Rolltreppe, die wieder nach oben führte. Yoshihiro war ihr offenbar gefolgt, um nach ein paar Sekunden wieder genau hinter ihr zu stehen.

»So ist es viel besser«, sagte er, seinen Mund nun an ihrem Nacken. »Würden Sie bitte Ihre Haare hochnehmen?«

Alison zögerte kurz. Den Nacken zu zeigen war eine der erotischsten Gesten, die eine Frau im traditionellen Japan machen konnte.

»Machen Sie bitte«, sagte Yoshihiro. »Wir sind gleich wieder oben, und ich kann das nicht noch einmal fragen.«

Sie nahm ihre Haare mit beiden Händen hoch und blieb eine Weile so. Er blieb hinter ihr, ganz nah, ohne sie zu berühren. Dann ließ sie ihre Haare wieder los und ging von der Rolltreppe über den blankgefegten Steinboden ins Freie. Als sie draußen stand, drehte sie sich um, und Yoshihiro stand etwas abseits und schaute sie an, mit einem vollkommen entleerten Gesichtsausdruck.

Sie ging einen Schritt auf ihn zu, bis sie so nah bei ihm war, dass er flüstern konnte: »Genau so hatte ich ihn mir vorgestellt: blütenweiß, ohne ein einziges Mal, nur dieser rote Flaum, der nach oben führt – dreifach gebündelt.«

Sie schloss die Augen. Sie wollte so etwas nicht hören. Sie hatte genug Probleme, sie wollte nach Hause.

»Bringen Sie mich bitte zurück?« fragte sie, ohne Luft zu holen.

Und er nahm sie an die Hand, ganz brüderlich, so als hätte er nicht gerade von den Schattierungen ihres Körpers gesprochen, und setzte sie in ein Taxi. Er nahm vorne Platz, dort, wo niemand Platz nahm, weil die Passagiere im Fond saßen.

Als sie eine Weile gefahren waren, drehte er sich zu ihr um und sagte leise und zärtlich und mit größtmöglicher Diskretion in der Stimme: »Ich wollte Sie nicht erschrecken.«

Und sie gab eine Antwort, über die sie sich selbst wunderte: »Manchmal öffnet es einem die Augen.«

Yoshihiro drehte sich wieder um: »Und was haben Sie gesehen?«

Unbeschriebene Orte meines Körpers, wollte sie sagen, aber sie schüttelte nur den Kopf.

»Wer sind Sie?« fragte er, »das ist die viel bessere Frage.«

Sie schwieg.

Die andere Frau, dachte Alison, die andere Frau ist da.

6 Spuren im Schnee

Fritz?«

»Yoko? Bist du wieder da? Wie geht's?«

»Ich bin gerade gelandet, sitze im Taxi.«

»Schön, dass du anrufst. Wie geht's Alison?«

»Die hab ich verloren.«

»Verloren?«

»Erzähl ich dir später. Hast du Zeit?«

Sie zögerte: »Ich …«, eigentlich wollte sie heute mit Tom verreisen, eigentlich sollte heute der Tag sein, an dem sie als werdende Familie verreisten, aber es war schon Mittag, und Tom hatte sich nicht gemeldet und … »ja, warum?«

»Ich muss meine Wohnung streichen«, sagte Yoko.

»Noch weißer?« fragte Friederike.

»Nein, hellgrün, hellblau, hellbraun. Ich kaufe die Farben gleich noch.«

»Was ist passiert?« fragte Friederike.

Kurze Pause.

»Ich war zu Hause«, sagte Yoko dann, »und jetzt bin ich wieder hier und brauche Farben, sonst war die ganze Reise umsonst.«

»Ich auch«, sagte Friederike, »bis gleich«, und legte auf.

Friederike kaufte auf dem Weg zu Yoko einen Schwangerschaftstest. Sie fuhr dafür zu einer weit entfernten Apotheke, weil sie in den umliegenden Apotheken schon so oft einen Test geholt hatte, dass sie die Blicke der Apothekerinnen fürchtete.

»Bevor wir mit dem Malen loslegen, muss ich noch was machen«, sagte Friederike, als sie zur Tür hereinkam, und kramte den Test aus ihrer Tasche.

»Bist du schwanger?« fragte Yoko.

Friederike schaute sie an.

»Du bist schwanger«, sagte Yoko.

»Ich glaube«, sagte Friederike, »ich glaube nicht, wahrscheinlich hab ich mir mal wieder was eingeredet. Ich weiß überhaupt nicht mehr, was ich glauben soll. Ich hab alles vermasselt mit Tom. Ich müsste bald meine Tage bekommen, aber die sind ja auch nicht regelmäßig, und wenn, dann wäre es noch schlimmer als …«

»Mach erst mal den Test«, sagte Yoko, »du redest wie Britney Spears im Straßengraben.«

Friederike ging Richtung Badezimmer, drehte sich noch einmal um und sagte: »Wenn ich jetzt nicht schwanger bin, dann …«

Dann würde es nichts mehr werden, dann wäre Schluss. Tom hatte sein Fahrrad sicherlich über alle Berge geschoben, und einen anderen Mann wollte sie nicht, oder würde sie nicht finden, oder …

»Darüber musst du jetzt noch nicht nachdenken«, sagte Yoko und schob Friederike Richtung Bad.

Friederike verschwand und wartete auf den rosa Strich, der auf dem kleinen, dünnen Streifen erscheinen sollte, auf dem Streifen, der viel zu fadenscheinig war, um eine solche Entscheidung zu tragen. Ein rosa Strich, der ihr Leben verändern würde. Aber: noch nicht einmal die Fata Morgana eines rosa Strichs. Nichts färbte sich, das Weiß blieb so rein wie die ungeschriebenen Seiten ihrer Promotion, wie Neuschnee, wie …

Er erschien.

Zuerst ganz sachte, dann schnell deutlicher, dann kaum noch wegzuleugnen, bis er fast banal in seiner Deutlichkeit einfach dastand. Gerade, rosa, unbeweglich. Der rosa Strich. Der rosa Strich durchzog das Weiß. Keine Fata Morgana, ein Strich.

Sie war schwanger.

Sie starrte auf den Streifen, drehte ihn einmal um, als ob auf der Rückseite das Gegenteil stehen könnte.

Dann wurde es plötzlich ganz leise in ihr, und von unten stieg ein Gurgeln auf, ein Schluchzen, ein Kreischen. Yoko und sie brachen in Jubel aus und tanzten durchs Bad, Friederike immer noch mit den Hosen in den Kniekehlen.

»Ich bin schwanger, ich bin schwanger«, wiederholte sie und hielt sich immer wieder den Teststreifen vor die Augen, »ich bekomme ein Kind, ich fasse es nicht, ich bekomme wirklich ein Kind. Ich habe es doch gar nicht geglaubt, keine Minute habe ich es wirklich geglaubt, ich hatte es doch erfunden, um Tom … oder mich oder wie auch immer, aber ich hatte es nicht geglaubt.«

Sie schwieg eine Weile, dann fing sie von vorne an: »Ich bekomme ein Kind, schon mit zwanzig wollte ich ein Kind, und jetzt bin ich fast vierzig und bekomme endlich eins. Es ist nicht zu fassen.«

»Gerade noch«, sagte Yoko mit einem Grinsen, und Friederike grinste zurück.

»Was heißt gerade noch? Ich könnte sogar noch eins bekommen oder noch zwei, ich wollte immer schon drei Kinder haben.«

»Genau: Plan schon mal die Großfamilie!«

Sie lachten beide, und Friederike hielt sich den Bauch und schaute aus dem Fenster, und die Welt da draußen war eine andere.

»Und Tom?«

»Tom?«

»Was ist mit Tom?«

»Was mit Tom ist?« Friederike dachte nach. »Ich weiß nicht, ich weiß nicht mal, was ich mir wünschen soll. Dass er jeden Morgen mit uns frühstückt? Ich fürchte, Bullerbü in Berlin wird's nicht geben.«

»Die Schwangerschaft scheint dir gutzutun. Das war das erste Sinnvolle, was du je über Tom gesagt hast.«

»Nur weil du dir niemanden an deinem Frühstückstisch vorstellen kannst!«

»Morgens schon einen Mann, der mit mir reden will?« fragte Yoko und verzog das Gesicht.

»Welche Farbe bekommt das Wohnzimmer?«

»Hellgrün«, sagte Yoko, »zartes Hellgrün.«

Als sie den Eimer öffnete, erklärte Yoko: »Seitdem ich weiß, dass ich meinen Vater nicht auf dem Gewissen habe, bin ich ganz orientierungslos. Und ich bin keine zwanzig mehr; ich weiß, dass ich nicht in Indien suchen muss.«

Yoko tropfte grünes Konzentrat in die weiße Farbe und verrührte die Schlieren.

»Wie schön«, sagte Friederike. »Wie schön das aussieht.« Dann stiegen ihr wieder die Tränen in die Augen: »Weißt du, warum ich wusste, dass heute ein guter Tag werden würde? Ich habe gestern eine rote Zwiebel in einem Kartoffelnetz gefunden. Und da habe ich gedacht: Es gibt noch Überraschungen. Ich hätte fast die Frau an der Kasse geküsst, weil ich dachte, dass ich etwas finden werde, was nicht in meine bisherige Sammlung passt. Und jetzt bin ich schwanger.«

»Mit einer kleinen, runden, roten Zwiebel.«

Sie rührten das Grün an und klebten den Boden ab. Nach einer Weile sagte Friederike: »Viel kann man nicht mehr ändern in unserem Alter. Außer der Farbe seiner Wände und seinem Leben vielleicht.«

Eduard war überrascht, dass Siri Freunde einladen wollte, so kurz nachdem sie aus dem Krankenhaus entlassen worden war, aber er sah es als Zeichen ihrer Genesung und freute sich umso mehr.

Siri saß mit Felix auf dem Boden und faltete Servietten für den Abend. Als sie sich die Servietten um die Stirn band wie eine Indianerin, überschlug Felix sich fast vor Lachen. Eduard stand am Fenster und beobachtete sie. Ihre Blicke trafen sich. Er trug seinen Kopf ein wenig höher heute, so wie er ihn früher getragen hatte, bevor sie geheiratet hatten.

»Gut siehst du aus«, sagte sie. »Wenn ich dich nur bis zum Hals sehen könnte, würde ich schwören, dass du einen Smoking trägst, oder noch besser: einen Taucheranzug über einem Smoking.«

»Vielleicht siehst du mich nur bis zum Hals«, sagte er und schaute sie an

»Warum Taucheranzug?« fragte Felix, und sie antwortete: »Weil er wie ein berühmter Geheimagent aussieht, ein Spion, der zuerst unter Wasser eine Bombe entschärft und dann an Land schwimmt, um auf ein schönes Fest zu gehen, auf dem er spielt und trinkt und Frauen flachlegt.«

»Frauen flachlegt?« fragte Felix.

Eduard schaute sie mit einer Mischung aus Entsetzen und Amüsement an.

»Wie beim Judo«, sagte sie.

»Ach so«, sagte Felix.

Als die ersten Gäste klingelten, kam sie angezogen und geschminkt aus ihrem Zimmer – eine Mischung aus Sharon Stone und einer schwedischen Prinzessin. Sie trug ein tiefausgeschnittenes, petrolfarbenes Wickelkleid, hohe fuchsiafarbene Schuhe mit einem Riemen um die Fesseln und einen beträchtlichen Teil von Veras Armbändern, die im Kerzenlicht funkelten. Von den Gästen auf ihre Kronjuwelen angesprochen, antwortete sie: »Meine Lieblingstante hat sie mir heute in einer großen Lafayette-Tüte per Fahrradkurier geschickt.« Und alle lachten. Eduard lachte mit und nahm sie in den Arm, wenn sie ihren Spruch losgelassen hatte – jedes Mal. Nur ihre Nachbarin lachte nicht, sondern sagte leise: »Funkeln funktioniert immer, selbst wenn es auf dem letzten Zahn ist.« Da war Eduard gerade auf der Terrasse, um mit seinen Kollegen zu rauchen.

»Und wenn schon. Wie Sie gesagt haben: Wenn es funktioniert, wen interessiert's«, antwortete Siri.

»Sie sind wirklich bedingungslos, das gefällt mir«, sagte ihre Nachbarin.

»Würde ich einen solchen Abend machen, wenn ich bedingungslos wäre?« fragte Siri. »Das sind doch alles … jedenfalls nicht meine Freunde. Das sind alles Menschen, die Eduard mag, die zu dem Leben passen, das er gerne mit mir haben möchte und das ich auch manchmal gerne mit ihm haben möchte. Aber ist Ihnen schon aufgefallen, dass Sie neben mir die einzige Frau sind, die trinkt und laut lacht? Diese Leute hier können sich gut unterhalten, weil sie alle das Gleiche sagen, eigentlich vollkommen trostlos. Aber sie sprechen mich auf meine Armbänder an und nicht auf meine Augenringe, also mag ich sie heute Abend, alle, so wie sie hier sind.«

Dann machte sie eine ausholende Armbewegung und ging an die Tür, um ein weiteres Ehepaar zu empfangen.

»Kommt rein! Wie schön, dass ihr gekommen seid. Wenn ihr rauchen wollt, raucht, so viel ihr könnt. Wir tun das auch. Und da drüben sind die Drinks. Das Essen wird rumgetragen, und die Einflugschneise ist hier im Flur neben den Waldläufern, die in die falsche Richtung rennen«, sagte Siri und deutete auf die Photoinstallation im Flur.

Eduard stand neben ihr, strahlte sie an, brachte ihr ein Glas Wasser und fragte dann in einem ruhigen Moment: »Yoko und Alison sind noch in Japan, oder?«

Sie nickte, die Frage versetzte ihr einen kleinen Stich.

»Und Friederike? Konnte sie nicht kommen?«

»Leider nicht«, sagte sie, »sie hatte schon eine andere Verabredung. Ich soll dich grüßen.«

Friederike hatte sie nicht eingeladen, weil der Abend unter ihrem Röntgenblick zerbröselt wäre und sie ihn dann gar nicht erst hätte machen müssen. Zwei Wochen war das jetzt alles her, und sie hatte Friederike noch nicht einmal angerufen. Vielleicht war sie einfach noch nicht reif für Friederike. Friederike war anders als die anderen. Sie lachte nicht an Stellen, die zum Weinen waren.

Sie lehnte sich an Eduards Schulter, rieb ihr Ohr an seinem Anzug, und das Knistern erinnerte sie an ein Gefühl, das sie einmal gehabt hatte, vor langer Zeit, als sie noch geglaubt hatte, dass alles gut werden würde.

Als sie im Bett lagen, lächelte Eduard zufrieden. Sie beobachtete ihn von der Seite und spielte sogar mit dem Gedanken, ihm etwas ins Ohr zu flüstern. Doch Eduard war satt und müde. Und selbst wenn er es nicht gewesen wäre, hätte er nicht versucht, sie zu verführen, denn der Abend war so herrlich gewesen, dass er ihn nicht durch irgendwelche Missverständnisse trüben wollte.

Sie blieb noch eine Weile wach, lag nackt im Bett und streckte ihre langen Arme mit den funkelnden Reifen in die Luft. Drei Jahre hatten sie keinen Sex mehr gehabt, drei Jahre. Nach Felix' Geburt noch ein paar Mal, aber schon sehr halbherzig, und danach nicht mehr. Normalerweise hasste sie ihn in diesen Momenten, wo sie sich das so vor Augen führte, aber heute hasste sie ihn nicht. Heute lag sie da, Felix' Lachen und das Stimmengewirr der Party im Ohr und Eduards erhobenes Haupt vor Augen.

Wenn sie es doch nur könnte, wenn sie doch nur so leben könnte. Dann könnten sie vielleicht auch ab und zu mal wieder miteinander schlafen. Dann wäre doch alles in Ordnung. Es war doch zum Greifen nah, dieses Leben.

Können Sie meine Sachen packen, Yoshihiro? Könnten Sie das bitte für mich tun?« fragte Alison.

Yoshihiro verbeugte sich.

»Und könnten Sie mich dann an den Flughafen bringen?«

Er stockte.

»Ich muss zurück nach Berlin.«

Er schaute sie an.

»Hier ist mein Zimmerschlüssel, werfen Sie einfach alles in den Koffer, es ist nicht viel. Ich kann nicht mehr in mein Zimmer, weil ich es mir sonst wieder anders überlege, verstehen Sie?«

Er sagte: »Danke«, nahm den Schlüssel und verschwand.

Inzwischen waren bestimmt zwanzig Minuten vergangen. Die Lobby war heute mit Rosen in Pastellfarben geschmückt, und aus der Aufzugstür kamen vor allem japanische Geschäftsmänner und Touristen, kein Yoshihiro. Ob er oben auf sie wartete? Die geplünderte Minibar aus dem alten Forum-Hotel fiel ihr ein, die kleinen Fläschchen, die übers Zimmer verteilt waren. Was tat er so lange da oben? Sie bestellte sich einen Kaffee, blätterte in einer englischen Zeitung und vermied es, in die Schaufenster der Boutique zu schauen. Irgendwie schämte sie sich doch ein bisschen für ihren Auftritt gestern Abend in der Bar. Ein gutaussehender Mann in grauem Anzug setzte sich in den Sessel neben ihr. Er grüßte sie und packte ein Buch aus der Tasche. Es waren Erzählungen von Yukio Mishima auf Deutsch. Sie lächelte ihn an.

Er fragte: »Kennen Sie das Buch?«

»Ich nicht, aber für eine Freundin spielt es eine große Rolle.«

»Kommen Sie aus Berlin?«

Sie stockte, schaute ihn fragend an: »Ja, woher …?«

»Dann sind Sie wahrscheinlich Alison?«

Sie wurde bleich, griff sich in die roten Haare.

»Yoko hat Sie gesucht, oder wollte Sie jedenfalls suchen, bevor ich Sie, nun, sagen wir, in meinem Hotelzimmer festgehalten habe«, sagte er mit einem Lachen.

»Sie haben sie festgehalten?« Das war doch sonst Yokos Rolle, wollte sie sagen.

»Ich habe sie festgehalten, und dann habe ich sie zum Bahnhof gebracht. Sie ist zurückgeflogen nach Berlin. Leider. Sie war …«

»Ich weiß«, sagte sie.

»Sie meinte, Sie hätten Dinge zu klären hier in Tokio, bei denen sie Ihnen nicht helfen konnte. Es sei also in Ordnung zu fahren, ohne Sie gefunden zu haben.« Er machte eine Pause, dann fragte er: »War es in Ordnung?«

Sie hielt kurz inne, dann nickte sie: »Ich glaube schon.«

Noch immer kein Yoshihiro. Und wenn ihm da oben etwas passiert war?

»Warten Sie auf jemanden?« fragte er.

Sie nickte.

»War Yoko bei ihrer Familie – wissen Sie das?« fragte sie dann.

»Wir haben nicht viel geredet«, sagte er lächelnd.

Sie lächelte auch. Yoko eben. »Darf ich Sie was ganz anderes fragen?«

Er nickte: »Natürlich.«

»Finden Sie, dass ich aussehe wie Scarlett Johansson?«

Er schaute sie stirnrunzelnd an: »Nein, finde ich gar nicht, aber ich mag sie auch nicht, sie sieht so träge aus. Und Sie, Sie sehen aus wie jemand, der …, na ja, jedenfalls nicht so träge.«

Sie kramte in ihrer Tasche. Die Frage war ihr peinlich. Sie hatte einen eitlen Beigeschmack. Dabei wollte sie eigentlich etwas ganz anderes fragen, eigentlich wollte sie herausfinden, ob man die andere Frau sehen konnte. Aber wie fragt man so etwas?

Da trat Yoshihiro aus dem Aufzug, den gepackten Koffer in der rechten Hand, das grüne Oberteil in der linken. Sein Blick war verändert, seine Haare zerzaust. Alison verabschiedete sich schnell, der Mann küsste ihr die Hand, und sie ging auf Yoshihiro zu.

Was haben Sie getan? wollte sie ihn fragen.

»War das Ihr Mann?« fragte er.

»Wer?«

»Der Mann da«, sagte er und deutete auf die Sitzgruppe, in der sie gerade gesessen hatte. Doch in dem Sessel saß niemand. »Haben seine Lippen Ihre Hand berührt?«

Sie blickte sich um.

»Das weiß ich nicht, ich habe sie jedenfalls nicht gespürt, vielleicht.«

»Das behalte ich«, sagte er und öffnete seine Faust mit dem grünen Oberteil.

Warum? wollte sie fragen.

»Als Pfand für meine Wünsche.«

»Für Ihre Wünsche«, sagte sie und lächelte ihn an.

»Alice im Wunderland«, sagte er und winkte ein Taxi herbei.

Alice im Niemandsland. Das Niemandsland in ihrem Herzen, dachte sie, Menschen können in ihm verschwinden.

Am Flughafen sagte er: »Gehen wir jetzt auseinander wie die beiden in der letzten Szene des Films?«

»Das wäre schön«, sagte sie.

»Das wäre traurig«, sagte er.

Sie stieg ins Flugzeug und schlief den ganzen Flug hindurch, ohne auch nur einmal aufzuwachen.

In Berlin war es grau und kalt, und auf dem Weg in ihre Wohnung gab es weder Leuchtreklamen noch Schulmädchen mit Kniestrümpfen und Plateauschuhen. Berlin war wie ausgestorben. Der grimmige Taxifahrer fragte sie zum Glück nicht, wo sie gewesen war und ob sie hier lebte.

Alles würde jetzt davon abhängen, nicht gleich wieder die Alte zu werden, nicht gleich etwas klären zu wollen, was sich sowieso nicht klären ließ. Vielleicht war auch das etwas, was sie gerade erst begriffen hatte: dass es Dinge gab, die sich nicht klären lassen; dass es Wege gab, die zu verschlungen sind, um sie im Rückblick nachzuvollziehen, und dass es galt, sich inmitten dieser Unschärfen einzurichten.

Großmutter hatte sie gebeten, dabei zu sein, wenn sie nach Hause zurückkam, hatte ihr gesagt, es wäre für alle Beteiligten besser, auch für Großvater, er müsse dann nicht so hart sein. Hart, hatte Siri gefragt, sie habe Großvater noch nie hart erlebt. Sie sei auch nicht mit ihm verheiratet, hatte Großmutter geantwortet und ihr übers Haar gestreichelt.

Sie klingelten. Nichts rührte sich.

»Wo ist er denn?« fragte Großmutter sichtlich nervös. »Wo kann er um diese Zeit denn sein?«

Sie hob die Schultern, dann summte der Türöffner. Normalerweise fragte Großvater nach, bevor er die Tür öffnete.

»Seit wann trägst du Grün?« fragte Großmutter im Aufzug. »Willst du ein kleines Krokodil zur Welt bringen?«

Sie reagierte nicht.

»Was ist denn los? Ich find's ja schön, dein Grün. Du kannst sowieso alles anziehen. Aber muffelig bist du heute, wirklich muffelig. Schließlich musst ja nicht du zu Kreuze kriechen, sondern ich.«

Zu Kreuze kriechen, so empfand sie das also.

»Und dein Großvater ist der Held, der alles übersteht.«

Großmutter schien auf eine Reaktion zu warten, dann fuhr sie fort: »Redest heute einfach nicht mit mir, obwohl ich zurückkomme, alles wieder zurücknehme. Aber so war es ja auch beim letzten Mal in den ersten Monaten: immer diese Laune morgens.«

»Ich bin nicht …«

»Siehst du, hab ich's doch gesagt. Ach, die letzte Nacht im

Hotel mit all den Sachen, wie eine Stadtstreicherin kam ich mir vor. Die ganze Geschichte …, aber trotzdem …«, plötzlich hatte Großmutter einen weichen Ausdruck in den Augen, »aber trotzdem hast du mir sehr geholfen mit deinem Besuch. Ich glaube, du hast uns vor einer großen Katastrophe bewahrt. Albert und ich gehen ein wie die Primeln, wenn wir Vera und Bernhardt nicht haben, das hatten wir nicht gewusst. Wir wollten einfach nicht ins Grab steigen, bevor wir nicht einmal wahrhaftig gewesen waren. Und jetzt? Jetzt weiß ich nicht mehr, was wahrhaftig ist. Vielleicht war es wahrhaftig, bei deinem Großvater zu bleiben, vielleicht wäre es wahrhaftig gewesen, ihn gar nicht erst zu heiraten – ich weiß es wirklich nicht. Das Einzige, was ich rausgefunden habe, ist, dass ich nicht mit Albert leben kann. Jedenfalls nicht mehr. Vielleicht ist das auch so ein Mythos – das mit der Wahrhaftigkeit, vielleicht braucht man sie nur, um sich irgendwas wünschen zu können.«

Da öffnete sich die Tür, und vor ihnen stand nicht Großvater, sondern Vera.

Großmutter wich zurück.

Vera sagte in Großmutters Richtung: »Keine Angst, sie duellieren sich nicht, sie trinken Tee wie die englischen Lords und schwärmen von dir.«

»Er ist hier?« fragte Großmutter.

»Nun, das sollte dich nicht wundern, er wohnt hier, soviel ich weiß. Aber wenn du Albert meintest, ja, er ist auch hier, und ich auch: Guten Morgen, Charlotte«, dann ging Vera auf Charlotte zu und küsste sie einmal, nicht zweimal wie sonst immer: »Das muss reichen, schließlich bist du mit meinem Mann durchgebrannt.«

»Ich …«, stammelte Großmutter, aber Vera winkte ab: »Erspar's uns einfach, alles ist wieder beim Alten. Keine Erklärungen, keine Entschuldigungen. Die Männer unterhalten sich über Wimbledon, obwohl sich kein Mensch mehr über Wimbledon unterhält, weil es einfach passé ist und dieser Schweizer Hüne sowieso alles gewinnt.«

Charlotte blieb im Hausflur stehen.

Vera nahm Siri in den Arm und ging mit ihr voraus ins Wohnzimmer. Charlotte kam gesenkten Kopfes hinterher, bis sie im Angesicht der beiden Männer wieder etwas Fassung gewann.

Großvater verzog keine Miene, lächelte nicht, sondern stand auf und küsste Großmutter auf die Wange, dann stand Albert auf und küsste sie links und rechts, wie man eine Bekannte begrüßt. Großmutter stand da, als wüsste sie nicht, wo hier die Sofas standen.

»Wenn wir das geahnt hätten, dass es heute Morgen gleich eine solche historische Reunion geben würde, hätten wir Champagner mitgebracht«, sagte Vera.

»Wollt ihr?« fragte Großvater, und Großmutter schüttelte den Kopf, noch immer auf der Schwelle stehend.

Siri schaute auf Großmutters Füße, die in den Turnschuhen steckten. Großvater saß wieder und tat weiterhin so, als wäre nichts passiert. Alberts Ausstrahlung hatte sich verbarrikadiert, und Vera versuchte wie immer, zu retten, was zu retten war. Sah es so aus, wenn man sich mit dem falschen Leben abgefunden hatte?

»Champagner?« fragte Albert in Großvaters Richtung, und dann in Veras Richtung: »Vera immer, mit und ohne Anlass.«

»Anlässe sind was für Betriebsräte«, sagte Vera.

»Du weißt doch gar nicht, was ein Betriebsrat ist«, sagte Großvater.

»Muss ich das, damit du den Champagner endlich holst?«

Die drei wirkten wie Schauspieler, die ihren Text kannten. Großvater ging an Großmutter vorbei in die Küche, und als er verschwunden war, änderte sich die Stimmung schlagartig, das Stück war wie auf Pause gedrückt.

Großmutter schien sich zu sammeln. Sie lief langsam durch den Raum hindurch ans Fenster und sagte dann: »Ich dachte, es wäre fairer, jetzt den Rest auch noch …, ich meine, wenn wir schon einmal dabei sind, reinen Tisch zu machen. Ich weiß, dass ihr aus allen Wolken fallen werdet, aber dort ist es ja auch nicht so bequem mit all dem Regen.« Sie machte eine Pause: »Meine Tochter ist nicht von Bernhardt. Wenn jemand mal genau hingesehen hätte, dann hätte man es auch erkennen können, aber es sieht niemand genau hin, niemand will doch genau hinsehen, oder? Wozu auch, macht ja meistens nur Ärger. Also deine Mutter«, sagte sie und wendete sich Siri zu, »ist nicht von Bernhardt, sie ist Alberts Tochter, und somit ist Albert dein Großvater.«

Was? Was hatte Großmutter da gerade gesagt?

Sie war nicht Großvaters Enkelin?

Albert war ihr Großvater?

Großmutter hatte gelogen. Das war das Geheimnis, das all die Jahre in ihrem Magen gelegen hatte, zentnerschwer und ungreifbar. Also doch.

Vera war kreidebleich, Albert ausdruckslos. Das ganze Leben dauerte diese Sache schon, und ihre Mutter hatte einen Vater gehabt, den sie Onkel Albert genannt hatte.

»Tut mir leid, Albert, dass ich dir das jetzt erst sage, aber du hast es auch nicht hören wollen«, sagte Großmutter dann leise und vertraut in Alberts Richtung, der mit abgewandtem Kopf dasaß.

Siri versuchte zu atmen, Albert hatte auch nichts gewusst. Sie nahm Veras Hand, die eiskalt war und zitterte. Siri schaute zu Boden, auch wenn sie nichts lieber getan hätte, als Albert anzuschauen, sein Gesicht anzuschauen. Daher ihre blonden Haare, daher das Aussehen, das alle immer so gewundert hatte. Natürlich. Ihre Ähnlichkeit mit Albert war frappierend, es bestand kein Zweifel. Sie war Alberts Enkeltochter, sie war ein Spross von Alberts Familie, sie hätte selbst darauf kommen können, aber das Geheimnis besaß eine solche Strahlkraft, dass es sie geblendet hatte.

»Vielleicht will es ja einer von euch Bernhardt sagen, ich kann es nicht, und ich habe auch schon genug gesagt heute, finde ich«, sagte Großmutter und öffnete das Fenster.

Da kam Großvater ins Zimmer mit einem Tablett, fünf Gläsern und einer Flasche Champagner. Er hielt den Ton. »Champagner ohne Anlass«, sagte er und entkorkte die Flasche.

Vera ließ Siris Hand los.

Wenn man das alles mit zwanzig schon gewusst hätte, dann hätte man nicht dauernd versucht, ans Leben heranzukommen. Mit zwanzig hätte sie garantiert keinen Mann wie Eduard geheiratet. Mit zwanzig hätte sie sich für etwas entschieden, das scheitern konnte.

Sie stand auf, gab Großvater einen Kuss, umarmte ihn und sagte: »Ich muss los, ich habe Vera versprochen, mit ihr ins neue Bode-Museum zu gehen.«

Großvater umarmte sie, Großmutter schickte einen flatternden Blick auf den Boden, und Albert fasste sich an die Brust.

»Die können das«, flüsterte sie Vera ins Ohr, der es sichtlich schwerfiel, die Szene zu verlassen, »die drei können das.«

Als sie im Aufzug standen, zitterte Siri: »Nur wir können das nicht.«

»Dein Großvater liebt sie«, sagte Vera und streichelte Siri über die Wange.

»Und Großmutter?«

»Sie liebt das Glück, genau wie Albert.«

Siri schüttelte den Kopf.

»Können wir jetzt Felix aus dem Kindergarten abholen? Ich würde gerne meinen, ich meine: seinen … Urenkel sehen.«

»Du bist …«, sagte sie.

»Ich weiß«, sagte Vera, »genau wie du.«

Als sie vor dem Kindergarten parkten, stellte Vera plötzlich eine Frage, die Siri den Atem stocken ließ: »Wünschst du dir eigentlich manchmal, dass Eduard nicht mehr da ist?«

Sie schaute aufs Lenkrad, hoffte, dass dieser Satz einfach weiterflog, dass sie ihn nicht hören musste, dass Vera ihn nicht gesagt hatte.

»Ich meine, dass du noch einmal von vorne anfangen kannst, ohne schuld zu sein?«

»Schuld?«

»Die falsche Entscheidung getroffen zu haben, Schuld, den anderen verletzen zu müssen, Schuld, alles zu zerstören, Felix …«, sagte Vera leise.

Sie war auch dann schuld, wenn Eduard nicht mehr in ihrem Leben wäre, dachte sie, nahm Veras Hand und drückte sie.

Die Tafel mit den weißen Ankündigungen war verschwunden, das Schaufenster leer, im Laden herrschte Chaos. Überall standen Kisten herum, in die Friederike die weißen Sachen einpackte.

Eine junge Frau kam herein und schaute sich fragend um: »Die weiße Handtasche? Ich habe sie nicht aus meinem Kopf bekommen. Sie …, ist sie verkauft?«

»Nein«, Friederike überlegte, »aber ich habe sie jemandem versprochen.«

»Schade«, sagte die junge Frau, »sie hat mich wirklich nicht mehr losgelassen.«

Sie hoffte, dass die junge Frau bald wieder ging, damit sie nicht schwach wurde und ihr doch noch die Frage stellte. Und in dem Moment wurde ihr bewusst, dass sie immer gedacht hatte, es sei erwachsen, loslassen zu können, aber vielleicht war es das gar nicht, vielleicht war es genauso unreif, Dinge, die man wirklich behalten wollte, wegzugeben und an Dingen, die man wirklich haben wollte, nicht mit aller Kraft festzuhalten.

Sie sah Salmans Tante vor sich, wie sie nickte und murmelte: »Richtig, mein Kind, richtig, Buddhismus ist was für Tibeter. Wir Inder können anders.« Hatte sie ›wir‹ gesagt? Wie wunderbar: Sie hatte ›wir‹ gesagt. Wir Inder.

»Schade, sehr schade«, sagte die junge Frau und schaute sich um: »Was ist denn das nächste Thema?«

Friederike strahlte sie an: »Märchen! Scherenschnitte von Rotkäppchen, Seidentücher mit Fröschen drauf und Lippenstift in Rosenrot. Kommen Sie, es wird wunderbar.«

Friederike schrieb das Wort *Intermezzo* auf die Tafel und hängte sie wieder draußen über die Tür. So machte es auch das Guggenheim Unter den Linden.

Sie wickelte noch ein paar der verbliebenen weißen Dinge in Seidenpapier, setzte sich dann an ihren Schreibtisch und begann in ihren Aufzeichnungen zu blättern. Neun Monate hatte sie nun Zeit, um ihre Doktorarbeit zu Ende zu schreiben, und zwei Tage, um den Laden in ein Märchenland umzubauen, länger wollte sie nicht auf ihre Einnahmen verzichten, und ab jetzt würde sie sowieso anders kalkulieren müssen. Neun Monate, zwei Tage und eine Zeitspanne, die eine Rückwärtsschlaufe flog, um Tom zu sagen, dass er eine Tochter bekam. Ob er sein Fahrrad immer noch über alle Berge schob, ob er ihren Ruf schon vernommen, angehalten hatte, umgekehrt war?

Sie war wirklich schwanger.

»Intermezzo?« fragte eine Stimme hinter ihr. »War das nur ein Intermezzo mit dem weißen Bikini?«

Tom.

Sie drehte sich um und hielt die Papiere, in denen sie gerade gelesen hatte, wie einen Fächer vor ihren Bauch.

»Ich kann ihn auch nicht leiden«, sagte er.

»Wen, wen kannst du nicht leiden?«

»Den Kollegen aus der Akademie der Künste«, sagte er, »aber dein Auftritt war trotzdem daneben.«

Sie drückte den Papierfächer fester an ihren Bauch.

»Wusstest du, dass das Papier auf denselben Wegen nach Europa gekommen ist wie die Zahl Null? Und genauso viel Misstrauen erregt hatte?« fragte sie, als hätte irgendeines dieser Worte irgendetwas mit dem zu tun, was sie sagen wollte.

»Wenn ich mir deine Papierberge hier so ansehe …«, sagte er.

»Und dass 400 Liter Blut durch den Euter strömen müssen, um einen Liter reine weiße Milch zu erzeugen?«

Was redete sie da? Er war doch jetzt da. Er stand doch vor ihr. Sie bekam ein Kind von ihm.

»Und dass die Reinheit von Milch eine Illusion ist, weil der Euter ganz nah am After ist.«

Um Gottes willen! Sie redete sich um Kopf und Kragen. Sie sollte ihm lieber das sagen, was sie sagen sollte, und mit dem ganzen weißen Kram aufhören, mit Wörtern wie Euter und After.

»Warum packst du die weißen Sachen weg?« fragte er, anscheinend hart im Nehmen.

Jetzt, jetzt wäre ein Moment.

»Weil jetzt was Neues kommt.«

»Und was kommt jetzt Neues?« fragte er.

Was? Was meinte er? Wovon sprach er?

»Welches Thema?« fragte er.

Kinder, dachte sie, Kinder. Aber der Satz, den sie eigentlich sagen wollte, kam ihr einfach nicht über die Lippen. Und wenn sie so weiterplauderte, dann war der Moment vorüber. Und dann?

»Wie wär's mal mit einem Kinderthema, hier macht doch ein Kinderladen nach dem anderen auf?« schlug er vor.

Jetzt.

Er fischte die Tasche von Rushdies Tante aus einer Kiste.

Sag's du ihm, dachte sie und versuchte die Tasche der Tante mit ihrem Blick zu becircen: Sag du ihm, dass er Vater wird, bitte!

Er schaute die Tasche an und legte sie wieder zurück, als hätte er überhaupt nicht erkannt, was er da gerade in den Händen gehalten hatte.

»Verzeihung, liebe Tante, er weiß es nicht«, flüsterte sie fast unhörbar.

»Was?« fragte er.

»Nichts, hab nur laut gedacht.«

Jetzt nahm er ein Exemplar von Dostojewskis *Weiße Nächte*, das noch uneingepackt in einem Regal lag. Er las Turgenjews Eingangszitat vor: *»Vielleicht erschuf ihn die Natur, damit, ob auch ein Weilchen nur, Er deinem Herzen nahe stände?«* Dann fragte er: »Weißt du noch?« und sie nickte.

Natürlich wusste sie noch, wie es gewesen war in der Buchhandlung. Und natürlich wusste er, dass sie es noch wusste.

»Vier Nächte und ein Morgen«, sagte er dann. So lange hatte ihre erste Begegnung gedauert, bis es schwierig wurde. Nur vier Nächte. Und sie wusste immer noch nicht, was passiert war.

»O mein Gott! Eine ganze Stunde der Seligkeit! Ist das etwa wenig, selbst für ein ganzes Menschenleben?« las er weiter, »der letzte Satz.«

Vielleicht waren vier Nächte Seligkeit gar nicht einmal so wenig.

Und unserer? Wie lautet unser letzter Satz? wollte sie fragen. Aber sie fragte nicht.

»Kennst du eigentlich den letzten Satz unseres Buches?« fragte er.

»Im *Jagdgewehr?*«

Er nickte.

»Es gibt zwei letzte Sätze. In Saikos Brief: Dass sie dank seiner Liebe glücklicher als jeder andere Mensch gewesen sei.«

»Und der zweite letzte Satz?«

»Kennst du ihn nicht?« fragte sie.

»Ich erinnere mich nicht so genau. War da nicht von einem weißen Flussbett die Rede?«

»Misugis weißes Flussbett. Wahrscheinlich war sie weiß – seine Einsamkeit, weiß wie der Tod.«

Tom schaute sie an, wie Misugi vielleicht in diesem Moment geschaut hätte. Dann klappte er das Buch zu: »Weißt du, wer vorhin im Taxi an mir vorbeigefahren ist? Alison.«

»Ist sie wieder da? Wusste ich gar nicht. War sie allein?«

»Warum fragst du?«

»Weil sie«, sie zögerte, »weil sie glaubte, eine Doppelgängerin zu haben.«

»Eine Doppelgängerin?«

Was redete sie da? Es gab einen Satz zu sagen. Einen einzigen Satz. Und der war klar und einfach. Und anscheinend der schwerste von allen.

Das Telefon klingelte.

»Fritz?«

»Alison, wie geht es dir?«

»Ich stehe gerade vor Victors ..., vor unserem Haus, und ich wollte dir nur sagen, dass ich da jetzt reingehe, weil ich Angst habe, wieder zu verschwinden, wenn ich das tue.«

»Ist er denn wieder aufgetaucht?«

»Es brennt Licht, die Fenster sind offen.«

»Viel Glück«, sagte sie, »du verschwindest nicht. Du bist ja gerade erst wieder aufgetaucht. Keine Sorge! Und wenn du willst, warte ich hier auf dich.«

»Danke«, sagte Alison und legte auf.

Heute würde sie es ihm also nicht mehr sagen. Schlagartig überfiel sie eine große Müdigkeit. Sie gähnte, setzte sich in einen der Sessel und schaute Tom zu, der wieder in Dostojewski blätterte.

»Hat Dostojewski nicht auch ein Buch über einen Doppelgänger geschrieben?« fragte er.

Genau, dachte sie erschöpft, lass uns über Bücher plaudern, während ich auf Alison warte.

»Da verdoppelt sich ein kleiner Beamter, ein Psychopath. Er verdoppelt sich zu einem erfolgreichen Gegenspieler. Darum geht es bei Alison sicher nicht«, sagte sie und musste gähnen. »Ich bin müde.«

»Soll ich gehen?« fragte er und legte die *Weißen Nächte* zur Seite.

Nein, dachte sie, nein, auf keinen Fall. Wenn du jetzt gehst, dann sage ich es dir nie.

Sie nickte.

Er gab ihr einen Kuss: »Sollen wir heute Abend essen gehen? Ein zweiter Versuch?«

Sie nickte wieder, und er ging. Sie hatte es ihm nicht gesagt. Er hätte es wahrscheinlich sogar hören können, so wie er heute gewesen war, aber sie hatte es ihm nicht sagen können. Und jetzt war sie so müde wie schon lange nicht mehr. Sie schloss den Laden ab und sank aufs Sofa. Sie war nicht müde, weil sie zu lange gelesen oder zu viel getrunken hatte gestern Abend, sie war müde, weil sie schwanger war. Und da wusste sie, dass ein Kind zwar keines ihrer Probleme löste, dass Tom sich nicht änderte, dass er kommen und gehen würde, dass dieses Kind aber trotzdem ein Geschenk des Himmels war und sie beschenkt worden war, beschenkt, beschenkt, beschenkt.

Sie schloss die Augen.

Ein kleines, dunkelgelocktes Mädchen stand neben ihr im Naturkundemuseum und fragte sie, warum die Nilpferde so viele Zahnlücken hatten. Sie streichelte ihr über den Kopf, der sich wie ihr eigener anfühlte, nur weicher und wärmer. Dann zog sie ihre Hand zurück und blickte auf. Aber die blonde, großgewachsene Frau mit den langen glatten Haaren kam nicht um die Ecke, und das kleine Mädchen bekam keinen Schreck, sondern schaute ihr in die Augen. Friederike nahm das Mädchen auf den Arm und ging mit ihr in den Raum mit den Planeten. Und auf einmal waren die Planeten nicht mehr allein, sondern kreisten umeinander; auch wenn sie niemals Seite an Seite am Himmel stehen würden, kreisten sie doch umeinander – in einem endlosen Raum.

Yoko trat in einem kirschroten, hochgeschlossenen Kleid ins Büro. Es war schon abends. Klaus arbeitete noch. Er hielt inne und schaute sie an.

»Sie ist als Tollkirsche zurückgekommen«, sagte er dann.

Sie lachte, ging auf ihn zu.

»Dürfte ich erfahren, wo du gewesen bist«, sagte er, »bist einfach weg. Kein Urlaubsantrag, keine fingierte Grippe, nichts. Das kostet dich was.«

»Deswegen bin ich hier«, sagte sie.

»Wo warst du?« fragte er noch einmal.

»Ich war in Japan. In dem Haus, in dem ich aufgewachsen bin. Ich habe meinen Bruder gesehen und meine Mutter.« Sie stockte, ihr Blick verlor sich, dann fuhr sie in einem anderen Ton fort: »Meine Mutter fand es übrigens schrecklich, dass wir ein Krankenhaus bauen, ich glaube, sie fand es banal. Dich habe ich als meinen Mann verkauft, damit ich wenigstens eine verheiratete Katastrophe für sie war.«

Wieso sie das sagte, wusste sie nicht, aber es war egal, es passte gerade so gut.

»Und hab ich ihr gefallen?« fragte er.

»Ich glaube, sie würde vor Ehrfurcht erstarren, wenn sie deinen Bartwuchs sehen könnte. Warum hast du dich eigentlich nicht rasiert?«

»Hab ich«, sagte er.

Er schaute an ihrem Kleid hinab.

»Rot steht dir, warum hast du vorher noch nie Rot getragen?«

»Weil ich Farben nicht mochte.«

»Und jetzt?«

»Jetzt versuche ich, mich mit ihnen anzufreunden.«

»Rot ist territorial wie keine andere Farbe, Rot steckt im Spektrum sein Revier ab«, sagte er.

»Das einzige Spektrum, das ich gerade im Visier habe, ist deins. Und das ist nicht gerade blassblau«, antwortete sie.

»Magst du kein Weiß mehr?« fragte er.

»Es schickt mich ins Exil.«

»Du bist eben doch eine Japanerin«, sagte er.

»Was soll das denn heißen?« fragte sie.

»Das weißt du doch am besten, oder hast du schon vergessen, dass es nicht die Braut ist in Japan, die Weiß trägt. Weiß ist die Farbe des ...«

Weiß ist die Farbe des Todes.

Sie hatte, seit sie in Berlin lebte, nicht ein einziges Mal daran gedacht, dass die weißen Frauen in Japan den Tod bringen, dass Weiß die Farbe der Krankheit ist, der Beerdigungen, dass man Weiß nur auf Beerdigungen trägt.

»Hiding in the light«, sagte er.

Sie strich sich durch die Haare und setzte sich halb auf den Zeichentisch. Sie hatte ihre ganze Wohnung weiß eingerichtet, sie hatte fast jeden Tag etwas Weißes an, sie aß am liebsten weißes Essen.

Stille.

Dann bat sie um ein Glas Wasser, trank es, erschauerte.

Sie schaute ihn an.

Dann setzte sie sich ganz auf den Tisch: »Wie oft hattest du eigentlich schon Sex auf einem Zeichentisch?« Schnell! Zurück in das Land, in dem sie sich auskannte.

Er musterte sie, schien ihre Stimmung auszuloten, dann lächelte er und antwortete: »Zweimal, und jedes Mal ...«

»Also das fällt dann aus.«

Er schaute ihr in die Augen. Sie hielt seinen Blick: »Hast du schon mal eine japanische Frau in einem roten Kleid gefesselt?«

Er schüttelte den Kopf und schaute sie weiter an.

»Würdest du das tun?«

Er kam auf sie zu.

Sie schaute ihn an. Eine Haarsträhne fiel ihr ins Gesicht.

»Wenn du das willst, würde ich das tun«, sagte er. Dann trat er hinter sie, verschränkte mit der einen Hand ihre Arme auf dem Rücken und zog mit der anderen seine Krawatte aus.

Mitten in der Nacht standen sie nebeneinander in der Stehküche des Büros, sie in seinem Hemd, er in seiner Hose.

»Und machst du jetzt endlich was aus deinem Talent, wo du schon den Trauerflor ausgezogen hast?«

Sie schaute ihn grinsend an: »Aus welchem?«

Er lachte, küsste ihren Hals und fuhr fort: »Ich würde dir die Hälfte des Büros verkaufen. Ich wäre zwar furchtbar eifersüchtig auf all die kleinen Praktikanten, die du einstellen und wieder rauswerfen würdest, aber ich würde dir nicht reinreden.«

»Will ich das?« fragte Yoko.

»Verantwortung ist besser, als du denkst. Du bist nicht freier als ich, nur weil du für nichts und niemanden Verantwortung übernehmen willst. Ich glaube sowieso, dass das nur mit zwanzig funktioniert.«

»Ich bin zwanzig«, sagte Yoko und öffnete sein Hemd, um ihm ihren nackten Körper zu zeigen.

»Das meine ich nicht«, sagte er und strich ihr über den Bauch.

»Ich denke darüber nach«, sagte sie und schloss sein Hemd wieder über der Brust.

Zurück zu Hause setzte sie sich in ihr hellgrünes Wohnzimmer und zog die Schuhe aus. Der weiße Tod. Hatte Klaus von Trauerkleidung gesprochen? Hatte sie tatsächlich bis jetzt Trauer getragen?

Sie strich über ihr Kleid, das ziemlich ramponiert war, und über die rotgeriebenen Handgelenke. Langsam begann das erste Tageslicht auf die hellgrünen Wände zu fallen. Hellgrün. Es war tatsächlich etwas Hellgrünes gesprossen, auf den Wänden, in ihr. Da musste sie plötzlich lachen. Das Lied von Kermit, dem Frosch, fiel ihr ein: *Grün zu sein ist auch nicht leicht.*

Sie streckte sich auf dem Sofa aus und schloss die Augen. Und auf einmal war ihr, als sähe sie hinter ihren geschlossenen Lidern einen Kranich, der sich erhob und davonflog, ohne sich noch einmal umzudrehen. *»Tonderu onna«*, flüsterte sie, »fliegende Frau.« Sie setzte sich auf. Vielleicht würde sie doch im Büro einsteigen und endlich die Häuser bauen, die Berlin brauchte, um sein Licht und seinen Schatten zu bespielen. Und mit Klaus erst einmal alles offenlassen. Ein bisschen Weiß konnte ihr Leben schon noch vertragen. Sie schaute sich um: die hellgrünen Wände, ihr rotes Kleid, und sie lachte. Zum Glück mussten Menschen mit hellgrünen Wänden keinen Kuschelsex haben, zum Glück konnte man auch danach mit einem roten Kleid einfach verschwinden. Zum Glück musste sich nicht alles ändern, nur weil sie ihr Leben ändern wollte.

Mittags war Eduard tot. Eduards Partner aus der Kanzlei rief an und sagte Siri, er sei gerade gestorben, so als versuchte er ihr mit seiner Nüchternheit beizustehen, so als könnte seine Nüchternheit ihr helfen. Dann klingelte es, und vor der Tür standen ihre Großeltern mit roten Augen und zusammengepressten Lippen; fünf Minuten später kam Albert, barfuß in seinen Schuhen.

Eduards Partner hatte gesagt, dass man noch nicht wisse, was genau passiert war, dass Eduard zusammengebrochen und gestorben sei, bevor der Krankenwagen gekommen war; und dass er gleich versucht habe, sie zu erreichen, aber dass niemand ans Telefon gegangen sei.

Das Klingeln ihres Telefons. Das Klingeln, das ihr nichts gesagt hatte, weil es niemanden gab, mit dem sie sprechen wollte. Beim zweiten Klingeln hatte sie nur abgenommen, weil sie befürchtete, Felix könnte etwas passiert sein. Um Eduard hatte sie sich noch nie in ihrem Leben Sorgen gemacht, noch nie. Und jetzt war er tot. Bevor er im Krankenhaus angekommen war. Ohne Operation, ohne irgendwem die Schuld dafür geben zu können. Einfach so. Als ob man so etwas machen könne.

Als sie aufgestanden war, um ihren Großeltern die Tür zu öffnen, merkte sie erst, dass sie geweint, dass sie geschrien hatte; dass das Telefon neben ihr auf dem Boden lag, die Kaffeetasse zerbrochen war und die Scherben jetzt in einer bräunlichen Lache schwammen, die natürlich kein Blut war und auch nicht so aussah, weil Eduard gestorben war, ohne zu bluten, und sie auch nie blutete, weil sie beide nie geblutet hatten in der ganzen Zeit, weil ihr Blut in einem Kreislauf eingeschlossen war, der sie am Leben erhalten hatte. Und jetzt war er tot.

Nun waren sie alle im Wohnzimmer. Sie kauerte auf dem Sofa, Albert wischte sich die Tränen von den Wangen, und Großmutter versuchte irgendwelche Sätze anzufangen, die nach vorne gerichtet waren, obwohl die Zeit stehengeblieben war und jedes Drehen am Zeiger eine Obszönität darstellte. Großvater saß neben ihr, seinen Arm hinter ihr auf dem Sofa ausgestreckt, so dass sie dort hätte hineinsinken können, wenn sie es gewollt hätte. Das Einzige, was sie annehmen konnte, auch wenn es nichts bewirkte. Und auf einmal kam etwas auf den Punkt: Sie war nicht zu trösten. Nicht bei dem Tod ihrer Eltern, nicht in ihrem bisherigen Leben, nicht jetzt. Eduard war tot.

Sie hatte sich nie Sorgen um Eduard gemacht, Eduards Tod war noch nie durch ihre Gedanken gegeistert, nicht einmal gestern, als Vera ihr vor dem Kindergarten die Frage gestellt hatte. Selbst gestern hatte sie nur über Vera nachgedacht, darüber nachgedacht, warum sie so etwas fragte. Aber das Unwahrscheinliche war nur unwahrscheinlich, nicht unmöglich. Er war tot. Er hatte keine Schuld, sie hatte keine Schuld, das Leben war der Kunstfehler.

Ihr Oberkörper schaukelte unentwegt hin und her. Vielleicht war das Schaukeln die einzige Möglichkeit, den Stillstand der Zeit nicht in eine Leichenstarre zu überführen. Felix' Vater war tot, und Felix wusste es noch nicht und würde es nicht verstehen, weil man den Tod nicht verstehen kann, selbst wenn man ihn sich schon einmal gewünscht hatte.

Bald würde sie ihn aus dem Kindergarten abholen müssen,

und bis dahin musste etwas passieren, sonst würde sie das nicht schaffen.

Wie sagt man seinem Sohn, dass sein Vater gestorben ist, der einem gerade noch ein Brot geschmiert hat, wie sagt man es, ohne die Tapfere zu spielen, die man nicht ist, und ohne die Verzweifelte zu sein, die man nicht sein darf, weil sonst er der Tapfere sein muss?

Ihr Oberkörper schaukelte hin und her.

Großmutter sagte, sie mache jetzt einen Tee, und ging in die Küche. Albert kniete sich vor sie hin und schluchzte. Sie strich ihm über den Kopf wie einem kleinen Kind.

Großmutter schien extra mit dem Geschirr zu klappern, als ob man den Tod noch vertreiben könnte; vielleicht versuchte sie auch, die Trauer einzuschüchtern. Beides war sehr unpassend und sehr laut.

Sie wusste nicht einmal, wie er beerdigt werden wollte. Die ganze Verwaltung des Todes kannte sie nicht, ihre Eltern waren auf einer Reise gestorben, damals, als sie noch gar nichts davon mitbekommen hatte. Sie hatte ihre Großeltern gehabt. Und Felix, Felix hatte jetzt keinen Vater mehr, nur eine Erinnerung, die es ihm schwermachen würde. Sie hatte immer gedacht, mit Felix könne nicht wirklich etwas schiefgehen, weil er einen solchen Vater hatte.

»Sollen wir in die Kanzlei fahren?« fragte Großvater jetzt.

Wozu, dachte sie, sie würde es auch nicht glauben können, wenn er vor ihr lag. Eduard war tot, sie zweifelte nicht daran, nicht eine Sekunde hatte sie an der Nachricht gezweifelt, und gleichzeitig würde sie nie ausdrücken können, wie es sich anfühlte, weil es sich jetzt schon anders anfühlte als alles andere davor.

»Soll ich zu ihm fahren?« fragte Großvater jetzt.

Sie nickte.

Großvater stand auf, strich ihr übers Haar und ging.

Jetzt war sie mit Albert allein. Albert setzte sich neben sie auf den Platz, auf dem Großvater gesessen hatte.

»Vera …«, fing er an.

Sie schüttelte den Kopf.

»Vera würde alles für dich tun«, sagte Albert, »und ich auch, ich will nur, dass du das weißt.«

»Hast du ihn denn umgebracht?« fragte sie leise, wie in Trance.

Albert schaute sie entgeistert an: »Eduard?«

»Eduard.«

»Siri, komm zu mir, mein Kleines«, sagte er, beugte sich zu ihr und schüttelte sich in einem erneuten Tränenausbruch.

Großvater war eine Eiche und Albert eine Zitterpappel, aber in seinen zittrigen Armen konnte sie wieder schreien, und sie schrie, bis sie nicht mehr konnte, bis ihre Stimme versagte: »Felix! Eduard! Felix!«

Ein Teil von ihr schrie nicht, ein Teil von ihr beobachtete das Schreien, das war der gefährliche, den Teil durfte Felix nicht sehen.

»Was sage ich ihm? Wie mache ich das? Wie wird er das überstehen?« flüsterte sie mit heiserer Stimme.

Albert schwieg, versuchte nicht einmal zu antworten. Großmutter kam mit dem Teetablett zurück, das unberührt stehenblieb.

»Wo ist Vera?« fragte Großmutter dann. »Wir brauchen sie hier. Wir brauchen jetzt jeden, der helfen kann. Und Vera kann es am besten von uns.«

»Ich weiß es nicht, sie ist früh aus dem Haus gegangen«, sagte Albert.

Großmutter setzte sich neben sie und hielt ihre Hand nun ganz fest. Jetzt kam das, was sie fürchtete, seit Großmutter die Szene betreten hatte: »Das ist ganz, ganz furchtbar, aber du musst jetzt stark sein, stark und tapfer, wir müssen alle an Felix denken, ihn trifft es am härtesten.«

Sie nickte, obwohl sie Großmutters Griff am liebsten abschütteln wollte und aus dem Zimmer rennen, zu Alison oder zu Friederike, zu jemandem, der nicht von Tapferkeit sprach, sondern mit in den Kindergarten ging und die richtigen Worte kannte.

Sie nahm das Buch, das noch von gestern Abend auf dem Sofa lag, schmiss es gegen die Wand und murmelte: »Entschuldigung.«

Großmutter verfolgte ihren Ausbruch mit gefasstem Blick, dann sagte sie: »Wir brauchen Valium, ich komme gleich wieder, wir brauchen dringend Valium. Das ist kein Zustand, so geht das nicht.«

Wieder war sie mit Albert allein, wieder zitterte er, und wieder konnte sie schluchzen, weil er zitterte.

Albert ging ans Fenster und schaute auf die Straße. Nach einer Weile sagte er: »Siri, komm, da kommt Vera. Sie hat Felix auf dem Arm.«

Siri richtete sich auf, wankte zu Albert hinüber und schaute aus dem Fenster. Vera trug Felix tatsächlich auf dem Arm, und beide weinten wie die Schlosshunde.

Sie hatte es ihm gesagt! Sie hatte ihr die Rolle des Boten abgenommen, sie hatte sich für immer mit dieser Botschaft verknüpft, sie hatte es ihm gesagt.

Was dann passierte, erlebte sie nur noch schemenhaft. Vera trug Felix in ihr Schlafzimmer, legte ihn aufs Bett, sie folgte ihr und legte sich dazu. Sie weinten und hielten sich. Felix stellte Hunderte von Fragen, erzählte lauter Sachen, die er über den Tod wusste, über die toten Menschen, über Engel, den lieben Gott, irgendeine Himmelsleiter, und sie weinte und streichelte ihn, und Vera saß daneben und bewachte sie und war einfach nur da. Und weil sie da war und sie bewachte, hatten sie beide keine Angst, mussten nicht tapfer sein, sondern konnten ganz in diesem Moment verschwinden und sich in der Trauer auflösen.

Als Felix eingeschlafen war, lag Siri neben ihm und schaute Vera an.

»Ich werde dir das nie vergessen.«

Vera blickte mit tränenerfüllten Augen zurück.

Siri strich Felix über seinen vom Schlaf verschwitzten Kopf. Dann drehte sie sich auf den Rücken und schaute zur Decke, auf der sich die Schattenfiguren des wehenden Vorgangs bewegten.

Aus diesem Leben würde sie nicht mehr herauskommen, sie würde es weiterleben müssen, bis es zu Ende war. Dass das Leben selbst die Zügel in die Hand nehmen konnte, damit hatte sie nicht gerechnet. Sie hatte immer gedacht, sie hätte alles in der Hand, wäre schuld an jeder missglückten Wendung, jedem Fehltritt, jedem Streit. Aber vielleicht war sie gar nicht allein schuld an ihrem verpfuschten Leben. Vielleicht gab es Leben, die so abliefen. Und vielleicht fühlte sich alles ganz anders an, wenn man nicht immer dachte, man sei schuld an allem. Es gab den Tod, und es gab das Leben. Und das Leben hatte für sie entschieden. Sie hatte keine Wahl mehr. Sie würde es leben müssen, auch wenn sie nicht den Hauch einer Ahnung hatte, wohin es sie führen würde. Keine Richtung, die sich aus den bisherigen Schritten ergab, kein Drahtseilakt, den es zu bewältigen galt, nichts. Nur der Tritt in die Leere.

Und dann stand Alison vor ihm, und Victor hatte einen Verband am Ohr. Sie hatte geklingelt, sie hatte ihren Namen durch die Gegensprechanlage gesagt. Er hatte die Tür schon geöffnet, als sie hinaufkam, und schaute sie mit einem Blick an, der alles und nichts bedeuten konnte.

Und sie hatte gedacht, dass sie ihn verloren hatte, für immer verloren. Sie hatte gedacht, dass ihr Tanz auf dem Fest der letzte Tanz gewesen wäre, sie hatte gedacht, dass sie ihn hätte festhalten müssen, dass sie nicht hätte loslassen dürfen. Und jetzt? Jetzt stand er vor ihr und schaute sie an – mit diesem Blick, den sie nicht deuten konnte.

Ein Druckverband lag auf seinem rechten Ohr, ein anderer ging quer über seinen Kopf. Bist du entführt worden? wollte sie fragen, und das Bild des Getty-Enkels tauchte vor ihr auf. Er trat zur Seite. Irgendwie hatte sie erwartet, dass er im Türrahmen stehen bleiben würde und sie irgendein Rätsel lösen müsste, um wieder zu Hause eingelassen zu werden.

»Mein Ohr«, sagte er, als spräche er von einem funkelnden kleinen Gegenstand.

Van Gogh. Nein, so sah er nicht aus, er sah nicht aus wie jemand, der sich selbst ein Ohr abgeschnitten hatte.

Ihre Finger tasteten die Linie des Verbandes nach, der über seinen Haaren lag. Mit allem hatte sie gerechnet.

»Ich könnte dich übrigens noch hören, falls du was sagen möchtest«, sagte er und deutete auf das freiliegende Ohr.

Ihre Finger hielten inne.

»Du siehst anders aus«, sagte er.

Er sieht es, dachte sie, er sieht es.

»So als ...«, er brach ab.

Sie schaute zu Boden. Wenn er es wirklich sah, dann ...

»Du siehst aus, als wärst du am anderen Ende der Welt gewesen«, er hielt kurz inne, »und hättest dich von dort mitgebracht.«

Sie schaute ihn an.

Du hast dich selbst angelockt, ich warte nicht auf dich. Ich bin da.

Wenn sie nicht sicher gewusst hätte, dass es nicht so war, dann würde es jetzt im Raum stehen: dass sie selbst diese Nachricht geschrieben hatte.

»Darf ich dich küssen oder wen auch immer du mir da mitgebracht hast?« fragte er und umfasste ihren Nacken.

Ein Kuss?

Ein Kuss, der mitten in die Sprachlosigkeit hineinzielte. Und traf. Niemand konnte küssen wie er. Niemand.

»Wo warst du?« fragte er.

»Noch nicht ganz da«, sagte sie.

Ob sein Ohr wirklich ab war oder nur entzündet oder keines von beidem? Sie wusste es nicht, und sie fragte es nicht. Vielleicht war es das letzte in einer Reihe von Zeichen, die nicht eine bestimmte Sache bedeuteten, sondern das eine und sein Gegenteil. Jetzt hing alles davon ab, nicht dort wieder Eindeutigkeiten zu schaffen, wo es keine gab, wo es doppelbödig war, unscharf und lebendig.

Am nächsten Morgen stand sie auf, zog sich an und ging aus dem Haus. Victor schlief noch, Berlin schlief noch – bis auf die Hundebesitzer und einige wenige Väter, die mit Kinderwagen unterwegs waren. Sie ging durch die Straßen und grüßte jeden, der ihr über den Weg lief. Dann ging sie in die *Milchhalle*. Und als sie eintrat, sah sie Yoko dort sitzen, mit dem Rücken zur Tür. Sie ging auf sie zu, legte ihr die Hand auf die Schulter und fragte: »Was machst du denn hier?«

»Kaffee trinken«, sagte sie, »mich von der Nacht erholen.«

Alison lachte, bestellte sich auch einen Kaffee und setzte sich neben sie.

»Und?« fragte Yoko.

»Ich habe Victor wiedergetroffen, gestern. Vielleicht war er gar nicht verschwunden, vielleicht hab ich ihn einfach nur nicht mehr gesehen.«

»Und das Gleiche ist mit dir passiert«, sagte Yoko.

Alison hörte den Satz.

»Und wie geht es jetzt weiter?« fragte Yoko.

»Ich weiß nicht«, sagte Alison, »ich weiß nur, dass die Räume zu eng waren, dass ich sie zu früh abgeschlossen hatte.«

»Das sollte man nicht tun«, sagte Yoko lächelnd.

»Sie waren zu eng, aber es waren die richtigen. Und jetzt pfeift mir der Wind um die Ohren, aber sie sind offen.«

»Ha«, sagte Yoko, »genau die andere Richtung, bei mir genau die andere Richtung, keine Ahnung, wie man das macht, Räume auch einmal abzuschließen.«

»Und offen lassen?« fragte Alison.

Sie schauten sich an.

»Dreht man einen Farbkreis schnell genug, wird er weiß, mischt man die Pigmente, erhält man nur schmutziges Grau«, sagte Yoko.

Alison lachte: »Und ich dachte immer, die Dinge klären sich, wenn man älter wird.«

Die Textstellen, die in diesem Buch zitiert werden, stammen aus folgenden Quellen:

Hans Christian Andersen, *Die Schneekönigin*, (Übersetzung: Mathilde Mann), Insel Verlag, Frankfurt am Main 1999 (1835–1848). (Zitat S. 145)

Emile M. Cioran, *Der Absturz in die Zeit*, (Übersetzung: Kurt Leonhard), 1964 by Editions Gallimard, Paris. Klett Cotta, Stuttgart 1972. (Zitat S. 84)

Fjodor M. Dostojewski, *Weiße Nächte*, (Übersetzung: Hermann Röhl), Insel Verlag, Frankfurt am Main 2002 (1848). (Zitat S. 313)

Yasushi Inoue, *Das Jagdgewehr*, (Übersetzung: Oskar Benl), Suhrkamp Verlag, Frankfurt am Main 1985 (1950). (Zitat S. 30)

A. L. Kennedy, *Stierkampf*, (Übersetzung: Ingo Herzke), Verlag Klaus Wagenbach, Berlin 2001. (Zitat S. 239f.)

Thomas Mann, *Der Zauberberg*, © S. Fischer Verlag, Berlin 1924. (Zitat S. 85)

Herman Melville, *Moby-Dick*, (Übersetzung: Matthias Jendis), Hanser Verlag, München 2001 (1851). (Zitat S. 284)

Andrzej Stasiuk, *Neun*, (Übersetzung: Renate Schmidgall), Suhrkamp Verlag, Frankfurt am Main 2004. (Zitat S. 211)

Andrzej Stasiuk, *Die Welt hinter Dukla*, (Übersetzung: Olaf Kühl), Suhrkamp Verlag, Frankfurt am Main 2000. (Zitat S. 210)

Adalbert Stifter, »Aus dem bairischen Walde«, in: *Sämtliche Erzählungen nach den Erstdrucken*, Hanser Verlag, München 2005 (1867). (Zitat S. 57f.)

Robert Walser, »Schneien« (1878–1956), in: *Zwei Spuren im Schnee*, Suhrkamp Verlag, Frankfurt am Main 2002. (Zitate S. 193)

Émile Zola, *Paradies der Damen*, (Übersetzung: Grete Felsing), Buch- und Zeit-Verlagsgesellschaft, Köln 1976 (1883). (Zitat S. 283f.)

Friederikes Laden wurde inspiriert vom *Über Warenhaus* in Berlin, Auguststraße.

Inhalt